dtv
premium

Piroschka Dossi

HYPE!

KUNST UND GELD

Deutscher Taschenbuch Verlag

FSC
Mix
Produktgruppe aus vorbildlich bewirtschafteten Wäldern und anderen kontrollierten Herkünften
Zert.-Nr. GFA-COC-1298
www.fsc.org
© 1996 Forest Stewardship Council

Der Inhalt dieses Buches wurde auf einem nach den Richtlinien des Forest Stewardship Council zertifizierten Papier der Papierfabrik Munkedal gedruckt.

Originalausgabe
Mai 2007
Deutscher Taschenbuch Verlag GmbH & Co. KG
München
www.dtv.de

Umschlagkonzept: Balk & Brumshagen
Umschlaggestaltung: © Piroschka und Ugo Dossi, Claus Lehmann
Satz: Greiner & Reichel, Köln
Gesetzt aus der Adobe Garamond 11,5'/14,8'
Druck und Bindung: Kösel, Krugzell
Gedruckt auf säurefreiem, chlorfrei gebleichtem Papier
Printed in Germany
ISBN 978-3-423-24612-5

INHALT

EINLEITUNG

DER PREIS DES UNBEZAHLBAREN

Das Wesen der Kultur ist widersprüchlich, und diese Widersprüche sind unauflösbar.
Daniel Miller, Anthropologe

Der Kunstmarkt boomt. Die Preise explodieren. Die Party, die auf dem Kunstmarkt gefeiert wird, gleicht einem Tanz auf dem Vulkan. Der Zustrom neuen Geldes, die Hitlisten der Shooting-Stars, der Rummel um Auktionsrekorde und das sich immer schneller drehende Karussell der Kunstmessen heizen die Stimmung an. Im Sommer 2005 wurde eine Marke gerissen, die bis dahin als unüberwindbar galt. Nicht nur, dass in einer einzigen Saison ganze fünfzehn Auktionsweltrekorde aufgestellt wurden. Erstmals überstiegen die Gesamtzuschläge für Werke der Gegenwartskunst diejenigen für Impressionismus und klassische Moderne. Die Stars des Kunstmarkts sind nicht mehr die großen Namen des vergangenen Jahrhunderts, sondern Künstler der Gegenwart. Für ihre Bilder werden Summen bezahlt wie für Meisterwerke der Kunstgeschichte. Keiner versteht, wie diese Preise zustande kommen, kaum jemand begreift die Mechanismen, die sie hervorbringen.

Der Kunstmarkt ist der schillerndste Spross der kapitalistischen Gesellschaft. Hier treffen Kunst und Geld aufeinander, sakrale Andacht und profane Spekulation, Auktionsrekorde und Künstlerarmut. Hier begegnen sich unerschöpfliche Kreativität und unersättlicher Konsum, die langen Zyklen künstlerischer Entwicklung und die kurzen Phasen ihrer Vermarktung. Hier verzahnen sich künstlerische Freiheit und kapitalistische Zwänge. In keinem anderen Markt herrscht eine so fundamentale Unsicherheit über den Wert der gehandelten Waren wie im Kunstmarkt. Die Loslösung von handwerklichen Kriterien, die Forderung nach umfassender Freiheit und beständiger Erneuerung der Kunst haben die Frage nach der Qualität eines zeitgenössischen Kunstwerks einer eindeutigen Antwort beraubt. An ihre Stelle ist ein Einflusssystem der Kunstbewertung getreten, das zunehmend von Marktinteressen bestimmt wird. Jene Entwicklungen, die über Jahrhunderte zur Befreiung der Kunst von klerikaler und feudaler Macht geführt haben, tragen heute dazu bei, dass Kunst zum Spielball ökonomischer Kräfte geworden ist. Um den Jahrmarktstrubel des aktuellen Kunstbooms und seine Auswüchse zu beschreiben, wird immer häufiger ein Wort benutzt: Hype! Hype leitet sich von dem englischen Wort Hyperbole für Übertreibung ab und bedeutet Trick, Wirbel, Medienrummel um ein Produkt. Noch fallen die bedrohlicheren Worte kaum. Sie lauten: Korrektur, Kontraktion, Crash.

Die Mechanismen des Kunstmarkts wurden schon in den sechziger Jahren in der französischen Filmkomödie ›Un monsieur de compagnie‹ von Philippe de Broca[1] karikiert. Der Held des Films, ein junger Taugenichts namens Antoine Mirliflore, schlägt sich mit dem festen Vorsatz, niemals zu arbeiten, erfolgreich durchs Leben. Mit jugendlichem Charme und sicherem Instinkt für den eigenen Vorteil und die Schwächen seiner Mitmenschen gelangt er in die Betten schöner Frauen, an die Tafeln betuchter Gastgeber und schließlich mitten in eine Londoner Kunstauktion. Das Objekt der Begierde ist eine grimmig lächelnde Mona Lisa. Ohne ein Pfund in der Tasche fordert Mirliflore den Hauptinteressenten heraus, den Milliardär Alexander Darius Socratos, wohl wissend, dass dieser um buchstäblich jeden Preis als Sieger aus dem Zweikampf hervorgehen will. Nach einem kurzen Bieterduell, in dem es Socratos um sein Prestige geht, Mirliflore dagegen nur um das Vergnügen, den Preis und damit seinen Mitbieter bis zum Äußersten zu treiben, fällt die Mona Lisa für eine exorbitante Summe an Socratos. Als der mittellose Mirliflore später Bargeld benötigt, um die Familie seiner Angebeteten auf ein Glas Wein einzuladen, stiehlt er Socratos das Bild und bietet es einem Trödler an. Der wirft einen abschätzigen Blick auf das kleinformatige Gemälde und drückt ihm dafür gönnerhaft ein paar Francs in die Hand. Mirliflore ist glücklich und begleicht mit den Münzen seine Rechnung beim Kneipenwirt. Alle treten auf: die Kunst, die trotzig ihren Eigenwert behauptet, der Käufer, für den der Kunsterwerb eine Statusfrage ist, der Spekulant, dem es nicht um Kunst, sondern um das Manipulieren des Preismechanismus geht, und der Banause, der den Preis der Kunst nach ihrem Materialwert einschätzt.

Was macht den Preis eines Kunstwerks aus? Ein Kunstwerk, so der Mythos, ist ein Geschenk des Künstlers an die Menschheit. Warum werden dennoch Unsummen für Kunstwerke bezahlt? Kunstwerke sind heute die ultimativen Statussymbole des Kapitalismus. Was prädestiniert sie dazu? Warum wird ein Kunstwerk berühmt und teuer, ein anderes nicht? Das Kunstwerk steht am Anfang einer langen Wertschöpfungskette. Bestimmt Qualität seinen Preis? Welche Rolle spielt der Künstler? Wie drehen Händler und Sammler an der Preisschraube? Welchen Einfluss haben Museen auf den Preis? Wird am Ende die Geschichte ein abschließendes Urteil über den Wert eines Kunstwerks fällen?

Man spricht von einem neuen Markt der Kunst, in dem angeblich neue Regeln gelten. Der Kunstmarkt ist globaler als je zuvor – macht ihn das stabiler? Sammler sind informierter denn je – handeln sie deshalb rationaler? Kunst hat den Status einer eigenen Anlageklasse erlangt – ist sie dadurch zum sicheren Hafen für vagabundierendes Geld geworden? Die Segmentierung des Marktes ermöglicht viele kleine Preiskorrekturen – kann das einen Crash verhindern? Ein Rückblick in die Geschichte zeigt, dass die Basisprinzipien des Kunstmarkts seit seiner Entstehung dieselben geblieben sind. Kardinale Vorstellungen wie die von Kunstwerk und Künstler oder von Original und Kopie sind Erfindungen der europäischen Moderne und besitzen keineswegs universelle Gültigkeit. Das Sammeln, Tauschen und Zurschaustellen von Objekten aus Statusgründen findet sich nicht nur in der modernen Kunstwelt, sondern auch in frühen Stammes-Kulturen. Was ist Kunst? Was ist Sammeln? Welche kollektiven Verhaltensmuster beeinflussen die Preisentwicklung im Kunstmarkt? Welche Rolle spielen die Auktionshäuser? Treibt ein Boom des Markts auch eine Blüte der Kunst hervor?

Auch wenn der Kunstmarkt sich unablässig wandelt und künstlerischen Moden und konjunkturellen Schwankungen unterworfen ist, sind die fundamentalen Prinzipien, die ihn regieren, dieselben geblieben. Nicht zum ersten Mal in seiner Geschichte haben sie zu Spekulation, Boom und Hype geführt. Auf welche Weise sie zusammenwirken, beleuchtet dieses Buch. Anhand von Beispielen aus der Kunstgeschichte, Begegnungen mit Protagonisten der zeitgenössischen Kunstwelt, Erkenntnissen aus Ökonomie, Soziologie, Anthropologie und Psychologie zeigen sie den gigantischen Transformationsprozess einer Alchemie, deren Endprodukt nicht Gold, sondern der Preis von Kunstwerken ist.

KAPITEL

1

DER KUNSTMARKT

HYPE UND HERDENTRIEB

Spekulation? Aber der ganze Kunstmarkt ist Spekulation!
Rafael Jablonka, Galerist

Es ist nicht alles Schwindel, aber das meiste.
Theodor Fontane

Gelt ist auff erden der irdisch got.
Hans Sachs

Rembrandt Inc.

MIT KUNST AUF DIE ZUKUNFT WETTEN

Manche Zukunftsvisionen treffen ins Schwarze. 1962 erschien die Science-Fiction-Geschichte ›When Rembrandt went public‹ des amerikanischen Autors Arnold M. Auerbach. Ihre prophetische Dimension erschließt sich erst dem heutigen Leser: »Um 1967 hatten Kunstsammler die aus der Mode gekommenen ästhetischen Vorstellungen endgültig über Bord geworfen. Sie stellten nur noch die eine nackte Frage über einen Künstler: Versprach er ein gutes Geschäft mit gesunden Gewinnaussichten oder waren seine Aktiva blutarm? Es gab nur zwei Schulen moderner Kunst: 1) Wachstum, 2) Einkommen.«[1] Auerbach erzählt von der Entstehung einer Spekulationsblase, an deren Anfang die Entscheidung des Plastik-Magnaten Willoughby steht, seine Kunstsammlung unter dem Kürzel CAL für *Consolidated Art Lovers* an die Börse zu bringen. Das Portfolio wird einer regelmäßigen Bewertung unterzogen. Der Logik des Profitziels folgend werden die Verlustbringer unter den Kunstwerken gnadenlos ausgemustert. Bald überflügelt der Kurs der Aktie alle Indizes, und das Wall Street Journal kürt CAL zum Anlagefavoriten. Auf dem Höhepunkt des Kursfeuerwerks verkauft Willoughby sein Aktienpaket mit sattem Profit und lässt sich zum Präsidentschaftskandidaten aufstellen. Mittlerweile sind zahlreiche Sammler auf den fahrenden Zug aufgesprungen. Von dem konservativen *General Still Life* über die spekulativen *Preferred Nudes* bis hin zu den hochriskanten *The Way Out Boys* jagt eine Neuemission die nächste. Als das Metropolitan Museum Rembrandts Gemälde ›Aristoteles die Büste Homers betrachtend‹ an die Börse bringt, reißen sich die Anleger die Aktien aus den Händen. Die Kurse schießen in astronomische Höhen und die ins Rollen gebrachte Lawine von Geldgier und Spekulationslust treibt unaufhaltsam auf eine ökonomische Katastrophe zu. Sie endet in einem Totalzusammenbruch des Marktes an einem schwarzen Donnerstag der Kunst. Was dem damaligen Leser als Fiktion einen Schauer über den Rücken jagte, liest sich heute wie eine Vorwegnahme der Spekulation im Kunstmarkt.

Vier Jahrzehnte später. Das Jahr 2005 hätte nicht besser anfangen können. Es bescherte Daniel Loeb einen profitablen Deal. Zwei Jahre zuvor hatte der Hedge-Fonds-Manager ein ungewöhnliches Anlageobjekt gekauft. Loebs auf buy, hold or sell geeichter Geschäftssinn, der ihn zu einem der Platzhirsche der Branche gemacht hatte, erwies sich auch in der neuen Anlageklasse als unbestechlich. Im Januar fand er einen Käufer. Er verkaufte es mit 500 Prozent Profit und machte eine Million Dollar Gewinn. Entgegen seiner Gewohnheit hatte Loeb nicht mit Aktien oder Anleihen gehandelt. Diesmal hatte er ein Kunstwerk verkauft. Der Käufer war die Londoner Galerie des britischen Sammlers Charles Saatchi. Das Bild stammte von dem deutschen Künstler Martin Kippenberger.[2] Auch Steven Cohen startete mit einer Erfolgsmeldung ins neue Jahr. Gerade hatte er Damien Hirsts in Formaldehyd eingelegten Tigerhai von Charles Saatchi erworben und damit die Londoner Tate Gallery im Wettbewerb um das Kadaver-Kunstwerk ausgestochen. Den Fang hatte sich der Hedge-Fonds-Manager, mit einem geschätzten Jahreseinkommen von 650 Millionen Dollar einer der bestbezahlten seiner Zunft, 8 Millionen Dollar kosten lassen.

Jede Epoche hat ihre Sammler. Im Zeitalter des globalisierten Kapitalismus sind Hedge-Fonds-Manager zu den aktivsten Käufern und Verkäufern der Kunstwelt geworden. Sie konkurrieren um das, was sie »wall power« nennen. Kunst ist für sie nicht nur eine Trophäe. Kunst ist für sie eine Fortsetzung der Spekulation, die sie als Profession betreiben. Mit ihrem enormen Geldeinsatz, der in die hunderte Millionen Dollar geht, tragen sie dazu bei, dass die Preise für zeitgenössische Kunst steigen. Das ist keine unbeabsichtigte Nebenwirkung ihrer Kunstpassion. Wo andere Kunst sehen, sehen die Fonds-Manager einen weiteren Markt, der reif ist für »selling, buying, flipping«. Sie investieren massiv in ein, zwei oder drei Künstler und bauen Positionen auf. Sie tragen dazu bei, die Preise nach oben zu treiben, und entledigen sich des Anlageobjekts durch einen profitablen Verkauf oder eine Schenkung, die ihre Steuerlast mindert und ihnen womöglich als Dreingabe eine Position als Trustee in einem der renommierten Museen verschafft.

Die meisten Kunstspekulanten beteuern, ihr Interesse für Kunst habe nichts mit Geld zu tun, sondern mit Passion. Ob ihre

Passion der Kunst oder der Spekulation mit Kunst gilt, ist eine andere Frage. In jedem Fall wird sie zunehmend von Gegenwartskunst entflammt. Warum das so ist, erklärt ein Kollege Loebs damit, dass man nur bei Gegenwartskunst beeinflussen kann, welcher Geschmack der richtige ist. Denn für Gegenwartskunst gibt es weder einen richtigen Geschmack noch ein stabiles Preisgefüge, das diesen bestätigt. Anders als bei alten Meistern oder impressionistischen Malern, deren Preisspektrum mehr oder weniger festgelegt ist, können die Preise für Gegenwartskunst in hohem Maße oszillieren. Und je nachdem, wer was, wann und wo für welche Summen kauft oder verkauft, sind die Preise noch beeinflussbar.

Das Wort Spekulation kommt aus dem lateinischen *speculari* für ausspähen und bezeichnet die Einschätzung eines kommenden Ereignisses. Zur Spekulation gehören Kalkül und Fantasie. Fantasie ist deshalb nicht zufällig das Buzzword der Börse. Es ist die poetisch klingende Umschreibung des Profitpotenzials einer Aktie. Die Fantasie, die eine Aktie in einem Investor auszulösen vermag, entscheidet, ob er die Finger davon lässt oder zugreift. Glaubt der Investor an ihr Potenzial und ist die Aktie daran gemessen unterbewertet, ist sie das geeignete Instrument für Spekulation. Gegenwartskunst hat solche Fantasie. Denn hat ein Kunstwerk erst einmal seinen Platz in der Kunstgeschichte eingenommen, ist es kein geeigneter Landeplatz mehr für Tagträume pekuniärer Art. Ähnlich wie bei den auch Blue Chips genannten Standardwerten des Aktienmarkts hat sich die Preisspanne zwischen Realität und Potenzial in den meisten Fällen längst geschlossen. Hedging – ursprünglich eine Absicherung gegen Kursverluste – ist nichts anderes als das kurzfristige Auffinden und Ausnutzen solcher Spannen in Anlageformen, deren Entwicklung nur schwach mit denen der Börse korreliert. Je größer sie sind, desto größer der Gewinn. Und in keinem Segment des Kunstmarkts ist die Spanne zwischen Realität und Potenzial ungewisser als in der Gegenwartskunst. Die Fantasie eines Kunstwerks liegt aus der Sicht eines Spekulanten in der noch unbeantworteten Frage nach seiner Qualität. Auf diese offene Frage werden hohe Wetten abgeschlossen.

Bereits in den neunziger Jahren hat der Werbetycoon Charles Saatchi gezeigt, dass der Hype im Kunstmarkt funktioniert. Sein Investment von 50 000 Pfund in den 1991 erworbenen Tigerhai bescherte ihm eine jährliche Rendite von 41 Prozent.[3] Auch Fonds-Manager verfügen über das Handwerkszeug und die Ressourcen, ihre eigenen Sammlungen zu hypen. Loeb kauft Kippenberger, um den sich seit Anfang der neunziger Jahre bedeutende Sammler scharen, seit 2002. Mittlerweile besitzt er mehr als 30 seiner Werke. Etliche davon hat er an Museen ausgeliehen. Sein Kollege Adam Sender hat sich unter anderem auf Richard Prince verlegt. David Ganek wiederum kauft daneben auch Ed Ruscha. Die Auktionspreise für Kippenberger haben sich innerhalb von fünf Jahren verdreifacht. Auch Prince hat Aufwind bekommen: Die Preise für seine Werke haben sich versechsfacht. Ed Ruschas ›Damage‹ gar – vor zehn Jahren noch für 300.000 Dollar zu haben – ist in die Region jenseits der 3 Millionen Dollar aufgestiegen.[4] Auch Indien hat seinen Prinz der Gegenwartskunst: Tyeb Mehta. Die Preise für seine von Picasso und Matisse inspirierten Bilder sind dank der Kauflust von Investoren wie dem Hedge-Fonds-Manager Rajiv Chaudri in nur drei Jahren auf bis zu 1,6 Millionen Dollar hochgeschossen. Auch in China konzentrieren sich die neuen Kapitalisten auf Gegenwartskünstler und treiben damit die Preise.

Im Sommer 2005 wurde im Auktionsmarkt jene Marke gerissen, die als unüberwindbar galt. Erstmals in der Auktionsgeschichte überstiegen die Gesamtzuschläge für Werke der Gegenwartskunst diejenigen für Impressionismus und klassische Moderne.[5] Zu den massiven Preissteigerungen von fast 16 Prozent in nur einem Jahr trugen vor allem die steigenden Preise für Gegenwartskunst bei.[6] Die Stars des Kunstmarkts sind nicht mehr die großen Namen des vergangenen Jahrhunderts, sondern die Künstler der Gegenwart. Die Sammler investieren nicht mehr in Blue Chips, sondern wetten auf junge Kunst. 49 Künstler unter 45 Jahre nahmen auf Auktionen die magische Hürde von 100 000 Dollar.[7] Führende Kunsthändler wie David Nash in London, die ihre vermögende Klientel bislang mit impressionistischer Malerei und klassischer Moderne bedienten, öffnen ihr Programm für Zeitgenossen. Die Preise für Gegenwartskunst boomen. Der Kunstmarkt ist im Zentrum der Gegenwart angekommen. Und im Zentrum des Kunstmarkts brodelt der Hype.

Künstler sind die Seismographen des Zeitgeistes. Immer wenn das Geld in der Kunst überhandnimmt, fangen Künstler an, Geld zum Thema ihrer Kunstwerke zu machen. Als Ende des neunzehnten Jahrhunderts in den USA reich gewordene Financiers den Kunstmarkt mit ihrem Geld überschwemmten und das Sammeln von Kunst zunehmend zur Spekulation wurde, hielt das Dollarzeichen in Form täuschend echt gemalter Banknoten Einzug in die Kunst. Maler wie William W. Harnett, John Haberle, Charles Meurer und Victor Dubreuil experimentierten mit Imitationen von Dollarnoten als zentralem Bildmotiv, die so perfekt waren, dass sie damit sogar die Beschlagnahme durch das Treasury Department riskierten.[8] Die Künstler thematisierten damit den die Sphäre der Kunst ergreifenden Materialismus ihrer Zeit, den Maxim Gorki anlässlich seines ersten Besuches in den USA folgendermaßen beschrieb: »Kunstprodukte werden ebenso für Geld gekauft wie Brot, aber ihr Wert ist immer höher als das, was man in barer Münze dafür bezahlt. Ich treffe hier sehr wenige Menschen, die eine klare Vorstellung vom wesenhaften Wert der Kunst haben, ihrer religiösen Bedeutung, der Kraft ihres Einflusses auf das Leben und ihrer Unentbehrlichkeit für die Menschheit.«[9] Seither durchzieht das Motiv des Geldes nicht nur die amerikanische Kunst. In den sechziger Jahren räumte der Papst des Pop, Andy Warhol, leuchtend bunten Dollarzeichen und Dollarscheinen in seinem Werk eine zentrale Rolle ein und erhob sie zur universalen Ikone. In Deutschland proklamierte Joseph Beuys Anfang der goldenen Achtziger auf Geldscheinen seine eigene Gleichung von Kunst und Kapital – Kapital als Kreativität und nicht als Geld.

Wieder einmal strömen Unsummen von Geld in den Kunstmarkt. Und wieder einmal wird ein von Liquidität getriebener Kunstboom von künstlerischen Ritualen der Aneignung oder Austreibung des Geldes begleitet. Die Künstlergruppe Relax lässt analog zu Schweizer Banknoten eigenes Geld drucken, auf dem die Porträts der Künstler zu sehen sind. Marianne Heier filmt ein thailändisches Ritual, bei dem zu Ehren von Verstorbenen Geldscheine verbrannt werden. Claude Closky tapeziert komplette Ausstellungsräume mit Nasdaq-Aktienkursen. Das Künstlerduo Christoph Büchler und Gianni Motti verwandelt in seinem Aktionsplan für das Züricher Helmhaus das reale Budget einer Ausstellung und dessen Auffinden durch die Ausstellungsbesucher in ein Kunstwerk, dessen Inhalt Geld ist, nichts als das reine Geld. Auch wenn Rembrandts ›Aristoteles die Büste Homers betrachtend‹ noch immer im Metropolitan Museum hängt, nehmen die Marktkräfte das Territorium der Kunst unaufhaltsam in Besitz.

Rochade vom Mäzen zum Markt

DIE ENTSTEHUNG DES KUNSTMARKTS

Die Verflechtung von Kunst und Geld ist an sich nichts Neues. Kunst wurde zu allen Zeiten gegen Geld gehandelt. Auch die Vermarktung von Kunst lässt sich weit in die Geschichte hinein zurückverfolgen. Dabei ist erstaunlich, wie weit die fundamentalen Prinzipien zurückreichen, die im 21. Jahrhundert den Kunstmarkt bestimmen. Die Jagd auf Kunst lässt sich bis in die vorchristliche Zeit nachweisen. Bereits im Römischen Reich gab es Auktionen, deren heutiger Name sich vom lateinischen *auctio* herleitet. Vorläufer des Kunstmarkts als Perpetuum mobile, aus dem Waren hier entnommen und dort wieder Gewinn bringend eingebracht werden, war der boomende Reliquienhandel im Mittelalter. Jeder Splitter des heiligen Kreuzes und jedes Fragment des Corpus Christi galt als Depot göttlicher Macht. Der Besitz solcher Brosamen manifester Göttlichkeit verwandelte Orte wie Puy, Hildesheim, Antwerpen und unzählige Klöster in hochfrequentierte Pilgerstätten.[10] Die Drehscheibe für diese im gesamten christlichen Kulturraum begehrten Objekte war zunächst Konstantinopel und später Rom. In ihrem Zentrum stand Jesus Christus als Superstar, dessen heilige Aura sich auf diese Weise in einen schier unerschöpflichen Geldsegen verwandelte.

Auch das Blättern in Auktionskatalogen ist keine Passion unserer Zeit. Kardinal Richelieu traf seine Auswahl wertvoller Gegenstände mit Hilfe eines Albums mit Zeichnungen von Antiquitäten, die in Italien zum Verkauf standen. Andere bedienten sich bei ihrer Jagd auf Kunst eines Heeres von Spezialisten, um den Markt zu erforschen und zum richtigen Zeitpunkt an der richtigen Stelle mit dem richtigen Gebot zuschlagen zu können. So beschäftigte der König von England eine Armada von Agenten, die in geheimer Mission Italien bereisten und ausspionierten, welche Kunstwerke in welchen Fürstenhäusern lagerten und in welcher finanziellen Lage sich ihre jeweiligen Besitzer befanden. Es ergab sich, dass die Gonzaga, die ihre Kriegskasse noch im auslaufenden Mittelalter nach Condottieri-Manier mit Beutezügen füllen konnten, ihre Kunstschätze versilbern mussten. Politische Transaktionen im Kampf um das Amt des Papstes hatten sie den letzten Heller gekostet. Dank ihrer Finanzmisere befand sich der König von England in einer starken Verhandlungsposition und das italienische Fürstenhaus musste ihm seine kostbaren Gemälde für ein Minimalgebot überlassen. So entstand Ende des siebzehnten Jahrhunderts der erste große Kunstmarkt in dem auf Importe angewiesenen England. Über nationale Grenzen hinaus entwickelte sich ein schwunghafter Handel mit Kunst. Die Rochade von Mäzen und Markt war vollzogen.

Kunstwerke wechselten von nun an häufiger ihren Besitzer. Während das erste Museum – der Louvre – erst 1793 am Jahrestag der Enthauptung Ludwigs XVI. seine Pforten öffnete, wird das erste Auktionshaus für Kunst bereits 1766 von James Christie in London gegründet. Sammlungen werden zunehmend durch Suchaufträge und Auktionsankäufe zusammengetragen. Händler vermitteln die Kunstwerke und schieben sich zwischen Künstler und Käufer. Die Unterscheidung von Original und Kopie wird zum Garant von Knappheit und hohen Preisen. Der Käufer wird vom engagierten Mäzen zum investierenden Sammler. Die Vorlieben eines Mäzens werden durch die Nachfrage des Markts ersetzt. Die individuelle Vision des Künstlers gewinnt an Bedeutung gegenüber vorgegebenen Bildinhalten. Preise werden zum Symbol der Reputation des Künstlers. Auch das Paradoxon des Kunstmarkts nimmt seine heutige Form an: Der Künstler muss unabhängig von den Personen bleiben, deren Anerkennung für seinen Erfolg unverzichtbar ist. Nach einem jahrhundertelang dauernden Prozess, in dem sich die Kunst ihre Autonomie gegenüber klerikaler und feudaler Macht erkämpft hat, wird sie in die Freiheit des kapitalistischen Marktes entlassen. Die Geschichte der Kunst in der Marktwirtschaft ist eine Fortsetzung ihrer Geschichte des Ringens um Autonomie unter neuen Vorzeichen.

Das Kunstwerk wird zu einer zirkulierenden Ware in einem internationalen Markt. Auch die Kunstschätze der Eremitage in St. Petersburg zirkulierten zuvor als gesuchte Waren in dem Kreislauf von Angebot und Nachfrage, bevor sie ihren Bestimmungsort im Venedig Russlands erreichten. Katharina die Große erwarb 1764 auf Vermittlung des russischen Botschafters Dolgoruky 225 Kunstwerke von dem Berliner Kunsthändler Gotzkowski, darunter Gemälde von holländischen und flämischen Künstlern wie das Porträt eines jungen Mannes mit Handschuh von Frans Hals und das Familienporträt von Jacob Jordaens. Die Kunstwerke, um die russische Diplomaten das Museum des Zarenhofs von da an bereichern sollten, erwarben sie allesamt auf Auktionen in Westeuropa. Dank der Finanzkraft des Zarenhofs wurde das Aufkaufen kompletter Sammlungen unter der Führung des Diplomaten Prinz Dimitry Golitsyn, des Vertrauten und Liebhabers Katharinas, zum System. Zehn Jahre später gab es mehr als zweitausend Bilder im Winterpalast. Als Grund für die Sammelwut der aufgeklärten Monarchin wird gemeinhin weniger ihre Kunstpassion als politisches Kalkül genannt, nämlich ihr Bestreben, das Ansehen Russlands in der westlichen Welt zu festigen. Katharina jedoch kannte die wahre Wurzel ihrer Sammelleidenschaft und gab offen darüber Auskunft: »Es ist nicht aus Liebe zur Kunst, es ist Unersättlichkeit.«[11]

Doppelspiel

DAS TABU DES GELDES

Kunst wird gegen Geld gehandelt. Die Rollen bei der Verwandlung von Kunst in Geld sind verteilt: Der Künstler muss an seine Kunst glauben, der Galerist muss sie vermarkten, der Kritiker muss sie bekannt machen, das Museum muss ihr die höheren Weihen verleihen, der Sammler muss sie bezahlen. Und doch ist Diskretion in Geldfragen eines der ungeschriebenen Gesetze des Kunstmarkts. Die Transaktion, die ideellen in monetären Wert verwandelt, wird verschleiert. Kunstwerke, die in Galerien zum Kauf ausgestellt werden, haben meist keine Preisschilder. Sammler, die Kunstwerke kaufen, trennen das Gespräch über die Kunst von dem über Geld. Kunst gilt nicht als Geldberuf, sondern als Berufung, der Galerist nicht als Kaufmann, sondern als Mentor, der Sammler nicht als Käufer, sondern als Liebhaber. Die in der Kunst allgegenwärtige Behauptung der Leidenschaft hat eine lange Tradition. Und im Gegensatz zu den Werbeslogans von Banken und Versandhäusern, die ihre Profitorientierung ebenfalls als Passion verkaufen, genießt sie sogar eine gewisse Glaubwürdigkeit. Der Kunsthandel profitiert von der Vorstellung, dass Kunst jenseits des Kommerzes liegt und damit ihren Sonderstatus unter den Waren behauptet. Im Kunstmarkt ist es kommerziell, den Kommerz zu leugnen. Diese Verleugnung und gleichzeitige Umarmung des Geldes ist in jeder Transaktion der Kunstwelt gegenwärtig.

Ein Kunstwerk ist ein Objekt, das seinen Wert aus der ihm innewohnenden Substanz bezieht. Dieser Wert ist unabhängig von religiöser Bedeutung, politischem Nutzen, finanziellem Potenzial. Das Kunstwerk ist die Verkörperung der Schöpferkraft eines Einzelnen und damit ein Symbol des zentralen Ideals unserer Kultur, der Freiheit des Individuums. Der Markt dagegen ist ein Ort des Warentauschs, an dem die Dinge ihren Wert im Akt des Tauschs erhalten. Der Markt reduziert den Wert eines Kunstwerks auf die Summe Geldes, die ein Käufer zu einem bestimmten Zeitpunkt bereit ist, dafür zu zahlen.

Wen wundert es, dass im Kunstmarkt, in dem die Gegensätze von Ideal und Wirklichkeit, von hehrer Kunst und profanem Geld aufeinanderprallen, eine ganz besondere Ökonomie herrscht. Auktionsrekorde und Künstlerarmut kennzeichnen diesen außergewöhnlichen Markt, in dem die Widersprüche unserer Kultur auf faszinierende Weise zutage treten. Der amerikanische Künstler Robert Motherwell brachte den Abgrund zwischen Kunst und Geld auf die Formel: Die Sozialgeschichte des modernen Künstlers ist die eines spirituellen Wesens in einer auf materiellen Besitz fixierten Welt.

Das Spannungsfeld zwischen Kunst und Geld spiegelt einen Widerspruch unserer Kultur. Auch wenn sich scheinbar alles ums

Geld dreht, gibt es zugleich eine kulturimmanente Leugnung des Monetären. Die biblische Todsünde der Habgier, die im Mittelalter mit dem Aufkommen der Geldwirtschaft der feudalen Sünde des Hochmutes den Rang ablief, gilt den meisten Menschen auch heute noch als fragwürdiges Laster, das man lieber verschweigt. In der Redewendung »Über Geld spricht man nicht« fand dieses Tabu seine klare Benennung. Heute ist es im Werbedeutsch der Banken zu einer Phrase mutiert, aus der das Wort Geld vollständig verschwunden ist: »Leben Sie, wir kümmern uns um den Rest.«

Die Preisgestaltung von Waren ist für viele Menschen ein Buch mit sieben Siegeln. 8-jährige Kinder glauben, dass Preise vom Ladenbesitzer festgelegt werden und diese den wahren Wert des Gegenstandes widerspiegeln. 11- bis 14-jährige Kinder glauben zwar noch, dass der inhärente Wert des Gegenstandes den Preis bestimmt, wissen aber bereits, dass außerdem der Markt in irgendeiner Form den Preis beeinflusst. 8-jährige Kinder verstehen das Wesen des Profites nicht und begreifen Wirtschaft als mehrere voneinander getrennte Prozesse. Erst 11- bis 14-jährige Kinder entwickeln eine Vorstellung davon, dass Wirtschaft ein zusammenhängendes System ist.[12] Dieses System wird auch von den meisten Erwachsenen nur bruchstückhaft verstanden, und selbst Experten stoßen an die Grenzen ihrer Fähigkeit, die Wirtschaftsdynamik in ihrer Ganzheit zu erfassen, wenn sie beispielsweise aufgrund makroökonomischer Modelle Voraussagen treffen sollen. Auch die Preisbildung im Kunstmarkt gibt Ökonomen Rätsel auf. Im Kunstmarkt scheinen elementare Gesetze wie das von Angebot und Nachfrage außer Kraft gesetzt. Die Käufer für ein Bild in einer Galerie mögen noch so lange ausbleiben, sein Preis wird entgegen jeder ökonomischen Prognose nicht sinken. Auch das Gesetz des Marktgleichgewichts wird im Kunstmarkt verletzt. Preisunterschiede im Primär- und Sekundärmarkt bleiben bestehen, ohne dass sie durch Arbitrage – kaufen, wo es billig ist, und verkaufen, wo es teuer ist – ausgeglichen werden. Diese ökonomischen Widersprüche rühren aus den Unterschieden der beiden Wertsysteme her, die im Kunstmarkt aufeinandertreffen: das der Kunst und das des Marktes. Dieser Widerspruch und das ambivalente Verhältnis zum Geld haben gemeinsame Wurzeln. Sie reichen zurück in jene Zeit, als das Glücksversprechen der kapitalistischen Geldwirtschaft das der christlichen Religion zu verdrängen begann.

Geld als Ausdruck von Erfolg scheint immer wichtiger zu werden. Während 1975 nur 38 Prozent der US-Bürger Geld als Hauptmerkmal eines glücklichen Lebens nannten, waren es 1994 bereits 63 Prozent.[13] Das Streben nach Geld, vom Christentum als Sünde geächtet, ist zur Tugend avanciert und in den Mittelpunkt unserer Kultur gerückt. Der amerikanische Ökonom David C. Korten hat dafür den Begriff »money centered society« geprägt.[14] Im Gegensatz zur Religion, die in diesem Streben niedere Triebe walten sah, erkennt die Ökonomie darin eine höhere Rationalität, die uns mit unsichtbarer Hand der Nutzenmaximierung entgegenführt. Die Wende dieser Wertvorstellungen fällt in das 13. Jahrhundert. Das Christentum befindet sich auf dem Höhepunkt seines Aufschwungs. Zeitgleich beginnt sich ein neues ökonomisches System zum machtvollen Konkurrenten der Kirche herauszubilden: der Kapitalismus. Der Erfolg der Geldwirtschaft bedroht die alten christlichen Werte. Denn seine Entwicklung, so der Historiker Jacques Le Goff, erfordert neben neuen Techniken auch den massiven Gebrauch von Praktiken, die von der Kirche seit jeher verdammt werden.[15] Es tobt ein erbitterter Kampf, in dem es um die Abgrenzung des erlaubten Profits vom unerlaubten Wucher geht.

Geld wird mit seinem Versprechen des Paradieses auf Erden zum Erzkonkurrenten der christlichen Religion. Beide versprechen Erlösung vom irdischen Leiden. Doch das Geld bietet dies seinen Anhängern zu Lebzeiten, während die Kirche ihre Schäfchen auf den Himmel vertröstet, der erst nach dem Tode seine

Pforten öffnet. Die Religion appelliert an Nächstenliebe, Gemeinschaftssinn und Selbstbescheidung, das Geld weckt Eigennutz, Kalkül und Wettbewerb. Beide, so will es die christliche Tradition, schließen einander aus. Schon im Neuen Testament warnt der Zöllner Matthäus, der seinen Tisch voller Geld verlässt, um Jesus zu folgen: »Ihr könnt nicht Gott dienen und dem Mammon.«[16] Später fällt Luther, moralische Instanz für die Protestanten nicht nur seiner Epoche, ein Urteil in dieser Frage, dessen Nachhall noch im einundzwanzigsten Jahrhundert vernehmbar ist: »Geld ist das Wort des Teufels, durch das er alles in der Welt erschafft, so wie Gott durch sein Wort erschafft.«[17] Und doch: Die Umstellung von Gott auf Geld ist nicht aufzuhalten. Geld wird zum Konkurrenzmedium, das schließlich vollbringt, was eigentlich nur Gott zusteht: die Welt zu regieren und deren Sinn und Richtung zu bestimmen.[18]

Die augenfälligen Entsprechungen von äußerer Form und innerer Logik bei religiösen und monetären Praktiken mögen den Menschen den Übergang von Gott zu Geld erleichtert haben. Die Kirche selbst hatte vorgeführt, wie man bestehende Formen mit neuen Inhalten füllt und damit Anhänger gewinnt. In Anlehnung an heidnische Rituale hatte sie eine suggestive Liturgie entwickelt, die für die Menschen den christlichen Sinn des Daseins und das Dasein von christlichem Sinn erfahrbar machen sollte. Im heiligen Sakrament findet die Verwandlung von Hostien in den Leib Christi und von Wein in das Blut Christi statt. Die Transsubstantiation von Wertlosem in Wertvollstes findet ihre Fortsetzung in der Münze. Doch nicht nur Hostie und Münze ähneln sich frappierend in Form und Symbolcharakter. Auch finanzielle und theologische Begriffe weisen auffallende Ähnlichkeiten auf: Gläubiger und Glauben, Kredit und Credo, Erlös und Erlösung, Offenbarungseid und Offenbarung. Beide Systeme basieren auf dem Glauben. Auch das Geldsystem kollabiert, wenn das Vertrauen der Menschen in seine Währung erlischt.

Die Feindseligkeit der Kirche gegenüber dem Geld und der Zinsnahme war nicht nur eine Frage der Moral. Für die Kirche stand ihre Macht auf dem Spiel. Der Feudalismus war eine hierarchisch gegliederte Gesellschaft, in der jedem Einzelnen sein Platz durch seine Herkunft zugewiesen war. Die Geburt als König, Ritter, Kaufmann, Handwerker, Bauer oder Knecht definierte jeden auf Lebenszeit und in jeder Hinsicht: rechtlich, politisch, wirtschaftlich, persönlich. Die Religion kompensierte die Nachteile im Diesseits durch Vorteile im Jenseits und verfügte auch deshalb über so große Anziehungskraft. Das Geld brachte Bewegung in das statische Gesellschaftssystem, indem es die sozialen Bindungen lockerte und damit Spielräume für die Entfaltung des Individuums schuf. So konnte der Bauer statt der von seinem Lehnsherrn geforderten Frondienste nun auch Geldzahlungen leisten. Diese Wahlmöglichkeit befreite ihn von den Fesseln, die ihm eine in Person zu erbringende körperliche Zwangsleistung auferlegte.[19] Sich aber der Rolle zu widersetzen, die Gott für einen vorgesehen hatte, bedeutete nicht nur, sich dem göttlichen Willen, sondern auch der statischen Ordnung einer Gesellschaft zu widersetzen, auf deren Säulen die Macht der Kirche ruhte. Eher geht ein Kamel durch ein Nadelöhr, als dass ein Reicher in den Himmel kommt, heißt es in der Bibel. Das galt umso mehr für die Wucherer, die ihr Geld durch die von der Kirche verbotene Zinsnahme vermehrten. Für diese Sünde von der Hölle bedroht, entdeckte der Bankier Cosimo de Medici im Florenz des fünfzehnten Jahrhunderts für seine Exkulpation vor Gott ein Medium, das sein Seelenheil im Jenseits garantieren und seine Macht im Diesseits festigen sollte: die Kunst. Sein Mäzenatentum, mit dem er jene Künstler förderte, die mit ihren Werken die Renaissance begründeten, war eine Hybridform aus Geschäftssinn, Machtinstinkt und Gottesfürchtigkeit.

Im Laufe der Renaissance setzte sich die Geldwirtschaft durch und formte die Gesellschaft bis ins Innerste um. Das Symbol ihres Siegeszuges, die Münze, gelangte schließlich in alle Hände. Der damit eingeleitete Aufstieg der kaufmännischen Klasse ist eng mit dem Kampf gegen die Privilegien und Institutionen des Feudalismus verbunden. Er führt mit den neu entstandenen Konzepten von Aufklärung und Humanismus zur Idee und Verwirklichung politischer Freiheit für den Einzelnen. Vor dem Geld sind alle gleich. Mit ihm siegt die Vernunft über den Glauben. Aufgeklärte Geister wie Voltaire erkannten die integrative, im kirchlichen Sinne ökumenische Kraft des Geldes. Den Antagonisten der religiösen Auseinandersetzungen schlug er im sechsten seiner ›Philosophischen Briefe‹ vor, statt in die Kirche in die Londoner Börse zu gehen: »Kommen Sie in die Börse von London, einen Ort, der angesehener ist als die meisten Königshöfe. Sie finden da Abgeordnete aller Nationen zum Nutzen der Menschheit versammelt. Dort verhandeln Jude, Moslem und Christ miteinander, als hätten sie die gleiche Religion (...). Dort verlässt sich ein Presbyterianer auf einen Anabaptisten, und der Anglikaner nimmt den Schuldschein des Quäkers entgegen.«[20]

Mit dem Siegeszug der Geldwirtschaft entstand die Notwendigkeit, zwischen finanziellen und anderen Formen von Wert zu unterscheiden. Denn die Funktion des Geldes, die relativen Werte von Waren zueinander auszudrücken, ist von einem Eigenwert unabhängig. So fächert sich zwischen dem vierzehnten und sechzehnten Jahrhundert im Englischen das Wort *pris*, aus dem lateinischen *pretium*, in drei Worte mit unterschiedlichen Bedeutungen auf: *praise, prize, price*. *Praise* bezeichnet das Lob, *prize* die Belohnung und *price* den in Geld ausgedrückten Tauschwert.[21] Das Unbezahlbare hingegen, erstmals bei Shakespeare nachzuweisen, der mit seiner Figur des Shylock, dem rachsüchtigen Kaufmann von Venedig, seine Abneigung gegen das Geld zum Ausdruck brachte, ist *priceless*. Es bezeichnet jenen Wert, der sich nicht in Geld ausdrücken lässt, weil er jenseits der von Tausch und Angebot und Nachfrage bestimmten Sphäre des Marktes liegt.

Optionen auf »Semper Augustus«

BOOM UND CRASH

Der Geist des Geldes, in der Bibel Mammon genannt, aktiviert nicht allein den rationalen Verstand. Er mobilisiert unser instinktives Verhalten und setzt damit elementare menschliche Energien frei. In ihrem Kern sind die ökonomischen Normen, so der französische Philosoph Pierre Klossowski, »eine Ausdrucksform und eine Wiedergabe der triebhaften Kräfte«.[22] Der Kapitalismus, so stellt auch der amerikanische Wirtschaftsexperte Lester Thurow fest, wird von der Habgier angetrieben.[23] Sie ist die Achse, um die sich das Rad des Kapitalismus dreht, in dem es vor allem um Geld und dessen Vermehrung geht. Die enorme Schubkraft der Gier bringt sowohl Erfolge als auch Niederlagen hervor. Habgier treibt Unternehmer an, finanzielle Risiken auf sich zu nehmen und neue Firmen zu gründen. In Verbindung mit Optimismus – dem Glauben an den eigenen Erfolg – führt Habgier aber auch zu Zyklen von Überinvestition und Rezession, zu Spekulation und Crash. Die Historie des Kapitalismus ist eine faszinierende Geschichte von technologischem Fortschritt und materiellem Überfluss, aber auch von Instabilität, Zusammenbruch und Armut. Denn Märkte funktionieren nicht immer mit der vorhersagbaren Präzision mathematischer Formeln, und Menschen sind nicht die von der Ökonomie postulierten rationalen Nutzenmaximierer. In Verbindung mit Herdenverhalten führt Habgier nicht nur zu gesundem Wirtschaftswachstum. Sie löst Wirtschaftskrisen aus, führt zu Booms und Crashs. Beides sind systemimmanente Erscheinungen des Kapitalismus. Allein für das 19. Jahrhundert weist der Wirtschaftswissenschaftler Charles Kindleberger 28 bedeutende Finanzkrisen nach.[24] Finanzielle Katastrophen lassen sich weit in die Geschichte des Kapitalismus zurückverfolgen. Von der Tulpenmanie in Holland im 17. Jahrhundert über die Südsee-Spekulationsblase in Großbritannien im 18. Jahrhundert, zu deren Verlierern auch der große Rationalist Isaac Newton gehörte, bis zur Weltwirtschaftskrise in den dreißiger Jahren des 20. Jahrhunderts lassen sie sich allesamt nur schwer auf rationales Verhalten der Marktteilnehmer zurückführen. Ihre Dynamik gleicht einem meteorologischen Phänomen und lässt den Menschen am Ende kaum noch Zeit zum Handeln.

Ein solcher von irrationaler Gier getriebener Taifun wehte im 17. Jahrhundert über die Niederlande hinweg und hinterließ neben zahlreichen Tulpenneuzüchtungen unzählige Existenzen in Trümmern. Die Tulpen, deren ästhetische Formen und Farben zunächst nur eine kleine Gruppe botanischer Connaisseure faszinierten, verwandelten sich innerhalb weniger Jahre zu floralen Aktien, deren Besitz und Handel zu einer kollektiven Wette ausartete, in der es um Gier, Geld und Status ging. Die Tulpe erlebte einen Rollenwandel von einer heiligen Blume, in deren Schönheit sich göttliche Vollkommenheit offenbarte, über ein Statussymbol, das wegen seiner raren Farbenpracht begehrt war, bis zum Spekulationsobjekt, das als Wette auf die Zukunft nur noch in Gestalt unscheinbarer Knollen den Besitzer wechselte.

Die Tulpe war im 16. Jahrhundert aus dem Osmanischen Reich nach Holland gekommen. Im Mittelpunkt der muslimischen Vorstellung von Paradies stand der Garten, und seine Gestaltung galt in einer vom islamischen Bilderverbot geprägten Kultur als Inbegriff höchster Kunst. So war die Blume Allahs zunächst Gegenstand von Meditation und Andacht und wurde später zum Prestigeobjekt der herrschenden Klasse. Auch in Holland war die exotische Zwiebelpflanze anfangs einer kleinen Oberschicht vorbehalten. In den zwanziger Jahren des 17. Jahrhunderts übertrug sich die Tulpenbegeisterung von reichen Adligen und wohlhabenden Kaufleuten auf immer breitere Bevölkerungsschichten und erfasste bald auch Handwerker, Bauern, Knechte und Mägde. Die Leidenschaft für Tulpen entwickelte sich zu einer Manie, und ihre Knollen wurden zunehmend als

Spekulationsobjekte gehandelt. Wachsender Handel und neue Züchtungen befriedigten die Gier der Holländer auf die Modeblume. Flammenfarbene, allen voran die rot-weiße Semper Augustus, galten als heiße Tipps. Der Optionshandel florierte, und schon im Winter konnte man Tulpenknollen erwerben, die erst im Juni gestochen wurden. Während der Wartezeit wechselten die Besitzrechte auf dem Papier. Das ganze Volk träumte davon, schnell und mühelos reich zu werden. Weniger wohlhabende Gesellschaftsklassen tauschten gezwungenermaßen oft nicht Geld, sondern Güter gegen die Knollen ein. So trennte sich ein Bauer für zwei hochwertige Vice-Roy-Tulpenknollen von nahezu seiner gesamten Habe: großen Mengen Weizen und Roggen, vier ausgewachsenen Ochsen, acht Schweinen, zwölf Schafen, vier Tonnen Butter, einem Bett, einem Silberkelch und einigen Kleidungsstücken.[25] Auf dem Höhepunkt der Tulpenmanie wurde ein sechsstöckiges Grachtenhaus für nur vier Tulpenzwiebeln verkauft. Nur wenige Tage zuvor hatte man ein Haus für acht schwarze Tulpenzwiebeln kaufen können. Vom rationalen Standpunkt her wusste jeder, dass die Preise auf Dauer nicht so hoch bleiben konnten. Doch wer seine Tulpenzwiebeln zu diesem Zeitpunkt bereits verkauft hatte, hatte damit auch die Chance vertan, den Gewinn noch mal zu verdoppeln. Bei der Mehrheit der Marktteilnehmer siegte nicht der rationale Verstand, sondern irrationales Wunschdenken. Trotz der scharfen Kritik calvinistischer Prediger hielt die Tulpenmanie in den Niederlanden an, bis sie im Februar 1637 in einem Crash kollabierte.

Jackpot Kunst

KOLLEKTIVE WETTE

Ein Crash ist die Folge einer Spekulationsblase, die wiederum die Folge von einem Übermaß an Liquidität ist, das in eine Anlageform fließt. Auch die Preise im Kunstmarkt steigen primär nicht dadurch, dass Kunstwerke aus sich heraus wertvoller werden, sondern dass mehr Geld in den Markt fließt. Der Jackpot steigt mit den Einsätzen der Spieler. Die steigenden Preise im Kunstmarkt sind also im Prinzip nichts anderes als die zunehmende Summe des von den Spielern in Kunst investierten Geldes. Die Ursachen für das in den Kunstmarkt strömende Geld sind vielfältig. Einmal sind es boomende Börsen, die dazu führen, dass die sprudelnden Aktiengewinne in Kunst investiert werden. Ein andermal flüchtet das Geld aus rezessiven Anlageformen und schwappt in den Kunstmarkt. Bei drohender Inflation laufen Bargelder in den sicheren Hafen der Sachanlagen ein, zu denen auch Kunstwerke zählen. Das Ergebnis ist dasselbe: steigende Kunstpreise.

Im Jahr 2005 stieg der weltweite Auktionsumsatz mit Kunstwerken auf über 4 Milliarden Dollar. Obwohl fast 90 Prozent der Kunstwerke für Preise bis 10 000 Euro den Besitzer wechseln, waren in erster Linie die Preisanstiege im oberen Preissegment für den Umsatzzuwachs verantwortlich.[26] Dies ist ein Trend, der sich schon seit einigen Jahren beobachten lässt. Käufer, die zwischen 5000 bis 18 000 Euro ausgeben können, drehen ihr Geld dreimal um, bevor sie dafür ein Kunstwerk kaufen, beobachtete der Galerist Matthias Arndt bereits auf der Art Basel 2003. Diejenigen dagegen, die mehr als 100 000 Euro für eine Arbeit ausgeben können, hören gar nicht mehr auf zu kaufen.[27] Die Zahl der Sammler, die Unsummen für ein Kunstwerk ausgeben, scheint weiterhin zu wachsen. 2005 wurden 477 Kunstwerke für mehr als eine Million Dollar versteigert. 2006 hatten bereits im ersten Halbjahr 454 Werke die Millionenhürde genommen. Über die Hälfte dieser Millionen-Dollar-Objekte wurden in New York versteigert. Dort sind die Preise in nur einem Jahr um fast 50 Prozent gestiegen.[28]

Preissteigerungen nach Preissegment*	2004/05	1994/2004
Mehr als 15 000	+ 9,3 Prozent	+ 87,1 Prozent
Weniger als 2000	+ 8,7 Prozent	+ 29,3 Prozent
Gegenwart	+ 17,4 Prozent	+ 75,8 Prozent
Klassische Moderne	+ 14,5 Prozent	+ 89,3 Prozent
19. Jahrhundert	+ 10,2 Prozent	+ 67,5 Prozent
Alte Meister	– 03,5 Prozent	+ 04,6 Prozent

*Quelle: Prices continue to rise in June, Art Market Insight June 2005, Artprice.com

Dass der Pegel vor allem im oberen Preissegment steigt, ist nicht verwunderlich, denn er spiegelt die seit den siebziger Jahren zu beobachtende Umverteilung von Einkommen und Vermögen in den westlichen Gesellschaften wider. Besonders augenfällig ist dieser Trend in den USA. Nach einer Studie von Emmanuel Saez von der University of California, Berkeley und Thomas Picketty von der École Superieure Normale in Paris ist das Realeinkommen von 90 Prozent der Amerikaner von 1973 bis 2000 um 7 Prozent gesunken, während das Einkommen der oberen 1 Prozent um 148 Prozent gestiegen ist. Das Einkommen der oberen 0,1 Prozent ist sogar um 343 Prozent gestiegen, und die Elite unter den Moneymakern, die oberen 0,01 Prozent, durften sich über einen Einkommenszuwachs von 599 Prozent freuen.[29] Der Anteil des oberen Prozents der Einkommensbezieher am volkswirtschaftlichen Gesamteinkommen hat sich im Zeitraum von 1980 bis 2004 von 8 Prozent auf 16 Prozent erhöht. Damit verdienen die reichsten Amerikaner heute wieder einen genauso großen Anteil am Gesamteinkommen wie vor hundert Jahren.[30] Während nach einer Studie der Federal Reserve Bank of Boston außerdem die Mobilität zwischen den

Klassen zurückgegangen ist[31] und ein wachsender Teil der Bevölkerung in den USA Anlass hatte, die Wahrheit des Amerikanischen Traums in Zweifel zu ziehen, wurde er Zeuge eines sich zunehmend akkumulierenden Reichtums, der unter anderem in den sich zyklisch immer höher hinaufschraubenden Preisspiralen des Kunstmarkts sichtbar wird.

Ungleichheit ist ein Kennzeichen des kapitalistischen Wirtschaftssystems. Sie wurde bereits im 19. Jahrhundert von Herbert Spencer beobachtet und von ihm auf einen von Charles Darwins Evolutionstheorie inspirierten Begriff gebracht: *the survival of the fittest*, das Überleben der am besten Angepassten. Noch ungleicher als das Einkommen ist das kapitalistische Vermögen verteilt. Das Rekordvermögen deutscher Privathaushalte von derzeit 5 Billionen Euro gehört zur Hälfte den reichsten 10 Prozent der Haushalte. Weniger als 4 Prozent der Geld- und Sachwerte entfallen auf die untere Hälfte der Haushalte.[32] Der Reichtum an der Spitze nimmt durch Erbschaften weiter zu. Jahrzehnte akkumulierten Reichtums werden in Europa und den USA von einer Generation an die andere übergeben. Der kommende Vermögenstransfer wird nach Schätzungen von Experten der größte in der Geschichte sein. Allein für die USA schätzen Paul Schervish und Michael Havens vom Boston College die Transfersumme für den Zeitraum von 1998 bis 2052 auf 41 bis 136 Billionen Dollar – selbst die konservative Schätzung beträgt das Vierfache der gesamten heutigen amerikanischen Wirtschaftsleistung.[33] Wie ungleich dieser Reichtum verteilt ist, macht ein Blick auf die Statistik deutlich. 4,9 Prozent der Familien besitzen ein Vermögen von mehr als 1 Million Dollar. Je weiter man nach oben kommt, desto dünner wird die Luft. Mehr als 20 Millionen Dollar besitzen nur 0,4 Prozent (0,2 Prozent) der Familien. 45 Prozent der Millionärsfamilien mit einem Vermögen zwischen 1 und 10 Millionen Dollar haben einen Teil ihres Vermögens geerbt. Nur jede fünfte amerikanische Familie hat geerbt, und von diesen 20 Prozent haben nur 1,6 Prozent mehr als 100 000 Dollar geerbt. Auch in Deutschland bleibt mehr als die Hälfte der Bevölkerung vom Erbschaftsboom ausgenommen, hierzulande werden rund 45 Prozent der Bevölkerung etwas erben.[34] Ein Teil dieses Reichtums fließt in den Konsum von Luxusgütern und treibt auch die Preise jener Statussymbole, deren Besitz seit jeher die Zugehörigkeit zur gesellschaftlichen Elite sichtbar macht, in die Höhe: Kunst.

Bilder auf der hohen Kante

KUNST ALS KAPITAL

Nicht nur kleine Zirkel von Kunstinvestoren spekulieren mit Kunst. Heute wird Kunst von Banken, Auktionshäusern, Kunst- und Anlegermagazinen, zunehmend auch von Händlern und Galeristen als Investment vermarktet. Das Spektrum gleicht klassischen Finanzprodukten und umfasst alles zwischen konservativer Kapitalsicherung, risikoreicher Anlage und hochspekulativem Investment. Als konservative Anlage mit geringem Risiko gelten Alte Meister und Klassische Moderne, als wachstumsorientierte Anlage gelten arrivierte Zeitgenossen, als spekulative Beimischung junge Gegenwartskunst. Empfohlen wird die Streuung des Risikos durch eine Diversifikation im Sinne der an den Finanzmärkten praktizierten Portfolio-Theorie in Arbeiten verschiedener Künstler und verschiedener Epochen.[35] Spekulation mit Kunst ist Realität geworden. Ob sich die Gewinnabsicht der Käufer auf kurzfristigen Profit oder langfristige Rendite bezieht, bestimmt, ob es sich dabei um Spekulation oder Investment handelt.

Auch der Kapitalmarkt ist auf den fahrenden Zug aufgesprungen. Die Vielzahl unlängst aufgelegter Kunstfonds zeigt, dass Kunstwerke im Kapitalmarkt den Status einer eigenen Anlagekategorie erreicht haben. Der in London ansässige Fine Art Fund hat bei 150 Millionen Dollar seine erste Schließung bekannt gegeben und ist bereits als Käufer auf Auktionen in Erscheinung getreten. Seit Juli 2004 werden monatlich 2 Millionen Dollar in Kunst investiert. Die Kunstwerke sollen bei den Fondszeichnern selbst gelagert werden, die dafür Miete zahlen. Der Fernwood Art Investment Fond, gegründet von dem Merrill-Lynch-Veteranen Bruce Taub, soll in den nächsten Jahren 100 Millionen Dollar einsammeln. Zugelassen sind Investoren, die mit mehr als 250.000 Dollar einsteigen. Mehr als ein Dutzend solcher Fonds vom schweizerischen Art Collectors Fund über den in Genf und New York ansässigen ArtVest bis zu dem von der holländischen Bank ABN Amro vertriebenen China Fund sind seit 2003 entstanden. In den Worten von Bruce Taub ist dies ein weiterer Schritt zur Demokratisierung der Geldanlage.[36] Damit öffnet sich die Welt der Malerei und der Skulptur auch für jene Anleger, die nicht das Finanzpolster von generationenlangem Firmenbesitz oder Ölbohrrechten im Hintergrund haben. Durch solche Fondsaktivitäten sollen in den nächsten 10 Jahren angeblich mehr als 10 Milliarden Dollar in den Kunstmarkt fließen.

What goes up

MASSAKER IM AUKTIONSSAAL

Der Siegeszug der jungen Kunst ist nicht so neu, wie er scheint. Schon der Kunstboom der achtziger Jahre katapultierte die Preise für Gegenwartskunst in schwindelnde Höhen. Jean-Michel Basquiat, Eric Fischl, Keith Haring, Robert Longo, David Salle und Julian Schnabel waren die Stars des amerikanischen Kunstmarkts. In Deutschland hießen sie Elvira Bach, Jörg Immendorf, Markus Lüpertz, Penck, Salomé, in Italien Sandro Chia, Francesco Clemente, Enzo Cucchi, Mimmo Palladino. Auf dem Höhepunkt des Booms durchbrachen 28 Künstler, die jünger als 45 Jahre waren, Auktionen die 100 000-Dollar-Schallmauer.

In dem Film ›Wall Street‹ nennt Michael Douglas als Gordon Gekko die Losung der Dekade: *Greed is good.* Sie stammt aus einer Rede, die Ivan Boesky 1985 vor den Betriebswirtschaftsabsolventen der University of California hielt. Boesky, Vorbild für Oliver Stones Filmfigur, wurde 1986 wegen Insidergeschäften zu Gefängnis verurteilt. Auch in Wirklichkeit hatte der Bullenmarkt an der Börse Geld und Gier in unvorstellbarem Ausmaß produziert. Beides griff auf den Kunstmarkt über. Geld jagte Kunst. Das Sammeln von Kunst wurde zur sozial akzeptierten Form von Gier. Die Lektion, dass Kunst die geschmackvollste Form ist, ökonomische Macht zu demonstrieren, hatten selbst die kulturlosesten unter den damaligen Börsen-Millionären gelernt. Der Begriff der Wertschätzung der Kunst erfuhr eine unerwartete Neudefinition: Investiere jetzt und verkaufe später zu einem höheren Preis. Im Innern der Kunstwerke begann das Geld zu glitzern. Es dauerte nicht lange, und die neuen Sammler standen Schlange, um ein Kunstwerk zu ergattern, als ginge es um eine Eintrittskarte für ein Popkonzert. Die Kunstbegeisterung ergriff auch den Rest der Bevölkerung. 4,5 Millionen Besucher drängten 1983 in das Metropolitan Museum of Art. In den USA pilgerten insgesamt 40 Millionen Menschen in die Tempel der Kunst. In Deutschland gab es am Ende des Jahrzehnts ein Drittel mehr Galerien und 60 Prozent mehr Kunstvereine als zu Anfang.[37] Museumsneubauten schossen wie Pilze aus dem Boden. Der Umsatz mit zeitgenössischer Kunst hatte sich mehr als verdoppelt.

Ab 1985, als der Yen gegenüber dem Dollar massiv aufgewertet wurde, schwappte eine Flutwelle japanischen Geldes in den Kunstmarkt. Ein Preissprung genügte, um den nächsten hervorzurufen. 1988 ging mehr als die Hälfte des weltweiten Auktionsumsatzes auf das Konto japanischer Käufer. Banken begannen, Kunstwerke als Sicherheiten für Kredite zu akzeptieren. Kunst wurde mit fiktiven Notierungen bewertet und zu Fantasiesummen beliehen. Kunstwerke hielten auch als Sicherheiten für faule Kredite her. Als der Nikkei-Index im April 1990 kollabierte, platzte auch die Blase im Kunstmarkt. Eine Unmenge zu astronomischen Preisen gekaufter Kunstwerke wurde in atemloser Hast abgestoßen. Unter anderen das Porträt des Dr. Gachet von Vincent van Gogh. Dass es von einem japanischen Geschäftsmann 1990 für 82,5 Millionen Dollar ersteigert wurde, machte weltweit Schlagzeilen. Aber kaum jemand weiß, dass es nur wenige Jahre später für ein Achtel des Preises diskret den Besitzer wechselte.[38]

Die Auktionen des Herbstes 1990 wurden für die Gegenwartskunst zum Massaker. Am 6. November wurde bei Sotheby's in New York ›Anh in a Spanish Landscape‹ von Julian Schnabel auf den Richtblock gehievt. Das Großformat war 1989 in London von einem Kanadier für 225 000 Dollar gekauft worden. Dann hing es in einer New Yorker Galerie für 650 000 Dollar zum Verkauf. Kein Käufer. Schließlich übergab der Eigentümer das Bild Sotheby's, die es mit einem aus ihrer Sicht niedrigen Schätzpreis versahen: 350 000–450 000 Dollar. Keine Hand hob sich. Nach einem Augenblick der Bestürzung hämmerte der Auktionator John Marion den Preis auf 210 000 Dollar herunter. Kein Käufer. Es sollte noch mehr Blut fließen. Ein Rothko, auf 2,2 Millionen Dollar geschätzt, blieb auch bei 1,25 Millionen Dollar liegen. Alle angebotenen Warhols blieben unverkauft. Ein Eric Fischl, einer der Shootingstars der Dekade, bettelte bei 300 000 Dollar, der Hälfte des Schätzpreises, um Gnade. Das Gemetzel ging weiter. 56 Prozent der angebotenen Kunstwerke fanden keinen Käufer. Die anderen kamen mit Blessuren davon. Der Star der Auktion, Robert Rauschenbergs Third Time Painting von 1961, wurde für 3,08 Millionen Dollar versteigert, nachdem der Schätzpreis um eine Million Dollar herabgesetzt worden war.[39]

Im November 2005 meldet der Online-Informationsdienst Artprice.com aus New York: Die Preise für Kunstwerke liegen jetzt bereits höher als 1990. Nachdem die Auktionspreise 2004 dort um 18,5 Prozent gestiegen waren, explodierten sie im Jahr 2005 um 34,5 Prozent. Im Mai 2006 liegen sie bereits 56 Prozent über dem Niveau des Sommers 1990, als die Spekulationsblase ihren Höhepunkt erreichte.[40] Wenige Monate später kollabierte der Kunstmarkt. Das Gedächtnis ist kurz, die Erinnerung gnädig. Und der Markt ist voll von jungen Käufern, die sich an die schwarzen Tage 1990 nicht erinnern können. Man könnte hinzufügen, dass diejenigen, die sich nicht an die Vergangenheit erinnern können, vom Schicksal dazu verdammt sind, sie zu wiederholen.

Gottlob hielt Edward Dolman, CEO von Christie's, für diejenigen, die sich erinnern können, eine gute Nachricht bereit. Der gegenwärtige Kunstboom beruhe nicht auf irrationalem Kaufverhalten von Institutionen, sondern auf rationalen Kaufentscheidungen einzelner Sammler.[41] Richtig daran ist, dass heute statt des monolithischen Reichtums weniger japanischer Großunternehmen ein global gestreuter Reichtum von amerikanischen Neureichen, europäischen Erben, russischen Oligarchen und den neuen Kapitalisten Chinas den Markt treibt. Die schlechte Nachricht lautet: Auch wenn sich die Kunstmärkte des heutigen Amerika, Großbritannien, Deutschland, Russland oder China in diesem Punkt von denen der achtziger und neunziger Jahre unterscheiden, folgen ihre Preisspiralen derselben Dynamik. Auch wenn der Kunstmarkt sich wandelt, künstlerischen Moden und konjunkturellen Schwankungen unterworfen ist und seine Akteure dem Generationswechsel unterliegen, sind die fundamentalen Prinzipien, die ihn regieren, dieselben geblieben.

Ponzi ist überall

DIE DYNAMIK DES KUNSTMARKTES

Der Kunstmarkt ist wie die Börse ein komplexes soziales System. Maßgebliche Preisbewegungen finden in beiden Systemen immer dann statt, wenn genügend Akteure übereinstimmend handeln, also Parteien gebildet werden. Preisbewegungen sind in der Regel das unbeabsichtigte Ergebnis einer Summe von beabsichtigten Einzelhandlungen. Der amerikanische Wirtschaftswissenschaftler Robert Shiller hat untersucht, welche Faktoren die Spekulation in Märkten antreiben und zu Boom und Crash führen. Er unterscheidet externe Faktoren, die dazu führen, dass zusätzliche Liquidität in den Markt fließt, strukturelle Faktoren, die spekulative Entwicklungen hervorrufen und beschleunigen, und psychologische Faktoren. Im Kern seiner Theorie steckt ein einfaches Feedback-Modell. Es erklärt, unter welchen Umständen Preisbewegungen im Aktienmarkt, im Immobilienmarkt oder anderen spekulativen Märkten eine Eigendynamik entwickeln. Einer dieser spekulativen Märkte ist der Kunstmarkt. Wie auch im Immobilienmarkt wird nur ein bestimmtes Marktsegment von der Spekulation erfasst. Im Immobilienmarkt sind die globalen Metropolen anfällig für Boom und Spekulation. London, New York, Shanghai, Barcelona oder Sidney sind betroffen. In der Kunst sind es arrivierte Namen oder modische Stilrichtungen.

Der Begriff Feedback oder Rückkopplung stammt aus der Technik. Er bezeichnet die sich selbst verstärkende Verstärkung eines Signals. Jeder kennt den sich immer schriller nach oben schraubenden Ton, der entsteht, wenn man ein Mikrofon zu nahe an den mit ihm verbundenen Lautsprecher hält. Das gleiche Prinzip ist in spekulativen Märkten wirksam, sobald die Preise steigen, nur dass die Feedbackreaktion hier über Jahre anhalten und der ursprüngliche Auslöser in der Zeit so weit zurückliegen kann, dass man sich nicht mehr vorstellen kann, dass ausgerechnet er die Preisbewegungen ausgelöst haben könnte.

Oft sind es Geschichten, die am Anfang von Preisspiralen stehen. Es gibt so genannte Ponzi-Systeme, deren Kern es ist, den Investoren erst eine nachvollziehbare Geschichte zu verklickern, wie die verlockenden Profite erzielt werden sollen. Charles Ponzi erzählte 1920 seinen Investoren, dass er eine Profit-Möglichkeit nutzte, die sich aus den damals in jedem Postamt erhältlichen internationalen Rückantwortkupons ergab. Diese konnte man einem Auslandsbrief beifügen und damit die Rückantwort im Voraus bezahlen. Tatsächlich gab es ein gewisses Profitpotenzial, indem man Rücksendekupons in Europa kaufte und sie in den USA verkaufte, da die Wechselkurse nicht genau den im Preis für die Kupons impliziten Wechselkursen entsprachen. Ponzis Profitstory, die in Zeitungen veröffentlicht wurde, schien einigen einflussreichen Menschen plausibel. Und auch den anderen, die in das Geschäft einstiegen, genügte es, von A nach B zu denken. Denn in dem Moment, da sie sahen, dass andere damit Gewinne machten, glaubten sie an den Sechser im Lotto. Auf diese Weise gewann Ponzi in nur sieben Monaten 30 000 Investoren und gab Anteilsscheine in Höhe von 15 Millionen Dollar aus.

Der Haken an der Sache war der Schritt von B nach C. Denn das Profitpotenzial war nicht realisierbar, es gab schlichtweg keine praktikable Möglichkeit, die Kupons wieder zu verkaufen. Erst als der New Yorker Postdirektor klarstellte, dass selbst der weltweite Bestand an internationalen Rückantwortkupons nicht ausreichen würde, um auch nur einen Bruchteil des Vermögens darzustellen, das Ponzi behauptete damit gemacht zu haben, flog der Betrug auf. Dass diese Gewinne wie bei allen Kettenbriefen und Pyramidenspielen einzig und allein aus ihren eigenen Einzahlungen geflossen waren, hielt viele der geprellten Investoren nicht davon ab, auch im Nachhinein noch an die Investmentidee zu glauben.[42]

Ponzi ist überall. Auch ohne Manager mit betrügerischen Absichten und Manipulatoren, die gezielt Halbwahrheiten in Umlauf bringen. Denn Halbwahrheiten kursieren in jedem Markt. Auch im Kunstmarkt, der seit jeher von Geschichten angetrieben wird. Galeristen erzählen, wie Sammler ihre Investitionssumme durch den Kauf und Verkauf von Kunstwerken innerhalb von 10 Jahren verzehnfacht haben, Feuilletons berichten über Auktionsrekorde, Kunstmagazine geben heiße Tipps zu den Aufsteigern des Kunstmarkts, Onlinedienste proklamieren die zwölf goldenen Regeln zur Kunstinvestition, Art-Indizes verbreiten die Nachrichten über Preisbewegungen im Internet in Realzeit.

Wie im Aktienmarkt ist die Grundvoraussetzung für das Entstehen von Spekulationsblasen im Kunstmarkt öffentliche Aufmerksamkeit. Denn bedeutende Preisbewegungen entstehen nur, wenn genügend Marktteilnehmer in dieselbe Richtung denken. Neben der Mundpropaganda sind die Medien die zentralen Organe für die Verbreitung von Ideen. So fällt die Tulpenmanie als erste Spekulationsblase der Geschichte zeitlich zusammen mit den ersten regelmäßig publizierten Zeitungen. Heute gibt es nicht nur Kunstzeitschriften und Sammlermagazine. Wirtschaftsmagazine haben eigene Kunstinvestmentrubriken, in Lifestylemagazinen wird über die Events der Kunst und die Karrieren ihrer Protagonisten berichtet, Onlinedienste liefern die entsprechenden Preis- und Umsatzkurven nach Marktsegmenten – Alte Meister, Klassische Moderne, Gegenwart – und nach einzelnen Künstlern. Medien fokussieren öffentliche Aufmerksamkeit und beantworten ihren Nutzern die Frage, was gerade angesagt ist. Malerei? Fotografie? Informel? Fluxus? Mögen dies Tatsachen oder Halbwahrheiten sein – immer gibt es Leute, die davon profitieren, die Information steigender Preise in Umlauf zu bringen. Wenn dann die Preise für einen Künstler einige Male ansteigen, werden die Investoren sequenziell belohnt und ihre Annahmen – ebenso wie die der Marktbeobachter, die noch nicht investiert haben – bestätigt. Die Evidenz eines Gewinns hat einen machtvollen Effekt auf das menschliche Denken. Für die meisten Menschen scheint der überzeugendste Beweis für die Glaubwürdigkeit einer Investmentidee die Feststellung zu sein, dass jemand damit ein Vermögen gemacht hat. Ein Beweis, der jedes noch so treffende Argument gegen die Story in den Wind schlägt. Hinzu kommt, dass Menschen dazu neigen, identische Informationen, die sie von unterschiedlichen Quellen erreichen, zu einer Mehrfachbestätigung zu addieren, auch dann, wenn es sich, wie meist in den Medien, um ein und dieselbe Information handelt, die nur mehrfach zitiert wurde. Kaufen Sie also Kunst, und kaufen Sie teuer. Denn Sie werden noch teurer verkaufen können.

Um kaum ein Thema ranken sich so viele Halbwahrheiten wie um Kunst als Investment. Zwei der populärsten Halbwahrheiten dieser Dekade waren die Studie der New Yorker Professoren Jianping Mei und Michael Moses zur Wertentwicklung von Kunstinvestments und der Erfolg des British Railway Pension Fund, die in zahllosen Zeitungsartikeln und Werbeveranstaltungen von Art-Banking-Abteilungen gebetsmühlenartig zitiert wurden.

Der Mei-Moses-Art-Index weist nach, dass die Wertsteigerung von Kunstwerken in den letzten 50 Jahren im Durchschnitt 10,5 Prozent pro Jahr betrug.[43] Was auf den ersten Blick überzeugend scheint, lässt bei genauerem Hinsehen zwei wichtige Faktoren außer Acht. In der animierenden Wertentwicklungskurve wurden nur die Auktionsergebnisse von Kunstwerken berücksichtigt, die auch tatsächlich versteigert wurden. Die Arbeiten, die keinen Käufer fanden und deren realisierter Wert gleich null war, fielen in der Statistik unter den Tisch. Nicht nur, dass viele Auktionshäuser eine große Anzahl von Kunstwerken gar nicht annehmen, weil kein nennenswerter Verkaufspreis zu erwarten ist. Auch eine Annahme ist keine Garantie für einen Verkauf. Eine Verkaufsquote von 75 Prozent der Lose gilt als Erfolg. Das bedeutet zugleich, dass mindestens ein Viertel der angenommenen

Objekte keinen Käufer findet.[44] Ebenso wurden die Transaktionskosten, die beim realen Verkauf von Kunstwerken mit bis zu 25 Prozent des Erlöses zu Buche schlagen, in den Berechnungen des Professoren-Teams übergangen.

Der British Railway Pension Fund, die Pensionskasse der britischen Eisenbahner, der 1974 mit einem Volumen von 40 Millionen Pfund aufgelegt und Ende der neunziger Jahre mit einer jährlichen Rendite von 11,8 Prozent liquidiert wurde, scheint indes ein unwiderlegbarer Beleg dafür zu sein, dass ein Investment in Kunst überdurchschnittliche Renditen verheißt. Während andere Autoren nur auf ein Ergebnis von 6,9 Prozent kamen, warb das Auktionshaus Sotheby's, das in einer Doppelrolle als Kunstberater und als Auktionator für die Pensionskasse auftrat, in seinem Art Market Bulletin mit einer Rendite von 15,3 Prozent.[45] Abgesehen von den kontroversen Interpretationen des Zahlenmaterials wurden drei Aspekte unterschlagen: Die Wertentwicklung des British Railway Fund wurde maßgeblich von der Spekulationsblase für Impressionismus in den achtziger Jahren getrieben und ist im Kern auf die Versteigerung von rund zwei Dutzend Gemälden von insgesamt 2245 Objekten zurückzuführen. Die Performance lag nur wenige Prozentpunkte über der Inflationsrate in England. Und sie wurde von der Wertentwicklung des ebenfalls vom British Railway Pension Fund aufgelegten Aktienfonds geschlagen.[46]

Ähnliches trifft auf die in den Medien verbreiteten Nachrichten über Kunstfonds zu. Während ausführlich über das Entstehen neuer Kunstfonds und deren Renditeerwartungen berichtet wurde, war die Tatsache, dass sich die holländische Bank ABN Amro, die einen Meta-Kunstfond aufgelegt hatte, der eine Beteiligung an fünf führenden Kunstfonds bündeln sollte, Ende 2005 aus dieser Aktivität zurückgezogen hat, den wenigsten Zeitungen eine längere Meldung wert. Auch der Global Art Fund, 1997 von der DG Bank Luxembourg S.A. gegründet, der sich auf Klassische Moderne und Design des 20. Jahrhunderts spezialisiert hatte, wurde 2001 mangels Zuflüssen eingestellt.

Selbst wenn man davon ausgeht, dass Kunst *durchschnittlich* eine Rendite von 5–8 Prozent p. a. erbringt, erzielen nur 1 Prozent des Kunstmarktangebotes Renditen von mehr als 20 Prozent p. a., weitere 4 Prozent mehr als 10 Prozent p. a., weitere 5 Prozent des Angebotes mehr als 5 Prozent p. a. und liegen damit über den Renditen von herkömmlichen Anlagen. Für den Rest ist ein Wiederverkauf mit Gewinn unwahrscheinlich. 20 Prozent sind im besten Fall werterhaltend, die übrigen 65 Prozent stellen finanziell ein Minusgeschäft dar.[47] Die an Popularität gewinnende Investmentidee zieht also einerseits weitere Käufer in den Kunstmarkt. Andererseits führt sie zu einer weiteren Fokussierung auf jene angenommenen 1–5 Prozent der Künstler, die hohe Renditen versprechen. Damit verstärkt das aus Renditeerwägungen in den Kunstmarkt strömende Geld jene Eigenheit des Kunstmarkts, die Ökonomen *Winner-takes-all-Markt* nennen. Sein Kennzeichen ist ein enormes Preisgefälle bei geringen oder nicht existenten Leistungsunterschieden. Diese Zweiteilung des Marktes in ein kleines boomendes Hochpreissegment mit nach oben offenen Preissteigerungen und ein großes Niedrigpreissegment ist durch die Erosion der Mitte weiter vorangeschritten. In ihr spiegelt sich der Überlebenskampf der im Mittelpreissegment operierenden Galerien, denen zwischen steigenden Kosten – wie durch die im Rahmen der Globalisierung zwingend gewordene Teilnahme am internationalen Messekarussell – und der nachlassenden Kaufkraft ihrer Mittelschicht-Klientel das Geld ausgeht. Denn der weltweite Kunstboom findet nicht überall statt. Er beschränkt sich auf die globalen Marktplätze der Kunst, wo die Galerien einen immer höheren Anteil ihrer Umsätze generieren. Diejenigen, die nicht daran teilnehmen können und auf die lokale Klientel beschränkt sind, kämpfen auf dem sinkenden Schiff einer nachlassenden Binnennachfrage ums Überleben.

Empty Rooms

DER MARKT UND SEINE KUNST

Im Mittelalter hat die Macht der Kirche die Kunstproduktion geprägt. Jan von Eyck stellte seine künstlerische Größe in den Dienst der christlichen Religion. Mit seinen Altarbildern verwandelte er Bibelgeschichten in eine Art visueller Gotteserfahrung und empfahl seine Auftraggeber dem Allmächtigen zur Erlösung. In der Renaissance hat der gegen den Papst gerichtete Laizismus der Medici in der Kunst seinen Ausdruck gefunden. Botticelli gab ihm in seinen die Körperlichkeit feiernden Bildern sinnliche Gestalt. Nicht anders bilden sich die Bedingungen eines um Geldvermehrung kreisenden Marktes in der Kunst ab. In einem boomenden Markt ist Kunst ein Produkt, das nur dann erfolgreich ist, wenn es in der Flut des Angebots rasch Aufmerksamkeit erregt. Einfache Botschaften und schnelle Vermittelbarkeit spielen in dem Wettbewerb um Aufmerksamkeit eine zentrale Rolle. In dem Zwang zur schnellen Lesbarkeit und dem Hang zur Pointe offenbaren sich Parallelen zu den Strategien der Werbung. Ein gutes Kunstwerk ist in einem schnelllebigen Markt eines, das sich beim ersten Hinsehen erschließt. Denn der zweite Blick gilt oft schon einem anderen.

Die Verknüpfung von Wirtschaft, Wohlstand und Kunstmarkt und deren Auswirkung auf die Kunst ist keine Erscheinung unserer Zeit. Bereits in den Niederlanden des siebzehnten Jahrhunderts ist der Zusammenhang zwischen Wirtschaftsboom, neuem Reichtum und expandierender Nachfrage auf die Kunstproduktion nachweisbar. Die Ausweitung der Nachfrage hatte nicht nur quantitative, sondern auch qualitative Rückwirkungen auf Kunstproduktion und Kunstkonsum. Das Erreichen neuer Käuferkreise, die zwar über reichlich Geld, nicht aber über genügend Bildung verfügten, um die komplexen Botschaften von Mythologie und Allegorie in Stillleben zu verstehen, führte zu einer schleichenden Erosion des Sinngehalts der Gemälde.[48] Die rasante Zunahme des Kaufinteresses junger konsumfreudiger Sammler hat ähnliche Rückkoppelungseffekte auf die Kunst. »Die zeitgenössische Kunst hat eine globale Sprache entwickelt«, freut sich Samuel Keller, der Leiter der Art Basel, »die auch ohne kunsthistorische Bildung verständlich ist.«[49] Intellektuelle Tiefe wird zu einem K.-o.-Kriterium. Komplexere Künstler, die komplexere Werke schaffen, so weiß die erfahrene Sammlerin Ingvild Goetz, haben es heute besonders schwer. Sie tauchen in den Hitlisten der Art Rankings oft gar nicht erst auf, oder steigen schnell ab, wenn sie eine Ausstellung platzen lassen oder ihnen an Medienrummel nicht gelegen ist. Ein Teil der Gegenwartskunst hat bereits kapituliert vor der Dynamik eines schnelllebigen Marktes. Diese Fraktion hisst die weiße Fahne und proklamiert in Ausstellungstiteln die eigene Inhaltslosigkeit: *I have no revelations to offer you*. Hier wird nichts enthüllt. Die Kunst zeigt sich nackt, und niemand vermisst die neuen Kleider. Andere Künstler entziehen ihre Werke dem Zwang zur Selbstreklame und organisieren Ausstellungen, die nichts anderes verheißen als *empty rooms*.

Der Markt ändert auch die Spielregeln der Kunstproduktion. Je mehr Geld in den Markt fließt, desto mehr Geld fließt auch in die Produktion der heiß gehandelten Ware Kunst. Video-Kunst, früher mit einem Minimum an Aufwand gefilmt, muss heute mit Arbeiten in der Qualität von Hollywood-Produktionen konkurrieren. Das hat seinen Preis. Ein Paradebeispiel dafür ist Matthew Barney. Seine fünf bildgewaltigen Cremaster-Filme waren ein Multi-Millionen-Dollar-Projekt. Allein für den zweiten Teil des Zyklus stellte die Galeristin Barbara Gladstone dem Künstler 1,7 Millionen Dollar als Vorfinanzierung zur Verfügung, die sie über den Verkauf von limitierten DVD-Editionen, Filmstills und Skulpturen hereinholte. Der letzte Teil verschlang rund 4 Millionen Dollar.[50] Mit von der Partie waren neben Profi-Schauspielern Special-Effects-Techniker, Filmarchitekten und Kostümbildner.

Doch ob Kunst in jedem Fall besser wird, wenn ihre Herstellung kostspieliger wird, ist fraglich. Keine Frage ist indes, dass sie dadurch teurer wird.

Schon wird die Gegenwartskunst zur »Leitkultur« ausgerufen. Zum ersten Mal in der Geschichte, so glauben manche, sei nicht die Kunst der Vergangenheit, sondern die Kunst der Gegenwart zum intellektuellen Mainstream geworden. Ein Blick in die Geschichte zeigt, dass dies ein Irrtum ist. Wenige Gesellschaften haben der Kunst mehr Wertschätzung und Bewunderung entgegengebracht als das Bürgertum des späten neunzehnten Jahrhunderts. Und wenige haben so viel Geld für Kunst ausgegeben. Was die reich gewordenen Unternehmer kauften, war vor allem zeitgenössische Kunst. Der Geschmack an der Gegenwart war für eine Generation, die an den Aufbruch in die Zukunft, an den universellen und konstanten Fortschritt glaubte, Ausdruck ihres Lebensgefühls. Nicht nur der norddeutsche Industrielle Ahrens, auch der Stahlbaron Bolckow, der Pillenhersteller Holloway und der Baumwollhändler Mendel trieben im Wettbewerb miteinander die Preise für Gemälde nach oben und machten damit die zeitgenössischen akademischen Maler reich. Viele folgten ihrem Beispiel. Die Geldsummen, die für Gegenwartskunst ausgegeben wurden, waren beeindruckend. Die Journalisten glaubten einer neuen Renaissance beizuwohnen, finanziert von neuen Medici.[51] Doch wenn es eine Schlussfolgerung gibt, die man daraus ziehen könnte, dann ist es diese: Das bloße Ausgeben von Geld ist keine Garantie für ein Goldenes Zeitalter der Kunst. Eine große Jagdszene von Edwin Landseer, dessen Werke zwei Generationen später kaum mehr als jeweils einige Hundert Dollar einbrachten, war teurer als Leonardos Felsengrottenmadonna. Ein heute vergessener Lord Leighton kostete dreimal so viel wie ein Botticelli. Für die Summe, die für ein zeitgeistiges Gemälde wie ›The Shadow of Death‹ des Präraffaeliten William Holman Hunt bezahlt wurde, hätte man das gesamte Lebenswerk von Manet aufkaufen können.[52] In Paris verkaufte Vincent van Goghs Bruder dessen Bilder für 100 Francs, während in derselben Galerie ein Gemälde des französischen Malers Alfred de Neuville für 150 000 Francs angeboten wurde.[53] Die in den Salons der neureichen Engländer angesagten und heiß gehandelten Maler waren Lawrence Alma-Tadema und Edwin Long. Mit ihren Gemälden bedienten sie den zu Orientalismus und Opulenz neigenden Zeitgeschmack und landeten einen Volltreffer nach dem anderen. Longs Monumentalgemälde ›Babylonian Marriage Market‹ war 1875 in der Royal Academy von Fachleuten als Sensation bejubelt worden. Fünf Jahre später wurde das statische Großformat, das die Versteigerung weißhäutiger Schönheiten auf einem arabischen Heiratsmarkt zeigt, für den Rekordpreis von 7350 Pfund versteigert. Heute schüttelt man ungläubig den Kopf darüber – auch wenn die viktorianischen Virtuosen dank Fans wie dem Musical-Komponisten Andrew Lloyd Webber und dem Popsänger Elton John wieder Rekordpreise erzielen. Zugleich kommt man nicht umhin, im heutigen Kunstboom eine moderne Variante des viktorianischen Kunstmarkts zu sehen, und fragt sich unwillkürlich, wer der Edwin Long der Gegenwart sein mag.

Kennen Sie Kula?
Transformation von Werten

Auf den ersten Blick scheint der heutige Kunstmarkt bis in seinen Kern ein Produkt der westlichen Moderne zu sein. Doch bei näherer Betrachtung der in seinem Inneren aktiven Triebkräfte zeigen sich auffallende Ähnlichkeiten zu einem Phänomen, das Anthropologen von der Massim-Inselgruppe abseits der östlichen Spitze Neuguineas kennen. Das von der dortigen vormodernen Gesellschaft praktizierte Tauschsystem wurde erstmals 1922 von Bronislaw

Malinkowski[54] beschrieben und seither ausführlich dokumentiert und analysiert. Beim Kula tauschen ranghohe Männer Muscheln gegen Ketten. Dennoch geht es nicht um den Besitz materieller Objekte. Kula ist ein symbolisches System. Es gleicht einem Spiel, in dem die Objekte, um die gespielt wird, zu Vermittlern von Status werden. Auf ihrer Reise von Hand zu Hand und von Insel zu Insel gewinnen oder verlieren die Muscheln je nach ihrem jeweiligen Besitzer an Wert. Auch die am Tauschring teilnehmenden Männer gewinnen oder verlieren dadurch an Reputation, dass sie Muscheln von bestimmten Vorbesitzern erwerben, behalten oder abgeben. Der Mehrwert, den die Massim in Kula-Tauschringen durch strategische Fähigkeiten zu erringen suchen, liegt nicht in der Sache, sondern in dem Status, den der Muscheltausch vermittelt und der im Muschelbesitz sichtbar wird.

Die geographische Reise der Kula-Muscheln von Insel zu Insel wird mit dem Begriff Keda beschrieben. Keda bedeutet so viel wie Route, Pfad oder Weg. Keda bezeichnet zugleich die Beziehungen der Männer, die sie durch Kula untereinander knüpfen. Dieses im Besitz der Muscheln sichtbar werdende Beziehungsnetz der Männer ist eine Momentaufnahme ihrer sozialen Hierarchie. Sie ist das Ergebnis aller vorangegangenen Tauschhandlungen, die Status geschaffen, vergrößert, verringert oder aufgelöst haben. Von hier ist es nicht weit zum Bieterduell im Auktionssaal. Was den ranghohen Massim der Kula-Tausch von Muscheln, ist der globalen Geldelite das Sammeln von Kunstwerken. Auch hier handelt es sich um einen begrenzten Kreis von Teilnehmern. Zu den jährlich gekürten bedeutenden Sammlern gehören weltweit nicht mehr als 200 Personen.

Kula ist die Urform dessen, was Anthropologen tournament of value *nennen.[55] Die meisten Gesellschaften kennen diese periodischen Ereignisse, die jenseits der Alltagsökonomie in einem eigens dafür geschaffenen Rahmen stattfinden. Die Teilnahme an ihnen ist sowohl ein Privileg der Mächtigen einer Gesellschaft als auch ein Instrument des Statuswettbewerbs unter ihnen. Das gilt für den von den Indianern Nordamerikas praktizierten Potlatch, einen rituellen Geschenkaustausch der Häuptlinge, ebenso wie für das Bieterduell im Auktionssaal. Voraussetzung für das Erringen der jeweiligen Trophäe ist der Einsatz jener Währung, die im Zentrum der Überlebensstrategie der jeweiligen Gesellschaft steht. Im mittelalterlichen Ritterturnier ist es der Einsatz des eigenen Lebens, im indianischen Potlatch die Verschwendung von Nahrungsmitteln, in der modernen Kunstauktion die Opferung von Geld.*

KAPITEL

2

DER SAMMLER

DAS OBJEKT DER BEGIERDE

Wenn es so ist, dass wir nur einen kleinen Teil von dem leben können, was in uns ist, was geschieht mit dem Rest?
Pascal Mercier, Nachtzug nach Lissabon

For me, painting is beginning to mean as much as cash.
Steve Wynn

Wer keinen Lustikus hat, ist ein Nichts.
Werbespot in der TV-Serie Die Simpsons

Koffer voller Dollars
DIE ROLLE DES GELDES

Walter Benjamin prophezeite 1931 den Niedergang des Sammelns. Die Passion sei unzeitgemäß, mutmaßte er, und der Typus des Sammlers sterbe aus. Wie so oft bei Prophezeiungen traf das Gegenteil ein: Kunstsammler drängen ins Rampenlicht und bestimmen die Geschicke der Kunst wie selten zuvor. Die großen zeitgenössischen Sammlungen des vergangenen Jahrzehnts sind ausschließlich von privaten Sammlern angelegt worden. Der eine Grund dafür ist profan: Kunst folgt Geld. Denn Liquidität ist das Lebenselixier des Kunstmarkts. Und während in den Museumskassen der Pegel sinkt, schwellen die großen Privatvermögen an dank sprudelnder Unternehmensgewinne und der heranrollenden Erbwelle. Die Folge: Geld jagt Kunst. Der wachsende Reichtum der Käufer treibt die Preise. Denn der markanteste Faktor bei der Preisbildung im Kunstmarkt ist das Einkommen der Nachfrager. Steigt es um 10 Prozent, ziehen die Preise für Kunst durchschnittlich um 6 Prozent an.[1] Die Antwort auf die Frage, warum sich der Preis für einen Maurizio Cattelan in zwei Jahren verdreifacht hat, lautet also: Sammler, die 2001 knapp eine Million Dollar für die hyperrealistische Skulptur des vom Meteoriten niedergestreckten Papstes bezahlen konnten, konnten zwei Jahre später drei Millionen Dollar dafür ausgeben.

Betrachtet man die Liste der international bedeutenden Kunstkäufer, die jedes Jahr vom New Yorker Kunstmagazin ›Artnews‹ veröffentlicht wird, so glaubt man, versehentlich auf die Forbes-Liste der weltweit reichsten Familien geraten zu sein. Wie der Grieche Philip Niarchos oder der Deutsche Frieder Burda sind viele Sammler von Gegenwartskunst reiche Erben. Andere Schwergewichte der Sammlerszene wie der französische Unternehmer François Pinault oder der amerikanische Hedge-Fonds-Manager Steven Cohen sind Selfmade-Milliardäre. Der Kunstmarkt ist ein so genannter *deep-pocket-market*. Wer hier mitspielen will, muss tiefe Taschen haben. Selbst für Werke solcher Gegenwartskünstler, die nur Kennern ein Begriff sind, muss man leicht eine fünfstellige Summe hinblättern. Ganz zu schweigen von den Highflyern, die sich bereits in die höheren Preisregionen von einigen Hunderttausend emporgeschwungen haben, oder den Klassikern der Moderne, deren Preise endgültig die Erdanziehungskraft überwunden haben und sich in der Schwerelosigkeit nach oben offener Millionenbeträge bewegen.

Doch auch wenn die meisten Kunstsammler, die es zu einer international bedeutenden Sammlung gebracht haben, Millionäre sind, bedeutet das nicht, dass die meisten Millionäre auch Kunstsammler sind. Unter den Möglichkeiten, mit einem Überschuss an Geld und Zeit umzugehen, ist Kunstsammeln nur eine von vielen.

Was treibt Sammler dazu, Aktenkoffer voller Dollars, Euros oder Yen für Kunstwerke auszugeben? Warum zahlt jemand 270 000 Dollar für den Anblick der Fotografie eines leeren Prada-Regals von Andreas Gursky, warum ein anderer 140 Millionen Dollar für eine Leinwand mit Farbspritzern von Jackson Pollock? Warum lässt ein Sammler sich einen Picasso der blauen Periode 105 Millionen Dollar kosten, obwohl er kaum noch sehen kann? Was haben diese Objekte an sich? Welcher Natur ist die obskure Begierde, die der Sammler sich mit ihnen erfüllt? Wenn man an Voodoo glaubt, ist man dem Rätsel auf der Spur.

Von Kopfjägern und Kunstsammlern

SAMMELN ALS UNIVERSALIE

Wenn es etwas gibt, wofür zu leben sich lohnt, schrieb Platon, dann ist es die Betrachtung des Schönen. Ein Kunstliebhaber würde diesen Satz ohne weiteres bejahen, nicht aber ein Kunstsammler. Auch wenn das Sammeln von Kunst für ihn mit der Betrachtung des Schönen zu tun haben mag, so hat es noch mehr mit dem drängenden Wunsch zu tun, das Schöne zu besitzen. Der deutsche Kunstsammler Christian Boros bringt es unmissverständlich auf den Punkt: Als Sammler willst du haben.[2] Im Besitzwillen unterscheiden sich Kunstsammler und Kunstliebhaber, und der Grund dafür, wir ahnen es bereits, liegt nicht allein in der Summe verfügbaren Geldes. Warum häufen Sammler Dinge an, wenn deren Betrachtung allein Vergnügen genug sein könnte? In der juristischen Fachsprache bezeichnet der Begriff Besitz die tatsächliche Herrschaftsmacht einer Person über eine Sache. Indem wir etwas besitzen, verfügen wir darüber. Macht also die Macht des Menschen über das Ding den Kern des Sammelns aus? Und welche Bedeutung hat die Macht der Dinge über den Menschen? »Für den Sammler«, schrieb Walter Benjamin, »ist der Besitz das allertiefste Verhältnis, das man zu Dingen überhaupt haben kann: nicht dass sie in ihm lebendig wären, er selber ist es, der in ihnen wohnt.«[3] Dem Sammler wird der Besitz zur Behausung des Ich, zum privaten Universum, dessen alleiniger Herrscher er ist. Das mag einem Nicht-Sammler rätselhaft vorkommen. Doch bei genauerem Hinsehen wird ihm auffallen, dass die Grenze zwischen Ich und Ding auch im gewöhnlichen Leben fließender ist, als man gemeinhin annimmt.

Um das tiefer liegende Motiv des Sammelns zu erforschen, unternehmen wir einen Tauchgang in die dunklen Wasser der Seele. Im Element der Psyche, in dem existenzielle Unsicherheit und bildliche Vorstellungskraft das Fluidum des magischen Denkens ergeben, finden sich erstaunliche Übereinstimmungen zwischen den Kopfjägern primitiver Gesellschaften, den Reliquiensammlern des Mittelalters und den Kunstsammlern der Moderne. Aus der Sicht ihrer Besitzer sind der Schädel eines todesmutigen Feindes, die Reliquie eines Märtyrers oder das Original eines genialen Künstlers einander ähnlicher, als sie auf den ersten Blick erscheinen. Ob Totenkopf, Knochen oder Kunstwerk – es geht immer um ein Objekt, das in der Vorstellung seines Besitzers mit einer Kraft beseelt ist, die auf ihn übergeht und ein elementares Bedürfnis stillt. Ob Gefühle des Alleinseins, Erfahrungen der Ohnmacht, das Verlangen nach Einzigartigkeit oder der Wunsch nach Zugehörigkeit, so der amerikanische Psychoanalytiker Werner Muensterberger, der Seelenzustand des Mangels ruft immer die passenden Objekte zu seiner Beseitigung auf den Plan.

Urszene mit Teddybär

DIE LIEBE ZUM OBJEKT

Am Urgrund allen Sammelns liegt die Übertragung von Gefühlen auf leblose Objekte. Fast jeder hatte als Kind einen Teddybären. Für die meisten war er Begleiter, Spielkamerad und Trostspender. Der Teddybär ist das erste Ding, das wir kraft unserer Gefühle zum Leben erwecken. Diese erste Lovestory zwischen Mensch und Ding ist nicht nur ein Trockentraining in Sachen Liebe, die wir dann im Laufe unseres Lebens auf unterschiedliche menschliche oder nichtmenschliche Wesen wie Zwergkaninchen oder Pitbulls übertragen, sondern auch der Anfang langjähriger leidenschaftlicher Bindungen an Dinge. Das können Kinderspielzeuge sein oder Korallen, Korkenzieher oder Kunstwerke. Es sind Gegenstände, die in den Augen ihres Besitzers ebenso beseelt sind wie ein Fetisch für einen Melanesier oder eine Reliquie für einen Gläubigen des Mittelalters. Die kanadische Sammlerin Ydessa Hendeles hat ihrer Ausstellung *Partners* über 3000 Fotografien von Kindern mit ihren Teddybären vorangestellt. Zwei Räume im Münchner Haus der Kunst waren damit gepflastert, und irgendwo mittendrin konnte der informierte Besucher zwei Fotos der kleinen Ydessa entdecken. Ob die eigenwillige Installation einer bewussten Einsicht in die Urszene aller Sammelleidenschaft entspringt oder einer unbewussten Ahnung – Zufall ist sie wohl kaum.

Magische Objekte dienen als Schutzwall gegen das Gefühl der Verwundbarkeit. Indem wir sie erwerben, besitzen und über sie verfügen, geben sie uns die Illusion der Kontrolle über das, von dem wir meist zu Recht befürchten, dass es sich unserer Kontrolle entzieht. Jede Gesellschaft hält dafür ihren eigenen Abwehrzauber und ihre eigenen Beschwörungsformeln bereit. Wohnt in der Vorstellung eines melanesischen Kopfjägers im Schädel des getöteten Feindes eine *mana* genannte unsichtbare Kraft, derer ein

Krieger bedarf, um siegreich zu sein, so besaßen die Knochen eines Märtyrers für einen Christen des Mittelalters mit *dynamis* eine Energie, die ein unerschöpfliches Reservoir göttlichen Schutzes darstellt. Dieselbe Gleichung macht sich die Werbung zunutze. Sie preist Eigenschaften wie Sexappeal, Schönheit oder Reichtum an, die vorgeblich mit dem Kauf der Ware auf den Käufer übergehen. Diese Vorgehensweise, »emotional branding« genannt, kann ihre Nähe zur Magie nicht verleugnen. In Reinkultur findet man sie heute noch auf indianischen Hexenmärkten in Mexico City oder Oaxaca. Dort kann man für wenige Pesos magische Pulver in Papiertütchen kaufen, die Namen wie »love-powder« oder »money-drawing powder« tragen. Mehrmals am Tag soll man sich damit einreiben. Die Illustrationen auf den Tütchen zeigen die Wirkung: eine Frau, die vor einem Mann auf die Knie sinkt, ein Füllhorn, aus dem sich Münzen und Geldscheine über den glücklichen Anwender ergießen. Die Ähnlichkeit zu Bildern der Fernsehwerbung ist augenfällig: Ein Deodorant katapultiert seinen Benutzer mit einem Druck auf die Spraydose inmitten eine Gruppe sexhungriger Aerobic-Häschen, eine Fondsgesellschaft zaubert unter roten Tüchern zielgruppengerechte Objekte der Begierde hervor: den Mercedes-Oldtimer für das kinderlose Paar, die Segelyacht für den Riester-Rentner. Die Nassrasur im »rasanten Ferrari-Look« gleicht einer Runde auf dem Nürburgring und soll auch dem Gebrauchtwagenfahrer das Flair eines Alphamännchens verleihen.

Wie lassen sich die Werke von Künstlern in die Ahnenreihe magischer Objekte einfügen? Welches ist die besondere Kraft, die von ihnen ausgeht? Worauf gründet ihr Status als teuerste Luxusware unseres Kulturkreises? Kunstwerke sind vor allem eines: Ausdruck der Weltsicht und Schöpferkraft eines Einzelnen. Sie verkörpern jenes Ideal, das im Zentrum unserer aus Renaissance, Aufklärung und Romantik hervorgegangenen Moderne steht, das freie schöpferische Individuum. Mit der Moderne wird der

Mensch zum Urheber der Welt. Die Welt wird nicht mehr als eine von Gott gegebene und vom Menschen zu bewahrende Ordnung verstanden, sondern zum Objekt des menschlichen Willens zu Gestaltung und Veränderung. Sie ist keine Gegebenheit mehr, die sich nach ihren eigenen Gesetzen reproduziert, schreibt Peter Sloterdijk, sondern »eine Baustelle, die sich nach menschlichen Plänen transformiert«. In diesem Turmbau zu Babel werden das Genie und der Ingenieur »zu Leitfiguren einer beispiellosen Begeisterung des Menschen durch sich selbst«.[4] Das Kunstwerk wird nicht nur zum Sinnbild der Gestaltungskraft des Künstlers. Es wird zum Symbol für menschliches Schöpfertum überhaupt. Denn »wo in den Werken Welten neben der Welt entstehen, lassen sich deren Urheber als Götter neben Gott erschließen«. Im Kunstwerk feiert die moderne Gesellschaft den Glauben an ihre Macht, die Welt nach ihrem Willen zu formen und die Bedingungen ihres Glücks selbst zu erschaffen.

Land of Desire

DIE EVOKATIVE KRAFT VON DINGEN

Wenn es so ist, dass wir nur einen kleinen Teil von dem leben können, was in uns ist, fragt der Schriftsteller Pascal Mercier, was geschieht mit dem Rest? In dem Film ›Citizen Kane‹ liegt die Antwort auf diese Frage in dem rätselhaften Wort Rosebud, das Kane vor seinem letzten Atemzug ausspricht. Orson Welles, der mit seinem Meisterwerk den Zeitungsmagnaten und Kunstsammler Randolph Hearst porträtiert, macht die Sehnsucht nach jenem Rest als verborgene Kraft sichtbar, die einen Menschen aus seinem Innersten antreibt. Die Schlussszene des Films führt uns in die gigantische Eingangshalle von Kanes Schloss, in der sich unzählige in Kisten verpackte Kunstwerke türmen. »Wenn man all das zusammenzählt, den Palast, die Gemälde, die Skulpturen«, fragt einer der Umstehenden, »was käme wohl dabei heraus?« »Rosebud«, antwortet der Journalist, der dem Schlüssel zu Kanes Persönlichkeit auf der Spur ist, »denn entweder ist Rosebud etwas, das Kane nicht bekommen hat, oder etwas, das er verloren hat.« Die Kamera schwenkt zu einem Arbeiter. Der zieht aus einem Haufen Gerümpel einen alten Kinderschlitten und wirft ihn ins Feuer. In den lodernden Flammen erkennen wir den versengenden Schriftzug Rosebud und erinnern uns an die Eingangsszene, als der kleine Kane beim Schlittenfahren von seinem Adoptivvater abgeholt und für immer aus den Armen seiner Mutter gerissen wird.

Der Film wirft ein Schlaglicht auf die dunkle Seite des Mondes: die irrationale und eskapistische Seite des Kunstsammelns. Die evokative Kraft von Objekten, die ihr zugrunde liegt, ist auch die Basis des modernen Konsums. Der Anthropologe Grant McCracken hat dafür den Begriff *displaced meaning* geprägt, verschobene Bedeutung. In jeder Kultur gibt es den Widerspruch zwischen Realität und Ideal. Da Ideale der Wirklichkeit nicht standhalten können, werden sie aus dem Alltagsleben in Bereiche verschoben, wo sie greifbar bleiben, aber zugleich unantastbar sind. Für die Sicherheitsverwahrung solcher bedeutsamer aber unrealisierbarer Ideale hält das Raum-Zeit-Kontinuum viele geeignete Orte bereit: das himmlische Paradies, das goldene Zeitalter, die gesellschaftliche Utopie. In der Konsumgesellschaft öffnen sich die Pforten in jenes perfekte Universum durch den Kauf von Waren. William Leach beschreibt in dem Buch ›Land of Desire‹, wie die Erfindungen des Warenhauses, der Werbung und des Marketing in den USA des neunzehnten Jahrhunderts das Zeitalter des Massenkonsums einläuteten, indem sie die Nachfrage von der Notwendigkeit ablösten und sie mit den Wunschträumen der Menschen verknüpften. Erst die Entwicklung einer Illusionswelt aus glitzernden Schaufensterauslagen und märchenhaften Werbeversprechungen konnte die Möglichkeiten der industriellen Massenproduktion voll ausschöpfen, indem sie die dafür erforderliche Nachfrage schuf. Mit dem Übergang zu Herstellungsformen, die immer enger verflochten sind mit den Bedürfnissen der Konsumenten, hat der Kapitalismus die unter seinem Stern aufgestiegenen Gesellschaften mit einem unüberschaubaren Angebot von Waren gesegnet. Kamen die Navajo-Indianer im letzten Jahrhundert noch mit 263 Arten von Gegenständen aus,[5] so umfasst heute allein der Otto-Katalog 36162 verschiedene Warengruppen und rund 125000 Artikel. Beim Web-Auktionator eBay können wir weltweit aus Tausenden von Kategorien zwischen 10 Millionen Objekten wählen. Heute widmen sich ganze Branchen von der Designindustrie bis zur Werbung der Erforschung unserer verborgenen Wünsche und der Erzeugung neuer Bedeutungen und entscheiden damit maßgeblich über Erfolg und Misserfolg der Produkte. Denn wirklich neue Produkte gibt es kaum. Die Mehrzahl der weltweiten Patentanmeldungen bezieht sich auf marginale Verbesserungen bestehender Produkte, fundamentale Innovationen sind rar geworden. Was sich indes ändert, sind die Oberflächen der Produkte als Spiegel für unser Ich. Auch Kunstwerke sind Resonanzräume für die Seele, die, wie der französische Philosoph Michel Montaigne schon im sechzehnten Jahrhundert beobachtete, ihre Leidenschaften an den falschen Gegenständen auslässt, wenn die richtigen ihr fehlen.

Auch im Leben der Privatsammlerin Ydessa Hendeles spielt Verlust eine zentrale Rolle. Ihre Eltern, beide polnische Juden, waren nach Auschwitz verschleppt worden und überlebten nur durch einen glücklichen Zufall. Nach dem Krieg zogen sie nach Marburg, wo Ydessa 1948 zur Welt kam, und dann nach Kanada. Das alte Trauma aber holte sie auch in der neuen Heimat ein. Auch in Toronto wurde die Familie mit Antisemitismus konfrontiert, und in der Schule hänselte man Ydessa wegen ihrer jüdischen Herkunft. Das spornte sie nur umso mehr an. Sie wurde eine hervorragende Schülerin, tat sich am Piano und am Cello hervor. Und doch blieb ihre Kindheit vom Gefühl des Verlusts durchdrungen: »Fast die ganze Verwandtschaft war tot, die Heimat weg und die Sprache auch.« Da fand ihre erste Begegnung mit Kunst statt. Jedes Wochenende ging ihr Vater mit ihr ins Museum, das für sie zu einem Ort der Geborgenheit wurde.[6]

Eine Sammlung ist Spiegelbild des Sammlers und Resonanzraum für sein Ich. Die Privatsammlerin Ydessa Hendeles mag zwar Kunsthistorikerin sein und Kuratorin ihrer eigenen Ausstellungen, aber in erster Linie ist sie Ydessa Hendeles. Dass sie sich nicht wie ein professioneller Ausstellungsmacher hinter Thesen und Themen verstecken muss, betrachtet sie als Freiraum und Privileg. »Mein Ich draußen lassen«, sagt sie, »das könnte ich nicht.«[7] Und so bergen und enthüllen all ihre Bilder und Skulpturen, von der knienden Hitler-Figur Catellans über die Dokumentation des Absturzes der Hindenburg bis hin zu dem berühmten Foto von Eddie Adams, das die Erschießung eines Vietcongs durch den Saigoner Polizeichef zeigt, Aspekte ihrer persönlichen Geschichte. In solchen, von eigenen inhaltlichen Vorstellungen geleiteten Sammlungen, wird das unsichtbare Zentrum sichtbar, um das die Existenz des Sammlers kreist, ähnlich wie die Perle auf das Sandkorn verweist, das die Muschel mit Perlmutt überzogen und dadurch den von ihr nicht assimilierbaren Fremdkörper in etwas für uns Kostbares verwandelt hat.

Die Mehrheit der neuen Sammler erwartet von der Kunst indes keine innere Transformation, sondern eine äußere Verwandlung. Wer reich ist, so der Kunstjournalist Marc Spiegler, will davon überzeugt werden, dass er nach dem Kauf von Kunst nicht nur Anwalt, Banker oder Manager ist, sondern ein moderner Medici.[8] In solchen Trophäen-Sammlungen suchen wir vergeblich nach einer persönlichen Geschichte, die in der Begegnung mit Kunstwerken auf einmalige Weise sichtbar und reflektierbar geworden ist. Hier wird kein Schatz aus den Tiefen der Seele gehoben, hier bleiben wir an der Oberfläche. Was sich hier vor allem offenbart, ist der Wunsch nach Prestige, die Lust am Konsum und der Wille zum Profit. Da muten die drei Forderungen an ein Kunstwerk, die der Mailänder Galerist und Grandseigneur der Avantgarde, Arturo Schwarz, zum Leitfaden seines Sammelns gemacht hat, geradezu fundamentalistisch an: Ein Kunstwerk muss aus innerer Notwendigkeit entstehen, nicht nur das Auge, sondern auch Seele und Verstand ansprechen und mit seiner Vision die Menschheit bereichern.[9] Selbst wenn die mit der Erschließung kunstferner Käufergruppen einhergehende Expansion des Kunstmarkts diese Kriterien aufzulösen droht, bilden sie die Kernforderungen an jedes Kunstwerk, das auch jenseits des Marktes Bestand haben will. Denn auch wenn sich der Markt um das Verkäufliche an der Ware Kunst dreht, bleibt das Unverkäufliche an ihr die wahre Kunst.

Der Diderot-Effekt

DIE DYNAMIK DES SAMMELNS

Jede Sammlung ist ein Netzwerk von Einheit und Vielfalt, von Übereinstimmung und Variation. Beim Sammeln geht es um das Herstellen einer Einheit innerhalb einer Vielheit von Elementen. Damit folgt es einem elementaren menschlichen Verhaltensmuster. Aneignen, Ordnen, Gestalten und Vervollständigen ist die Basis für unser mentales Erfassen der Umwelt. Ohne diese Vorgänge wären auch Wissenschaft und Forschung undenkbar. Eine Sammlung anzulegen bedeutet, das Gleichgewicht zwischen den Teilen und dem Ganzen, zwischen Einzelstück und Sammlung, zwischen Gleichem und Abweichendem, mit jedem hinzukommenden Stück neu auszutarieren.

Der Erste, der einen unvoreingenommenen Blick auf die Bedeutung der Einheit von Dingen warf, war Denis Diderot, der französische Philosoph der Aufklärung. Der Herausgeber und

Autor der Encyclopédie präsentierte seine Entdeckung in einem amüsanten Traktat mit dem Titel ›Regrets sur ma vieille robe de chambre‹, Bedauern über meinen alten Hausmantel.[10] Es beginnt damit, dass Diderot verwirrt und melancholisch in seinem Studierzimmer sitzt. Der einst vertraute Raum ist nicht mehr wiederzuerkennen. Die Ursache dafür vermutet Diderot in seinem neuen Hausmantel, der eines Tages als Geschenk eines Freundes ins Haus gelangte. Entzückt über das exquisite Gewand erlaubte Diderot ihm, den Platz seines zerlumpten alten Hausmantels einzunehmen. Diese Entscheidung erwies sich jedoch als leichtfertig, denn sie setzte einen Verwandlungsprozess in Gang, der sich mit der Unerbittlichkeit eines Eroberungsfeldzuges über sämtliche Gegenstände des Studierzimmers hermachen sollte. Eine Woche nach der Ankunft des Hausmantels begann Diderot darüber nachzusinnen, dass sein Schreibtisch nicht mehr angemessen sei, und ersetzte ihn durch einen edleren. Dann erschien der Teppich fadenscheinig und musste einem neuen weichen. Nach und nach wurde das gesamte Studierzimmer unter die Lupe genommen. Stühle, Stiche, Bücherregal und selbst die Uhr vermochten dem kritischen Vergleich nicht standzuhalten und wurden gegen kostbarere Varianten ausgetauscht. All dies, schließt Diderot, ist das Werk einer einzigen Robe, die alle anderen Dinge zwang, sich ihrem gebieterischen Charakter zu unterwerfen. Diderot denkt mit Wehmut an seinen alten Hausmantel zurück und an dessen perfekte Übereinstimmung mit dem ärmlichen Krempel seines Zimmers. Er hat nicht nur seinen Morgenmantel geopfert und seine Möbel, sondern vor allem die Einheit der Dinge, die ihn umgab.

Wer anfängt, eine Ecke des Zimmers zu streichen, erkennt bald, dass die aus einer Heimwerkerlaune begonnene Verschönerungsaktion mit einer Totalrenovierung endet. Der Kauf einer neuen Tasche zieht Folgeinvestitionen in Schuhe und Gürtel nach sich. Auch Patientinnen von Schönheitschirurgen werden zu Dauerkundinnen, wenn sie feststellen, dass eine perfekte Nase allein nicht schön wirkt, sondern den Blick umso unerbittlicher auf die Unvollkommenheiten des übrigen Gesichts lenkt. Jeder Eingriff in ein bestehendes Ganzes zieht weitere Eingriffe nach sich, denn im menschlichen Denken ist das Bestreben angelegt, Konsistenz herzustellen. Wie der Konsum ist auch das Sammeln eine unendliche Geschichte, denn jedes erfüllte Begehren bringt neue Wünsche hervor. Der Drang nach Vollständigkeit endet nie, und seine Erfüllung bleibt am Ende eine Illusion.

Warum alle dasselbe wollen

DER REIZ DES NEUEN

Neuheit ist die natürlichste aller Drogen. Bei allen Säugetieren – auch bei uns Menschen – führt die Begegnung mit etwas Neuem und Unbekanntem, also potenziell Gefährlichem, zu erhöhtem Adrenalinpegel und gesteigerter Präsenz. Wie bei allen Drogen droht auch hier die Suchtgefahr. Ebenso wie die Wirkung einer Dosis nachlässt, verflüchtigt sich auch die Begeisterung über einen Neuerwerb. In diesem unstillbaren Verlangen nach Neuheit liegt eine weitere gemeinsame Triebfeder von Sammeln und modernem Konsum. Die intensivste Beziehung haben die meisten Kunstsammler deshalb zu neu erworbenen Objekten. Die Neueroberungen nehmen einen privilegierten Platz innerhalb der Sammlung ein. »Das neueste Kunstwerk ist immer mein Favorit«, sagt die Kunstsammlerin Ingvild Goetz, »und den liebe ich innig.« Diesen Liebling will sie um sich haben, betrachten und hautnah spüren. Ihn platziert sie in ihrer unmittelbaren Nähe im Arbeitszimmer. Die Begegnung mit dem Neuen ist der Beginn einer Entdeckungsreise, die auch eine Selbsterneuerung der Sinne und des Geistes sein kann. Doch wenn die Reise zum Ende kommt, verfliegt der Zauber, der allem Anfang innewohnt. Was liegt da näher, als sich bald auf die Suche nach einem neuen Liebling zu machen?

Ingvild Goetz hat das Neue zum Konzept erhoben. Sie sammelt immer die junge Generation. Auch andere Sammler lockt der Zeitgeist, jene neue Kunst, die das eigene Lebensgefühl spiegelt und über die Zeit spricht, die wir gerade erleben. Das ist an sich nichts Neues. Die Idee der kontinuierlichen Erneuerung liegt im Wesenskern der Avantgarde. Viele berühmte Künstler starteten ihre Karriere blutjung. Picasso hatte seine erste Einzelausstellung bei Ambroise Vollard, als er 20 war, Frank Stella stellte erstmals mit 24 bei Leo Castelli aus, und Jean-Michel Basquiat hatte seine erste Schau bei Anina Nosei mit 22.[11] Was daran neu ist, ist das Ausmaß des Phänomens. Die Obsession durch das Neue hat einen Höhepunkt erreicht. Die Zahl der Sammler von Gegenwartskunst hat sich je nach Schätzungen in den letzten zehn Jahren verdoppelt bis verfünffacht und viele der neuen Sammler setzen auf die ganz Jungen. Statt wie früher Alte Meister oder große Namen der klassischen Moderne zu sammeln, setzen die Sammler auf ihren eigenen Geschmack und wetten auf Jungkünstler wie auf Rennpferde. Kunsthändler wie William Acquavella in New York, die ihre reiche Klientel bislang mit Impressionismus und klassischer Moderne belieferten, verschieben den Schwerpunkt ihres Angebots auf Gegenwartskunst. Zwar wird allgemein geraten, das Auge zu schulen und nur Kunst zu kaufen, die man selber mag. Dennoch ist die Quersumme der Empfehlungen vor allem eine: Mainstream zahlt sich aus. Ratsam wäre demnach, das zu kaufen, was alle anderen mögen. Tatsächlich braucht der Kunstmarkt, um zu florieren, genau jene Sammler, die das kaufen, was andere kaufen. Denn sie sind diejenigen, die den Kunstmarkt in Bewegung halten und die Preise nach oben treiben. Wie Fische im Ozean bewegen sie sich in großen Schwärmen. Wenn einer Ed Ruscha will, wollen alle Ed Ruscha. Wenn einer Neo Rauch kauft, werden viele Neo Rauchs verkauft.

Je später ein Sammler dran ist, desto mehr muss er zahlen, um den Anschluss an die Herde, auch Trend genannt, nicht zu verlieren. Der persönliche Druck steigt, einen Künstler zu verpassen, den alle anderen schon in ihrer Sammlung haben, und sich als Banause zu outen, der nicht auf dem Laufenden ist. So konnte man im Kaufrausch der jüngsten Kunstmessen Handgemenge beobachten, bei denen Sammler sich das Objekt der Begierde gegenseitig aus den Händen rissen. Haben oder Nicht-Haben wird zur Statusfrage. Die Folge: steigende Preise.

Der Galerist Rüdiger Schöttle braucht nur ein Wort, um zu definieren, was viele Sammler heute in der Kunst suchen: Wiedererkennungswert! Künstler ohne diesen Wiedererkennungswert, mögen ihre Werke auch noch so spannend sein, sind nach seiner Erfahrung schwer vermittelbar. Viele Sammler suchen Namen und Sujets, die zu Marken geworden sind. Gefragt sind die Top Ten der Künstler-Hitparaden. Das erklärt das Phänomen, das aus den Luxus-Einkaufsmeilen globaler Metropolen nur allzu vertraut ist. Ob in New York, Shanghai oder in der arabischen Wüste – überall dieselben Label. Und so ähneln sich viele der neueren Kunstsammlungen. Man hat das zweifelhafte Vergnügen – wie auch in vielen der im Überfluss der achtziger Jahre aus dem Boden gestampften Museen –, die ähnlichen Werke der immer gleichen Künstler in wechselnder Qualität zu bewundern. Mit sublimen Abweichungen, die eine Art persönliches Parfüm verströmen, wird das eigene Sammlerterritorium markiert. Ansonsten sieht man rund um den Sammler-Globus dieselben teuren Markenartikel – statt Prada, Gucci oder Bulgari hießen sie eben noch Polke, Gursky oder Barney. Die Trends wechseln mit der Mode. Wer war gleich noch mal Salomé?

Haifisch mit Zähnen
CHARLES SAATCHI

Dann genügt es, dass ein Hai auftaucht, um den in der Modeströmung treibenden Schwarm aufzumischen. So geschehen im London der achtziger Jahre, in den freien Gewässern eines deregulierten Marktes, zwischen Privatisierungswelle und Punkkultur. Als kreativer Genius tritt Damien Hirst auf, ein Künstler mit dem überragenden Talent zur Selbstvermarktung, das ihn zu einem würdigen Nachfolger Andy Warhols macht. Als aufstrebender Jung-Galerist erscheint Jay Jopling, Sohn eines Ministers aus Margaret Thatchers Kabinett, Eton-Schüler und Gründer der White Cube Gallery. In der Doppelrolle des Sammlers, der zugleich Händler ist und Kunst und Kommerz auf lukrativste Weise zu verbinden versteht, sehen wir Charles Saatchi, den Werbemagier der Ära, der Margaret Thatcher mit lockeren Sprüchen – Labour isn't working – zur Macht verhalf. Dass er Kunstwerke nicht einzeln, sondern en bloc kauft und verkauft, wird den Maler Sean Scully dazu bringen, ihn einen »Rohstoffhändler der Kunst« zu nennen, der die Kunst liebt »wie ein Wolf die Lämmer«.[12] Als Stargast tritt ein altehrwürdiges Kunstmuseum ins Rampenlicht, die Tate Gallery.

Die Geschichte geht wie folgt. Zwischen dem Sparkurs der britischen Regierung und der amerikanischen Kunstmarktdominanz kämpft die lokale Kunstszene ums Überleben. Eine Kunstschule bleibt aufgrund ihres Sonderstatus von Budgetkürzungen verschont: das Goldsmith College. Einer ihrer aktivsten Studenten ist ein junger Mann aus Bristol, Damien Hirst. Gleich nach seinem Diplom, im Juli 1988, organisiert er in einer ehemaligen Schiffshalle in Londons Hafenviertel eine Gruppenausstellung mit siebzehn jungen Künstlern. Ihr Titel: Freeze. Die Ausstellung bricht das Eis. Die jungen Künstler wenden ihre Aufmerksamkeit den im Untergrund der modernen Gesellschaft brodelnden Kräften zu: Gewalt, Sex und Tod.[13] Das Abenteuer war dabei, seinen Anfang zu nehmen.

1990 schuf Damien Hirst ›A Thousand Years‹, eine Art Diorama des Zyklus von Werden und Vergehen in einem Glaskasten, in den empfindsame Gemüter lieber nicht hineinschauen sollten. Er enthielt den verwesenden Kopf einer Kuh und einen sich darüber hermachenden Fliegenschwarm. Die Punktlandung, die Hirst mit seiner Arbeit hingelegt hatte, überzeugte den Werbemann Saatchi. Er kaufte die Arbeit. Es dauerte nicht lange und der Werbemogul klinkte sich in das Netzwerk der Goldsmith-Künstler ein. 1992 zeigte er in seinen Räumen eine Ausstellung ihrer Arbeiten. Die *Young British Artists*, so der Titel der Ausstellung, waren geboren. Dann ging es Schlag auf Schlag. 1993 ging der renommierte, von der Tate Gallery seit 1984 jährlich verliehene Turner Prize an Rachel Whiteread, 1995 an Damien Hirst, 1998 an Chris Ofili, alles Young British Artists der ersten Stunde.

Drei Jahre später beginnen die Preise der hoch gehandelten BritArt zu purzeln. Im April 2004 ist der Preis-Index für die Young British Artists nach ihrem kometenhaften Aufstieg um ein Drittel abgesackt, worauf der führende Online-Informationsdienst artprice.com fragt: Are the Young British Artists still creating a sensation in the auction rooms? Einen Monat später geht die vormals heiß gehandelte Kunst im Lager von Charles Saatchi in Flammen auf und rund hundert Arbeiten großer Namen wie Damien Hirst, Tracey Emin, Jake und Dino Chapman verflüchtigen sich in einer Rauchsäule am Nachthimmel über Leyton im Osten Londons. Der Tod auf dem Scheiterhaufen, so kommentierte der Economist, rettete viele der Arbeiten davor, an Wert zu verlieren. Denn abgesehen von ihrem teilweise erbarmungswürdigen Zustand hatten die YBAs auch im Vergleich zu traditionellen Künstlern in Auktionen mit Preisen, die deutlich unter den Schätzpreisen geblieben waren, unterproportional abgeschnitten.

Viele YBAs haben die Bühne des Hype inzwischen still und leise verlassen. Tracey Emin hat ihre *sentimental journey* zeitweilig vom privaten Liebeslager zum französischen Lederwarenhersteller Longchamps verlagert und bastelt hochpreisiges Reisegepäck. Damien Hirst hat in einem vorerst letzten Handstreich Interieur seines Restaurants Pharmacy in Notting Hill versilbert.

Mittlerweile sind die Young British Artists nicht mehr jung. Auch ihre Werke sind in die Jahre gekommen. Manche von ihnen sehen sogar ziemlich alt aus und könnten wie der in Formaldehyd vor sich hin schrumpfende Tigerhai ein Face-Lifting vertragen. Die Schockwirkung ist verpufft, die wohligen Schauer des Begreifens haben nachgelassen und die Sammler halten Ausschau nach neuen Stimulanzien. Eine von ihnen heißt Farbe, klassisch mit dem Pinsel auf Leinwand aufgetragen. Hosianna! Die von den Avantgardisten unter den Sammlern immer wieder totgesagte, aber von den Konventionelleren unter ihnen stets herbeigesehnte Malerei ist wieder auferstanden. Die Schar der Gläubigen und der zum rechten Glauben Bekehrten pilgert zu Ausstellungen von Künstlern wie Marlene Dumas, Peter Doig, Lucian Freud, Luc Tuymans, wo sie neue Erweckungserlebnisse erwarten. Auch hier hatte Saatchi seine Hände im Spiel. Im Januar 2005 versuchte er an den Erfolg seiner ersten Entfesselungsnummer anzuknüpfen und zauberte mit seiner Ausstellung »The Triumph of Painting« einen neuen Trend zur Malerei aus dem Hut. Das Fachpublikum reagierte auf die verspätete Bekehrung des Häretikers mit hochgezogenen Augenbrauen. Deutsches von Jörg Immendorf? Blutiges von Hermann Nitsch? Haben wir längst im Depot! Sollte aus dem Trendsetter der Kunstszene ein Fashion Victim geworden sein? Auch Haie verlieren ihre Zähne, und wenn ihnen keine mehr nachwachsen, verhungern sie. Aber Saatchi hatte vorgesorgt. Denn auch wenn ihm der Riecher für Kunst abhandengekommen sein mag, der für Geld ist ihm geblieben. Kurz bevor der Schlussvorhang fiel und mit der Präsentation seiner Gemäldesammlung ein neuer Bühnenzauber begann, verkaufte er ›The physical Impossibility of Death in the Mind of Someone Living‹, das Schlüsselwerk des von ihm so genannten »neurotischen Realismus«, das er 1991 für 50 000 Pfund erworben hatte, für knapp 7 Millionen Pfund. Wie so oft schlug er auch diesmal mehrere Fliegen mit einer Klappe. Er ließ Nicholas Serota, den Direktor der Tate Gallery, leer ausgehen und hisste dafür die britische Flagge auf amerikanischem Territorium. Der glückliche Empfänger, so hieß es, würde niemand Geringeres sein als das MoMA, das Museum of Modern Art in New York.[14] Der spendable Gönner hingegen, Steven Cohen, gehört als einer der bestbezahlten Hedge-Fonds-Manager der Welt zur neuen Generation der großen Spieler im Kunstmarkt.

Das fehlende Stück

TRIEBKRAFT GIER

Gier ist der Treibstoff des Kunstmarkts. Jeder Sammler jagt dem Stück hinterher, das er noch nicht besitzt. Und jeder gute Händler kennt die geheime Wunschliste seines Kunden. Er weiß auch, wer das gesuchte Werk als Geisel in seiner Sammlung festhält und welches Lösegeld erforderlich ist, um es wieder freizupressen. Denn wenn es ein Kunstwerk ist, für das man sich zwar nicht ein Ohr, aber immerhin ein Ohrläppchen abschneiden würde, ist es mit Sicherheit im Besitz eines anderen. So wurde der halbblinde Hotelmogul Steve Wynn immer wieder wegen seiner ›Bäuerin vor Weizenfeld‹ von van Gogh umworben. Er selber brauchte Jahre, um Picassos ›Der Traum‹, ein Porträt von Marie-Thérèse Walter, der Geliebten Picassos, in seinen Besitz zu bringen. Ein Sammler hatte ihm das Gemälde 1997 für knapp 49 Millionen Dollar bei Christie's vor der Nase weggeschnappt. Die Vorbesitzer hatten das Gemälde, das als eines der besten dieser Periode gilt, 1942 für 70 000 Dollar gekauft. Mehrere Jahre und angeblich 60 Millionen Dollar kostete es Wynn, den Picasso zu erobern und seinem neuen Hotelprojekt in Las Vegas einzuverleiben. Was solche Sammler wollen, sind Ikonen von Großkünstlern: ein Tahiti-Gauguin, Wasserlilien von Monet, eine Brancusi-Skulptur. Die Summen, die für diese meistgesuchten Werke bezahlt werden, sind astronomisch.

Und wenn das Objekt der Begierde mit Geld nicht zu haben ist, gibt es noch eine letzte Hoffnung. Wenn unsere Freunde sterben, sagt Donald Rubell, Sammler von Gegenwartskunst aus Miami, beten wir, dass ihre Kinder deren Kunst nicht mögen.[15] Das Objekt der Begierde zu bekommen – ob gekauft oder gefunden, ob durch Intrige erschlichen oder durch Diebstahl ergaunert –, verschafft dem Sammler ein Gefühl des Erfolgs, des Triumphs, der Großartigkeit.[16] Aber die magische Sicherheit bringt nur vorübergehende Erfüllung. Deshalb sind alle Sammler Wiederholungstäter.

Bilder unterm Bett

STÉPHANE BREITWIESER

Wenn aus Verlangen Besessenheit wird, dann wird Haben oder Nicht-Haben zur Frage von Sein oder Nicht-Sein. Und dann sind alle Mittel recht. Auch Stéphane Breitwieser hatte seine geheime Wunschliste. Doch weder kaufte er die Objekte seiner Begierde mit Geld noch hoffte er auf Gebete. In sechs Jahren hat er Kunstwerke im Wert von mehreren Millionen Euro gestohlen, darunter mehrere Dutzend Gemälde großer Meister wie Lucas Cranach, François Boucher und Pieter Brueghel. Für die von ihm in sechzehn Schweizer Kantonen verübten Verbrechen wurde er im Februar 2003 zu vier Jahren Gefängnis verurteilt. Im November 2001 war Breitwieser nach dem Diebstahl eines antiken Jagdhorns aus dem Richard-Wagner-Museum festgenommen worden. Danach gestand er, in 174 Fällen insgesamt 239 Kunstgegenstände gestohlen zu haben, nur für seine eigene Sammlung, deren wertvollste Stücke er unter dem Bett in seinem Zimmer versteckt hielt. Denn Breitwieser stahl nicht aus Gewinnsucht. Er stahl aus Leidenschaft.

Noch im Mittelalter beäugte man den Kauf einer Sache wegen dem ihm innewohnenden Kalkül und der dahinter lauernden Gewinnabsicht mit Misstrauen. Der Raub von Kunstwerken hingegen galt unter gewissen Voraussetzungen als noble Tat. Diese rigorose Form des Besitzerwerbs, die heute in die Kategorie des Gesetzesbruchs fällt, ließ auf Leidenschaft und Wagemut schließen. In einer Feudalgesellschaft, die sich auf den Kampfgeist der Ritter stützte, waren dies geschätzte Eigenschaften. So war der Kauf nur eine von drei Formen, in denen Reliquien üblicherweise ihren Besitzer wechselten. Zwischen Freunden, *amici,* die das Band brüderlicher Liebe verband, war die bevorzugte Zirkulationsform das Geschenk, zwischen Feinden, *inimici*, der Raub.[17] Auch die Grenzen zwischen christlicher Seefahrt und Seeräuberei waren stets fließend. Beim vierten Kreuzzug leitete der Doge Dondolo seine Ritter nach Byzanz um, plünderte die Stadt und ließ die Beute nach Venedig bringen, allen voran die Quadriga auf der Kuppel von San Marco, einem der Wahrzeichen Venedigs. Auch Königin Christina von Schweden eignete sich den Großteil ihrer Kunstwerke weder mit Geld an, noch hoffte sie auf fromme Gebete. Im Gegensatz zu ihrem späten Nachfahren Breitwieser konnte sie ihre Raubzüge allerdings ohne Gewissensbisse und auf Staatskosten durchführen. Im Herbst 1648 tat sie ihrem Ruf als gekrönter Drache alle Ehre, befahl ihren Truppen, Prag zu plündern, und ließ fünf Schiffsladungen mit den Kunstschätzen Kaiser Rudolfs II., der als besessener Sammler eine enzyklopädische Wunderkammer zusammengetragen hatte, nach Schweden transportieren.

Auch Breitwieser hatte seine Wunderkammer. Die Sammlung unter seinem Bett barg Gemälde von Pieter Brueghel dem Jüngeren, Willem van Aelst, Josef van Bredael, David Teniers, François Boucher und Corneille de Lyon. Seinen ersten größeren Diebstahl beging Breitwieser im März 1995. Im Château de Gruyères im Schweizer Kanton Fribourg hob er ein Porträtgemälde von der Wand, schob es unter seine Jacke und ging zum Ausgang. Ein anderes Mal rollte er einen Gobelin ein und warf ihn aus dem Fenster. Mit dieser Grenzüberschreitung hatte Breitwieser die Tür zu jener Welt des Kunstbesitzes aufgestoßen, die mit dem Fortgang seines Vaters zugefallen war. Er besuchte fortan Galerien, schlenderte durch Museen und flanierte über Antiquitätenmessen auf der Suche nach dem Objekt der Begierde. Seine besondere Leidenschaft galt der flämischen und niederländischen Malerei. Es konnte die Farbgebung eines Bildes oder der Ausdruck einer dargestellten Figur sein, der in ihm den Besitzwunsch wachrief. Für diese Momente trug er ein Taschenmesser bei sich. Während seine Freundin das Museumspersonal ablenkte, schnitt er Bilder aus ihrem Rahmen, öffnete Schaukästen, brach Vitrinen auf. Wie in einem Film lief jeder Diebstahl lautlos und perfekt ab. Am 1. Oktober 1995, seinem 24. Geburtstag, fuhr er nach Baden-Baden, wo Sotheby's zu einer Vernissage 3000 Gäste geladen hatte. Dort vollbrachte er sein Meisterstück. Unbemerkt stahl er Lucas Cranachs Porträt der Sibylle von Cleve. Damit stieg er in die erste Liga der Kunstdiebe auf.[18]

Die Raubzüge, die den Kellner aus dem Elsass zwischen 1994 und 2001 durch ganz Europa führten, blieben der Museumswelt nicht verborgen. Die Spezialisten vom Art Loss Register, einer internationalen Datenbank zur Ermittlung gestohlener Kunstwerke, die mit dem FBI, dem BKA und Interpol kooperiert, vermuteten eine Bande dahinter. Auch Interpol tappte im Dunkeln, da keines der Kunstwerke auf dem Hehlermarkt auftauchte. Dass Breitwieser so lange unentdeckt blieb, hatte nur einen Grund:

Er wollte die Kunstwerke für sich haben. Nach seiner frühzeitigen Entlassung befragte ihn der französische Autor Pierre Assouline nach seinen Motiven.[19] Der Kunstdieb betrachtet sich als *collectioneur compulsif*, als zwanghaften Sammler. Dass es für ihn keine Umkehr gab, erkannte er, als ihm klar wurde, dass Kunst für ihn zur Droge geworden war. Ich liebe Kunst und werde sie mein ganzes Leben verehren, hatte er auf einen Klebestreifen auf eines der Bilder geschrieben. Die Schweizer Museen haben pragmatisch reagiert und auf ihrer Homepage eine Warnung an das Personal ausgegeben: Vorsicht! Kunstdieb wieder im Land!

Augenlust

STEVE WYNN

Kaufen kann man Kunst zwar mit den Ohren. Aber betrachten kann man sie nur mit den Augen. Malerei verführt das Auge mit Farben, Formen, Rhythmen und Proportionen. Sie löst im Betrachter einen visuellen Lustzustand aus. Glühendes Orange. Tiefes Violett. Schimmerndes Grau. Ein Abgrund aus Schwarz. Dynamischer Farbauftrag. Rot gegen Grün. Sanfter Übergang. Aggressive Farbexplosion. Weites Blau. Das Auge wandert. Hält inne. Nimmt auf. Will mehr. Ästhetische Wahrnehmung ist Augenlust. Das Auge leitet die visuellen Reize an das Gehirn und löst dort Erregungszustände aus. *Retinale Verführung* nannte Marcel Duchamp die sinnliche Vereinnahmung des Betrachters durch das Bild. Duchamp durchschaute sie als Verführungsstrategie, die aus seiner Sicht der Rechtfertigung durch einen Inhalt bedarf. Doch sie funktioniert auch ohne Inhalt, wie man am Erfolg der abstrakten Malerei sehen kann. Die retinale Verführung bringt Menschen dazu, ein Bild anzusehen und dort zu verweilen. Manche tun es gerne, andere sind versessen darauf, und für einige ist es die unwiederbringliche Erfahrung irdischer Lust.

Ein Gegenstand reflektiert ein Lichtmuster auf das Auge. Das Licht tritt durch die Pupille ein, wird durch die Linse gesammelt und auf die Retina, die Netzhaut im Hintergrund des Auges, geworfen. Auf der Retina befindet sich ein Gewebe von lichtempfindlichen Nervenfasern, die das Licht durch ein System von Zellen auf einige Millionen Rezeptoren, Zäpfchen und Stäbchen übertragen. Die Zäpfchen sind für Licht und Farben hochempfindlich und geben diese Reize an unser Gehirn weiter. Dort formiert sich das Bild mit all seinen Farben und Formen und löst Assoziationen, Erinnerungen und Gefühle aus. Das Bild, das wir wahrnehmen, ist das Bild in unserem Bewusstsein. Wenn die Retina ihre Aufgabe nicht mehr erfüllt, dann beginnt dieses Bild von den Rändern her zu verschwimmen und verschwindet irgendwann in nicht endender Schwärze. Retinitis pigmentosa heißt die unheilbare Krankheit, unter der Steve Wynn, Sohn eines Betreibers von Bingohallen und heute Kasinomogul von Las Vegas, seit seiner Kindheit leidet.

Steve Wynn, der kaum noch sehen kann, sammelt Kunst. Im November 1996 ersteigerte er bei Christie's und Sotheby's für Rekordpreise einige der Trophäen, die zwei Jahre später sein Casinohotel Bellagio in Las Vegas schmücken sollten. Er gestattete beiden Auktionshäusern, seinen Namen zu veröffentlichen, und flankierte sein Coming-out als Kunstsammler mit der Feststellung, dass die Erwerbungen im Zusammenhang mit seinem neuen Hotelprojekt in Las Vegas stünden.[20] Die Medien griffen die Geschichte begierig auf, und das Bellagio, das später durch den Film ›Ocean's Eleven‹ berühmt werden sollte, war bekannt, noch bevor es eröffnet hatte. Die Bellagio Fine Art Gallery bot in der Hauptstadt des Glücksspiels in der Tat etwas Unerwartetes – statt einarmiger Banditen einzigartige Kunstwerke von Renoir, van Gogh, Gauguin, Brancusi, Picasso und Pollock, die gegen Bezahlung betrachtet, aber auch gekauft werden konnten. Die Museumsgalerie im Casinohotel verknüpfte den

Prestigewert der Kunst mit der Steuerfreiheit einer öffentlich zugänglichen Sammlung und der Profitorientierung einer kommerziellen Galerie. Sollten hier Spieler zu Kunst verführt oder Kunstliebhaber an den Spieltisch gelockt werden? War das Ganze ein rund 300 Millionen Dollar teurer Marketing-Gag? Oder kalkulierte Zockerei?

Um seine Kunstkäufe zu finanzieren, verkaufte Wynn 1998 einen Teil seiner Aktien an den Mirage-Resorts.[21] Im Jahr 2000 wurden die Mirage-Resorts mitsamt dem Bellagio und der dem Unternehmen gehörenden Hälfte der Kunstsammlung für 4,4 Milliarden Dollar von einem Konkurrenten übernommen. Doch seine Sammelleidenschaft ging weiter. Er baute eine neue Kunstsammlung auf, die nun sein neues Hotel, das Wynn Las Vegas, schmückt. Ob Wynns exzessives Kaufen von Kunst vor allem vom Kalkül oder von der Kraft der Bilder bestimmt wird, kann nur er selber beantworten. In jedem Fall dürfte seine Krankheit, die bestimmt, ob und wie und wie lange er die Welt noch sieht, dabei eine nicht unerhebliche Rolle spielen.

Im Nirvana der Kunst

INGVILD GOETZ

In einem idyllischen Stadtteil Münchens steht das Privatmuseum der Sammlerin Ingvild Goetz. Den Besucher umfängt eine in sich geschlossene Welt. Kein Blick führt nach draußen. Hoch oben über den Kunstwerken, wo Architektur und Himmelslicht sich berühren, steht, in Milchglas geätzt, die Hymne des verstorbenen Künstlers Felix Gonzales-Torres an die Sammlerin. Ein Poem über Privatgeschichte und Zeitgeschehen, von Werden und Vergehen, von Auferstehung in der Kunst und dem sie bergenden Museumsbau, der vielleicht nicht zufällig Ähnlichkeit hat mit einer jener Spanholzschachteln, in denen Kinder ihre

Schätze aufbewahren. Der Besucher spürt es – in diesem vom Lärm und Chaos des Lebens gereinigten Nirvana soll die Kunst ihre eigene Aura verströmen. Vielleicht ist man auch in einem Zwischenreich gelandet, wo Träume kein Ende nehmen und die Fluchtbewegung aus dem wirklichen Leben in eine Welt eigener Ordnung mündet.

Im Zentrum des großen Ausstellungsraums steht diesmal ein Miniatur-Traumhaus, das die amerikanische Künstlerin Andrea Zittel für die Sammlerin installiert hat: ein kleiner, in seiner formalen Strenge an Le Corbusier und in seiner perfekten Raumnutzung an japanische Architektur erinnernder Quader, gerade groß genug, um ihn in gebückter Haltung zu betreten. Darin durfte die Sammlerin ihre Lieblingsdinge platzieren. Zuoberst auf einem Bücherstapel liegt ein Band mit dem Titel ›Die Schönheit der einfachen Dinge‹. Die Sammlung von Ingvild Goetz, die ihr Sammeln weniger als Horten denn als persönliches Verorten verstanden wissen will, nahm ihren Anfang in der Arte Povera genannten, weil absichtsvoll mit armseligen Materialien arbeitenden Kunst der sechziger und siebziger Jahre. Ganz im Geiste dieser Bewegung ist der Sammlerin das Protzen mit Namen und Klotzen mit Ausstellungen zuwider. Das Privatmuseum ist für sie ein Ort des Dialogs mit der Kunst. Doch auch wenn sie keine Kunstschätze horten will und nicht äußerem Ruhm, sondern der inneren Wahrheit auf der Spur ist, hat sie eine Unzahl von Kunstwerken angehäuft. Dieser Widerspruch liegt im Wesen des Sammelns. Denn auch die Selbstvergewisserung durch Kunst will immer wieder erneuert werden durch unverbrauchte Objekte. Das hat seinen Preis. Auf ihrer Suche nach dem Einfachen investiert Ingvild Goetz jährlich eine halbe Million Euro in Kunstwerke. Spurensuche ist eine unendliche Reise, die ihr Ziel in konzentrischen Bewegungen nur umkreist und niemals erreicht, und die Souvenirs dieser Reiseabenteuer erfüllen nicht nur den inneren Seelenraum, sondern beanspruchen auch äußeren Lagerplatz.

Besitz wiegt nicht nur im symbolischen Sinne schwer, er hat auch physikalisches Gewicht, und sein Volumen verdrängt Raum. Auch trennt sich die Sammlerin selten von einem Werk. Verkauft wird es nur, wenn es das Versprechen der ersten Begegnung auf Dauer nicht einzulösen vermag und die Zwiesprache mit ihm endgültig verstummt ist. So beansprucht ihre auf 3200 Objekte angewachsene Kollektion inzwischen ein Lager von über 5000 Quadratmetern.

Tastemaker

»Wenn große Sammler angesichts der Karriere eines Künstlers sagen: Wir haben auf das richtige Pferd gesetzt«, so der Kölner Galerist Werner Klein, »dann ignoriert diese Aussage, dass der Künstler nicht zuletzt dadurch zum richtigen Pferd geworden ist, weil sie auf ihn gesetzt haben.« Wer über finanzielle Ressourcen und soziale Verbindungen zu Schlüsselfiguren des Kunstsystems verfügt und sie zu nutzen weiß, kann den Markt durch seine Kaufentscheidungen beeinflussen. Auch Ingvild Goetz hat auf etliche Pferde gesetzt und sie mit ihrem finanziellen Votum der Siegermedaille näher gebracht. Dass sie sich ihres Einflusses auf den Markt bewusst ist, macht eine Gegendarstellung deutlich, mit der sie inmitten des Hype um den Münchner Maler Florian Süßmayer klarstellte, dass die Sammlung Goetz weder Werke des Malers besitzt noch zu erwerben plant. Sammler haben einen maßgeblichen Einfluss auf die Karrieren von Künstlern und die Preise für ihre Werke. Denn in einem Markt, in dem es an eindeutigen Qualitätsmaßstäben fehlt, orientieren sich Käufer an den Präferenzen von Tastemakern. Ein bekanntes Motto für Manager lautet: The best way to predict the future is to create it. *Einflussreiche Sammler halten sich daran.*

Philanthropie und Machiavellismus
DIE MACHT DER SAMMLER

Ältere Lexika definieren den Mäzen als Kunstfreund, Gönner und selbstlosen Förderer der Kunst und Wissenschaft[22]. Die Geschichte zeigt indes, dass Mäzenatentum seit jeher eine Gewinn bringende Verbindung aus Nächstenliebe und Eigennutz war. Schon der Namensgeber Gaius Clinius Maecenas war kein selbstloser Mäzen. Der Freund und Ratgeber des römischen Kaisers Augustus versammelte in seinem Palast zwar die bedeutendsten Dichter seiner Zeit und investierte einen Teil seines Vermögens in die Förderung von Talenten wie Horaz oder Vergil. Doch Maecenas, dem als Polizeichef auch die Aufsicht über das Schrifttum oblag, verfolgte damit nicht nur literarische Neigungen, sondern handfeste politische Absichten. Denn die geförderten Werke, unter ihnen die Aeneis, mit der Vergil den Gründungsmythos des Römischen Reiches schuf, dienten dem Ziel, seinen Dienstherrn Kaiser Augustus zu preisen und zur kulturellen Unterfütterung seiner Herrschaft beizutragen. Der Schriftsteller W. G. Sebald erwähnt in seinem Buch ›Die Ringe des Saturn‹ bedeutende Museen wie das Mauritshuis in Den Haag und die Tate Gallery in London, die mit Geld finanziert wurden, das im Zuckerhandel des achtzehnten und neunzehnten Jahrhunderts verdient wurde, der zum Großteil auf Sklavenarbeit beruhte. Mäzenatentum beinhaltet immer den Versuch, erworbenen Reichtum zu legitimieren. So erwähnen neuere Definitionen des Mäzenatentums auch seine Funktion als gezielte Beeinflussung der öffentlichen Meinung durch Förderung geeigneter Vorhaben.[23] Die Spekulation auf künftigen Gewinn, ob in Form von sozialer Anerkennung, politischer Macht, religiöser Erlösung oder ökonomischem Profit, ist Teil des Mäzenatentums, das seit jeher eine brisante Mischung aus Philanthropie und Machiavellismus war.

Schon bei den Medici waren Geld, Machtpolitik, Metaphysik

und Kunst untrennbar miteinander verflochten. Die Familie Medici hatte im Florenz des fünfzehnten Jahrhunderts ihre Macht auf ein Vermögen gegründet, das sie mit Bankgeschäften erworben hatte. Als christliche Bankiers in einem republikanischen Stadtstaat waren sie mit zwei scheinbar unauflösbaren Widersprüchen konfrontiert: Wie sichere ich meiner Seele einen Platz im Himmel, wenn ich gleichzeitig ein Vermögen durch Zinsnahme anhäufe und mich damit gegen Gott versündige? Wie erhalte ich meine mit Geld erkaufte Macht in einer Republik, wenn ich damit zugleich gegen deren demokratisches Selbstverständnis verstoße? Das Mittel, zu dem die Medici griffen, um diese fundamentalen Antagonismen aufzulösen, war Kunst.

Giovanni, der als erster Medici zu Reichtum und Einfluss gelangt war, war darauf bedacht, im Hintergrund zu bleiben. Denn das Verleihen von Geld gegen Zinsen, Wucher genannt, war von der Kirche als Sünde gebrandmarkt worden. Sie verurteilte die Zinsnahme, weil sie gegen die göttliche Ordnung verstieß. Wucher erlaubte dem von Gott zur Arbeit bestimmten Menschen, sein Geld allein dadurch zu mehren und sich über andere zu erheben, dass er es Unzucht treiben ließ. *Contro la natura!* lautete das Urteil der Kirche, die Wucherer wie Sodomisten wegen widernatürlicher Praktiken mit dem Inferno bestrafte. Folglich verbargen die Bankiers des vierzehnten und fünfzehnten Jahrhunderts ihre Zinsnahme in einem komplexen Spiel des Devisentauschs. Aber nicht nur ihnen, auch den Theologen war klar, dass diese Aktivitäten genau das bemäntelten, was sie zu umgehen vorgaben. So verbot die Regierung von Florenz 1429 den so genannten *cambio secco*, den sie als Deckmantel für die verbotene Zinsnahme identifiziert hatte. Cosimo, Giovannis Sohn und Nachfolger, war jedoch mächtig genug, um das Gesetz 1435 aufheben zu lassen.[24]

Cosimo war es auch, der Europa mit einem Netz von Bankfilialen überzog und die Expansion der Medici-Bank zum Höhepunkt führte. Seinen Drang nach Kontrolle, Ordnung und Besitz lebte er nicht nur in seinen Bankgeschäften aus, sondern auch in einer Leidenschaft, die er wie seine Hässlichkeit und seine Gicht mit den anderen vier Medici – seinem Vater Giovanni, seinem Sohn Piero, seinem Enkel Lorenzo und seinem Urenkel Piero di Lorenzo – teilte. Sie alle waren Sammler – von Reliquien, Rüstungen, Manuskripten, Juwelen, Kameen – und Förderer der Kunst. Auch wenn die Medici Kunst schätzten, besteht kein Zweifel daran, welchen Zielen ihre Patronage diente. Sie sollte die Florentiner mit so viel Stolz für ihre Stadt erfüllen, dass sie ihre republikanischen Instinkte unterdrückten und die politische Macht den Medici überließen. Und sie sollte den Gönnern einen Logenplatz im Jenseits garantieren.

Cosimo wählte den Dominikanerorden, der sich der Armut verschrieben hatte, und übernahm als erstes Projekt die Restauration der Klosterkirche San Marco in Florenz. Doch beim Tausch von irdischen Geschenken gegen himmlische Privilegien zogen die Dominikaner eine klare Grenze: kein diesseitiger Ruhm. Cosimo und der Dominikaner-Abt Antonio waren klug genug, um für ihren Tauschhandel jenes mehrdeutige Territorium zu wählen, das Spielraum für politische Manöver ließ – die Kunst. Gegen Geld würde dem Bankier die Erlaubnis gewährt, seinen Glauben an Gott durch großartige Kunstwerke unter Beweis zu stellen und damit zugleich seiner Macht auf Erden ein Denkmal zu setzen. Die Kirche würde vorgeben, dass die Bilder und Fresken allein der Preisung Gottes dienten. Der Lohn für diese Finanzierung würde eine päpstliche Bulle sein, die Cosimo von jeder einzelnen seiner Sünden freisprach.

Der Einfluss weltlicher Macht blieb nicht ohne Folgen. Das Profane schlich sich ein in Kunst und Kloster, zwar mit gesenktem Kopf, aber für jeden, der hinsah, unübersehbar. Je mehr Zeit verging, desto schöner wurden die Madonnen, desto prächtiger ihre Kleidung, desto sinnlicher ihre Körper. Überall prangte das Zeichen der Medici, und die dargestellten Heiligen trugen die Namen der Mitglieder der mächtigen Familie. In den Kunstwerken waren religiöse Andacht, ästhetisches Vergnügen und politischer Zweck unentwirrbar miteinander verbunden. Der reiche Christ hatte die Kirche dazu gebracht, die Bedeutung des Geldes zu akzeptieren. Die Kommunion war vollzogen – real, virtuell und metaphysisch. Profaner Reichtum und sakrale Andacht verschmolzen im Kunstwerk zu einem magischen Amalgam. Das Geld hatte sich in der Kunst vom Makel der Sünde befreit.[25] Cosimo bat bald um eine Aufhebung des Verbots, dem Dominikanerorden Geld zu hinterlassen. Die Mönche lehnten ab. Sie hatten ihr Leben nicht der Armut unterworfen, um am Ende aufs Geld zu schielen. Auf einer Mariendarstellung Fra Angelicos in einem der Korridore von San Marco, der allein den Mönchen zugänglich war, ist auf einer Schriftrolle eines Heiligen zu lesen: *Ich beschwöre Gottes Fluch und meinen durch die Einführung von Besitz in diesen Orden.*[26]

Cosimo de Medici bezahlte die von ihm in Auftrag gegebenen Kunstwerke noch aus dem eigenen Portefeuille. Doch schon seine Nachfolger, die Medici des sechzehnten und siebzehnten Jahrhunderts, finanzierten ihr Geltungsbedürfnis, das sie mit schmeichelnden Porträts, überlebensgroßen Reiterstatuen und extravaganten Gemälden befriedigten, aus Steuergeldern. Auch die Medici des einundzwanzigsten Jahrhunderts greifen in den Steuertopf, um die Präsentation, Erhaltung und Wertsteigerung ihrer Sammlungen zu finanzieren. Denn es gibt viele Möglichkeiten, sich ein kostspieliges Hobby vom Staat mitfinanzieren zu lassen. Auch lässt sich privates Vorteilsstreben, wie schon der Fürst Fabrizio Salina in Lampedusas Roman ›Der Leopard‹ feststellte, nur allzu leicht durch die Behauptung öffentlicher Interessen verschleiern. So geht es statt ums Geben immer öfter ums Nehmen, statt um Großzügigkeit um Gewinn. Während das Ansehen des bürgerlichen Mäzens auf seiner Uneigennützigkeit beruhte, seiner ästhetischen Risikobereitschaft und seiner öffentlichen Zurückhaltung[27], zeichnen sich viele der neuen Medici durch Vorteilsstreben, Marktorientierung und Medienbewusstsein aus. Der amerikanische Kunstkritiker Robert Hughes prognostizierte bereits 1989 das Auftauchen des spekulativen Mäzens: der Sammler als Amateur, als Liebhaber der Kunst, wird von der Bildfläche verschwunden sein. In den Gremien der Museen wird ein neuer Typus Einzug halten, der zugleich Sammler, Händler seiner eigenen Kunst und Trustee des Museums ist. Zugleich werden private Museen aus dem Boden gestampft. Denn Sammler bedürfen nicht länger des Ritterschlags des etablierten Museums. Sie wollen ihr eigenes Mausoleum, die »Jerome und Mandy Rumpelstilzchen Stiftung für Gegenwartskunst«.[28] Seine hellsichtige Prophezeiung ist Wirklichkeit geworden.

Weihestätte

DER STATUS DES MUSEUMS

1992 zeigte das MoMA eine Retrospektive des Malers Henri Matisse. Die Ausstellung weckte nicht nur das Interesse des Publikums für den Künstler und sein Werk, sondern stimulierte auch die Kauflust der Sammler. Die Rekordzahl von 28 Bildern tauchte in Auktionen auf. Drei davon waren direkt von der Wand des Museums ins Auktionshaus gelangt.[29] Nichts verleiht dem Werk eines Künstlers einen solchen Nachfrageschub wie eine Retrospektive in einem bedeutenden Museum. Die Präsenz im Museum verleiht ihm jene Noblesse, die allem Nichtkommerziellen eigen ist. Im Markt lässt sich diese kulturelle Wertsteigerung in kommerziellen Mehrwert umwandeln.

Das Museum ist das Jüngste Gericht des Kunstmarkts. Mit einer Ausstellung oder einem Ankauf entscheidet es darüber, ob ein Künstler ins Himmelreich der kunsthistorischen Ewigkeit aufgenommen wird oder nicht. Die eine Währung, die es bei der Ausübung seiner Urteilshoheit als oberster Richter der Kunstwelt einsetzt, ist seine Expertise. Die andere ist Geld. Doch diese Ressource, noch bis in die achtziger Jahre reichlich vorhanden, ist knapp geworden. Denn die Privatisierung all jener Lebensbereiche, die öffentliche Ausgaben verursachen, hat auch vor der Kunst nicht haltgemacht. Museen müssen Budgetkürzungen hinnehmen und sehen ihre Ankaufsetats schrumpfen. Immer weniger Museen können im Wettbewerb um Kunstwerke bei steigenden Marktpreisen mithalten. Das finanzielle Vakuum, das durch den Rückzug des Staates entstanden ist, ist dabei, sich zu füllen. Privatsammler und Großkonzerne konkurrieren um die Gunst der Kunst.

2003 kontaktierte ein Journalist der britischen ›Sunday Times‹ vier bedeutende Londoner Museen und bot ihnen als vorgeblicher Bankier eine Million Pfund an, wenn sie als Gegenleistung ein von ihm gemaltes Selbstporträt ausstellen würden. Drei der vier Museen, die Royal Akademie of Arts, das Victoria and Albert Museum und das British Museum, akzeptierten das Angebot blind. Nur die Tate Gallery bestand darauf, das Werk einer Qualitätsprüfung zu unterziehen.[30] Die Ausgangsfrage des britischen Journalisten war damit beantwortet: Die Finanzlage vieler Museen ist so prekär, dass sie nahezu alles akzeptieren, wenn dadurch nur Geld in die Kasse fließt. Die Folge ist, dass sich das Machtgefälle zwischen Museen und Sammlern umgekehrt hat. Sammler und Sponsoren bestimmen zunehmend, welche Kunst den Weg ins Museum findet, und beeinflussen damit den Marktwert von Künstlern und den ihrer eigenen Sammlungen. Das ist aus zwei Gründen bedenklich. Erstens sind Museen öffentliche Institutionen, die dem öffentlichen Interesse verpflichtet sind und von öffentlichen Geldern finanziert werden. Zweitens steht ihre Glaubwürdigkeit als kulturelle Instanz auf dem Spiel. Das Kräfteparallelogramm der Kunstwelt, in dem das Museum als Korrektiv zu dem von kommerziellen Interessen getriebenen Markt einen unverzichtbaren Platz einnimmt, droht aus dem Gleichgewicht zu geraten.

Rollenwandel des Kunstwerks

Mit dem Ankauf durch ein Museum verwandelt sich das Kunstwerk von einer profanen Ware in einen sakralen Gegenstand jenseits der Bewertungen des Marktes. Wie der Anthropologe Igor Kopytoff nachweist, ist dieser Rollenwandel von Objekten keineswegs einzigartig.[31] *Zu Zeiten des Sklavenhandels verwandelten sich Menschen von Personen in Objekte, die bestellt, geliefert und bezahlt wurden. Bei den Heiratsbräuchen indigener Kulturen wird die Braut zur Handelsware, deren Wert gegen Vieh und anderes Eigentum aufgewogen wird. Andere Objekte stellen die Verbindung der jeweiligen Gesellschaft zu göttlicher Macht und höherer Wahrheit sicher. Als Tresore fundamentaler Werte stehen sie in der Hierarchie der Gegenstände ganz oben und gelten als sakral. Solche sakralen Objekte sind der kommerziellen Sphäre entzogen und dürfen nur kurzzeitig und unter bestimmten Bedingungen in ihr zirkulieren. Das gilt in unserer Kultur auch für Kunstwerke. Die Unbezahlbarkeit eines Kunstwerks wird dadurch besiegelt, dass es in der Sphäre des Marktes einen außergewöhnlichen Preis erzielt und dann in den Sakralraum des Museums einkehrt. Umgekehrt verliert ein Kunstwerk, das zu häufig auf dem Markt angeboten wird, an Wert und sinkt im Preis. Dieser Faktor wird im Kunstmarkt mit dem Begriff der Marktfrische umschrieben.*

Eigentlich sollte ein Kunstwerk, wenn es ins Museum gelangt, die Welt des Marktes verlassen haben. Doch das Marktkarussell zieht immer weitere Kreise. In Museumsausstellungen gilt der Blick auf das kleine Schild neben dem Bild nicht mehr allein der Fra-

ge nach dem Künstler, sondern immer öfter auch der nach dem Leihgeber. Welcher Sammler zielt auf eine Wertsteigerung seines Kunstbesitzes? Welche Galerie hat die Hände im Spiel? Sammlung Spatzenhügel? Courtesy Schlosser & Gast? Der Kommerz hat sich in den heiligen Hallen des Museums breitgemacht. Der öffentliche Auftrag, Kunst zu sammeln, zu erhalten und zu zeigen, droht hinter der Mission des Markts, Kunst mit möglichst hohen Gewinnspannen zu verkaufen, ins Hintertreffen zu geraten.

Der Midaseffekt

MACHT, GELD UND KUNST

König Midas verwandelte alles, was er berührte, in Gold. In der Mythologie kommen irdischer Wunsch und göttliches Wirken zusammen, um den Zauber, der sich am Ende als Fluch erweist, zu bewirken. Damit Sammler ein vergleichbares Wunder vollbringen und Kunst in Profit verwandeln, brauchen sie vor allem zwei Dinge: Einfluss und Geld. Ob das Boston Museum of Fine Art oder das Chicago Art Institute, ob das British Museum oder die Tate Gallery in London – die meisten Kunstmuseen in den USA und in Großbritannien beruhen auf privaten Schenkungen oder gemeinnützigen Stiftungen reicher Bürger. Sie werden in der Regel von einem Board of Trustees, einem Kuratorium von Treuhändern, geleitet. Im Gegensatz zu der Vielfalt der Kunstmuseen zeichnen sich die Boards of Trustees in den USA durch eine auffallende demographische Homogenität aus. 63 Prozent der Trustees von Kunstmuseen sind Männer, fast die Hälfte ist älter als 50 Jahre, 85 Prozent sind Weiße, und die Mehrzahl von ihnen gehört als Manager, Banker oder Finanzexperte der Wirtschaftswelt an.[32] Viele sind durch ein Geflecht persönlicher Beziehungen miteinander verbunden. Nicht weniger als 10 der 16 Trustees des

Cleveland Art Museums, so recherchierte die Kunstjournalistin Grace Glueck von der ›New York Times‹ bereits Anfang der siebziger Jahre, sind mit den Museumsgründern, früheren Trustees oder Geldgebern verwandt.[33] Dasselbe Muster findet sich in anderen amerikanischen Kunstmuseen, wenn auch nicht in demselben Ausmaß.

Wie in der Wirtschaftswelt beschränken sich diese Netzwerke nicht auf eine einzige Institution. Sie erstrecken sich über die gesamte Museumslandschaft. So waren Anfang der siebziger Jahre die Trustees des New Yorker Museum of Modern Art über persönliche Verbindungen mit etlichen anderen bedeutenden Kunstmuseen Amerikas verflochten: Mrs. C. Douglas Dillon war die Ehefrau des Präsidenten des Metropolitan Museums, Mrs. Mary Lasker war die Stiefmutter von Mrs. Leigh Block, die ihrerseits Trustee des Chicago Art Institute war, sowie von Mrs. Sidney Brody, der Ehefrau des Präsidenten des Los Angeles County Museum, und Mr. John de Menil war zugleich Trustee des Museum of Fine Art in Houston, des Amon Carter Museum in Fort Worth und des Museum of Primitive Art in New York.[34] In den achtziger Jahren kamen zu den Nachkommen alten Geldadels neureiche Geschäftsleute nebst Gattinnen und Töchtern hinzu, deren unternehmerischer Ehrgeiz durch die Deregulierungspolitik Reagans profitable Entfaltungsspielräume erhalten hatte. Auch heute zeichnen sich Trustee-Familien durch Allgegenwärtigkeit aus. Ronald Lauder, Erbe des gleichnamigen Kosmetikkonzerns, ist Vorsitzender des Board of Trustees des Museum of Modern Art, sein Bruder Leonard Lauder ist Vorsitzender des Board of Trustees des Whitney Museums of American Art. Der Milliardär Eli Broad ist nicht nur im Museum of Contemporary Art in Los Angeles Trustee auf Lebenszeit, sondern auch Trustee des Museum of Modern Art in New York, Vizevorsitzender des Los Angeles County Museum of Art und zugleich Vorsitzender der Eli Broad Art Foundation.

Zu den Hauptaufgaben der Trustees gehört die Finanzmittelbeschaffung. Denn amerikanische Museen können nur einen geringen Prozentsatz ihres Finanzbedarfs durch öffentliche Zuwendungen decken. Das vom Geld bestimmte Ethos der Trustees kommt in den drei großen G's – *give, get or get off* – zum Ausdruck. Danach soll ein Trustee seine finanzielle Potenz, seinen sozialen Status und seine politische Macht einsetzen, um Geld zu geben *(give)* oder zu beschaffen *(get)* – oder er muss gehen *(get off)*. Die Direktoren und Kuratoren dieser Museen sind zwar formal von den Treuhändern unabhängig, faktisch aber auf deren Wohlwollen angewiesen. Die Folge ist, dass die Museumspolitik maßgeblich von den Treuhändern und deren Interessen bestimmt wird. Da diese in der Regel Sammler und damit im Kunstmarkt investiert sind, ist eine Verzahnung von Markt und Museum vorprogrammiert.

Gegengeschäfte

GELDGEBER UND NUTZNIESSER

Die Möglichkeit der Steuerersparnis ist laut Richard Oldenburg, dem ehemaligen Direktor des MoMA, der Hauptgrund für private Schenkungen in den USA.[35] Dort wurden die Weichen für eine private Finanzierung der Museen bereits Anfang des zwanzigsten Jahrhunderts gestellt. Seither werden Schenkungen an Museen mit Steuervergünstigungen belohnt. Der Schenker kann den vollen aktuellen Wert des geschenkten Kunstwerks absetzen, der je nach Marktlage weit über dem ursprünglichen Kaufpreis liegen kann. Da die prozentuale Obergrenze für steuerlich absetzbare Spenden in den USA erheblich höher ist als in Deutschland – sie dürfen bis zu 50 Prozent des Gesamteinkommens betragen –, sind der Spendenbereitschaft fast keine Grenzen gesetzt. So gelten die USA als Paradebeispiel für private Kunstfinanzierung. Die Wortwahl verschleiert jedoch, um was es sich in Wirklichkeit handelt: eine Mischfinanzierung aus privaten und öffentlichen Mitteln. Denn jede Schenkung an eine gemeinnützige Institution, jede Stiftung für einen gemeinnützigen Zweck wird zu erheblichen Teilen aus Steuermitteln bezahlt. Einen Teil der privaten Kunstfinanzierung leistet also die öffentliche Hand. So bleibt trotz des beeindruckenden Ausmaßes der privaten Philanthropie in Amerika die Tatsache bestehen, dass dieses Geld, wäre es nicht freiwillig hergegeben worden, zum großen Teil von der Steuer vereinnahmt worden wäre. Daraus leitet sich auch die Forderung nach einem öffentlichen Interesse ab, das beim Einsatz dieser Gelder gewahrt sein muss. Doch das öffentliche Interesse, dem auch in den USA Museen verpflichtet sind, wird durch die privaten Interessen, die mit den Stiftern und Sponsoren, den Geld- und Leihgebern ins Museum kommen, zunehmend in Frage gestellt.

Das Guggenheim Museum war eines der ersten, das die heiligen Hallen der Kunst den kommerziellen Kräften des Marktes öffnete und multinationale Unternehmen mit ins Boot nahm. Thomas Krens, der Direktor des Museums und bekennender Motorradfan, organisierte eine Blockbuster-Ausstellung zur Kunst des Motorrads. Zum Stein des Anstoßes wurde die Tatsache, dass BMW, aus deren Werkshallen etliche der ausgestellten Zweiräder stammten, die Schau gesponsert hatte.[36] Das Museum geriet erneut ins Kreuzfeuer der Kritik, als es dem italienischen Modemacher Giorgio Armani eine Retrospektive widmete. Nach der Hymne auf den Motorsport schien eine Reverenz an die Mode zwar nur folgerichtig. Als jedoch bekannt wurde, dass die Modenschau vom Modemagazin ›In Style‹ gesponsert worden war und mit einer Spende von Giorgio Armani in Höhe von etlichen Millionen Dollar zusammenfiel, blieb vom Glamour nur noch der fahle Glanz einer Werbeveranstaltung.[37] Das Whitney Museum kündigte eine Werkschau des Modefotografen Richard Avedon als kritische Auseinandersetzung mit seinem Werk an. Später stellte sich heraus, dass nicht nur die Kuratorin, sondern auch andere Mitarbeiter der Ausstellung bei Avedon in Lohn und Brot standen und dass Eastman Kodak, die den Katalog publiziert und die Ausstellung mitfinanziert hatten, eine Buchreihe über Avedon in der Pipeline hatten.[38] In allen drei Fällen hatten sich die Museen ihre kulturelle Entscheidungshoheit über das, was ihre Schwelle passieren darf, abnehmen lassen. Doch wenn man, wie Thomas Krens, nicht von Museen, sondern von Museumsindustrie spricht, von Produkten statt von Ausstellungen und von Museumssammlungen als Vermögenswerten, wird klar, dass es nicht vorrangig um Kunst, ihre Sammlung, Bewahrung, Erforschung und Vermittlung geht, sondern um Investition und Rendite. So gab der Leiter des Guggenheim Museums offen zu: »Unternehmen schreiben Museen vor, welche Ausstellung sie verwirklicht sehen wollen, je nach dem Geschmack ihrer Klientel. Museen sind zum Bestandteil des Werbeprogramms von Unternehmen geworden.«[39] Die kommerzielle Orientierung von Museen hat Ausmaße angenommen, die selbst in den USA auf heftige Kritik gestoßen ist. Ein Grund für diese Entwicklung ist, dass in den USA wie auch in Großbritannien die Abhängigkeit der Museen von privater Finanzierung seit Reagan und Thatcher zugenommen hat.

Nach einer Untersuchung sank in den USA der Anteil öffentlicher Gelder im Kulturbereich zwischen 1982 und 1998 von knapp 29 Prozent auf 11 Prozent. Bei den Bundessubventionen für Kunst fiel der Rückgang noch dramatischer aus. Ihr Anteil, der zuvor 88 Prozent der Budgets der New Yorker Non-Profit-Institutionen ausmachte, sackte auf kümmerliche 1,2 Prozent.[40] Diese Entwicklung zwang die Museen, sich nach neuen Finanzquellen umzusehen. Als die Treuhänder des Whitney Museums im Januar 2001 den CEO des Mischkonzerns Tyco, Dennis Kozlowski für ihren Beirat gewannen, war es, als hätten sie das große Los gezogen. Kozlowski, im Jahr 2000 von Business Week als einer der 25 Topmanager gehandelt, war seit langem der dickste Fisch an der Angel des Whitney Trusts. Die Ereignisse überschlugen sich, und schon ein halbes Jahr später, als bekannt wurde, dass Kozlowski in eine der größten betrügerischen Pleiten des Internetbooms verwickelt war, wurde klar, dass der Fang nicht bloß ein dicker Fisch, sondern ein ausgewachsenes Seeungeheuer war. Doch ihn so ohne weiteres von der Angel zu lassen, kam nicht in Frage. Erst nach massiven Vorwürfen der Firmenplünderung und des Steuerbetrugs, belastenden Zeugenaussagen, peinlichen Enthüllungen, wie die Verwendung von Firmengeldern für eine zwei Millionen Dollar teure Geburtstagsparty der Ehefrau, und einem Untersuchungshaftbefehl, meldeten sich vorsichtige Zweifel. »Ich bin nicht sicher«, so ein Mitglied des Stiftungsrates, »dass wir wirklich auf dieses schmutzige Geld angewiesen sind«, und folgerte, »dass wir härter arbeiten müssen, um Geld auf kreativere Weise aufzutreiben.« Auch stellte man sich erst jetzt die Frage, »warum solche Leute in unseren Stiftungsrat wollen.«[41]

Im Juni 2002 wurde gegen Kozlowski ein Verfahren wegen Steuerhinterziehung eingeleitet. Das Vehikel der illegalen Transaktion: Kunstwerke. Seine Komplizen: zwei New Yorker Kunsthändler und ein Londoner Galerist.[42] Wenig später wurde er angeklagt, Tyco um 170 Millionen Dollar geplündert und mehr als 400 Millionen Dollar durch illegalen Aktienverkauf erlangt zu haben.[43] Mit Tyco geht es mittlerweile bergauf, die Aktien des Mischkonzerns sind gestiegen.[44] Der Name Kozlowski, einst heiß gehandelt, ist von der Liste des Board of Trustees des Whitney Museums verschwunden. Im September 2005 wurde die Anklage wegen Diebstahls und Wertpapierbetrugs zum Abschluss gebracht. Das Urteil: 8 bis 25 Jahre Haft.[45] Das Verfahren wegen illegaler Transaktionen mit Kunstwerken wurde im Mai 2006 gegen Zahlung von Steuern und Zinsen in Höhe von 3,2 Millionen Dollar eingestellt.[46]

Museen mögen darauf achten, dass ihre Geldquellen keine staatlichen Gesetze verletzen, ob sie immer moralischen Gesetzen genügen, ist eine andere Frage. Zu den Trustees des angesehenen Museum of Modern Art zählt Gary Winnick, der Gründer von Global Crossing. Im Januar 2002 legte er eine der größten Pleiten der US-Geschichte hin und manövrierte durch den Verkauf seiner Aktien 735 Millionen Dollar in die eigene Tasche.[47] Was er zu diesem Zeitpunkt über die Finanzlage seines Unternehmens wusste, kam nie an die Öffentlichkeit. Die Ermittlungen gegen ihn wurden eingestellt. Winnick, der im Jahr 2001 auf der Forbes-Liste der 400 reichsten Männer Amerikas auftauchte und zu den 60 spendabelsten Philanthropen Amerikas gerechnet wurde – dessen gezielte Großzügigkeit auch die großen Parteien bedachte[48] – erlangte seine Position im MoMA mit einer 5-Millionen-Dollar-Spende.[49] Sein Name ziert heute einen der Räume des Museumsneubaus.[50] Neben Mitgliedern der Gründerfamilie Rockefeller, der Galeristin Ileana Sonnabend und dem Großsammler Michael Ovitz bekleidet er eine Position in einem der einflussreichsten Gremien des internationalen Kunstgeschehens. Damit sitzt er am Hebel jener Maschinerie, die maßgeblich den Wert auch seiner eigenen Anschaffungen beeinflusst.

Auch andere New Yorker Museen mussten Cash für Kunst auftreiben. So übernahm das Brooklyn Museum 1999 die Ausstellung »Sensation« des britischen Kunstsammlers Charles Saatchi, die zuvor in der Royal Academy in London und im Hamburger Bahnhof in Berlin gezeigt worden war. Während der Museumstour hatte er einen Teil seiner Sammlung bei Christie's verkauft. Die 130 Arbeiten hatten 1,6 Millionen Pfund oder 2,7 Millionen Dollar erbracht. Auch im Brooklyn Museum wurde alles geboten, was ein auf Schock eingestimmtes Kunstpublikum erhoffen konnte, von Schlachtvieh, kunstvoll angerichtet von Damien Hirst, bis zu Elefantendung, dekorativ arrangiert auf einer Jungfrau Maria von Chris Ofili. Die empörte Reaktion des Bürgermeisters von New York, Rudolf Giuliani, löste einen Skandal aus, der erwartungsgemäß einen Rattenschwanz von Sensationslustigen ins Museum lockte. Saatchi wurde von der ›New York Times‹ als der aktivste Sammler in England seit König Charles I. gepriesen. Dasselbe Blatt deckte allerdings auch einige pikante Details auf. Danach waren Mitarbeiter des New Yorker Bürgermeisters auf Notizen des Brooklyn Museums und des Auktionshauses Christie's gestoßen, die darauf hindeuteten, dass der Wert von Saatchis Sammlung durch die aus dem Skandal resultierende Publizität in die Höhe getrieben werden sollte.[51] Das warf ein neues Licht auf die Finanzierung der Ausstellung, die Absichten des Leihgebers, die Interessen des Auktionshauses und die Rolle des Museums, das als öffentliche Institution allem Anschein nach zum Erfüllungsgehilfen der Finanzinteressen eines privaten Sammlers geworden war.

Teufelskreis

INSIDERHANDEL

Die eherne Regel profitablen Handels lautet: billig kaufen, teuer verkaufen. So werden hohe Renditen im Kunstmarkt immer nur dann erzielt, wenn man einen Künstler kauft, bevor er heiß gehandelt wird. Und heiß wird er, wenn er in einem bedeutenden Museum gezeigt wird. Deshalb gehört das Wissen um eine bevorstehende Retrospektive zu den begehrtesten Informationen im Kunstmarkt. Doch nur Insider erfahren, wann ein Museum grünes Licht dafür gibt. »Die Information über eine Einzelausstellung bleibt nie geheim«, weiß der New Yorker Sammler Adam Lindemann, »aber sie bleibt immer gerade lang genug geheim.«[52] Im Gegensatz zum Aktienmarkt, wo Insidergeschäfte auch in Deutschland seit 1995 unter Strafe stehen, darf Insiderwissen im Kunstmarkt zum eigenen Vorteil genutzt werden.

So können Sammler, die Einblick haben in die Ankaufs- und Ausstellungspolitik von Museen, ihr eigenes Kaufverhalten daran ausrichten und ansehnliche Wertsteigerungen für ihre Sammlungen erzielen.

Ein Paradebeispiel dafür liefert Charles Saatchi. Sein Einfluss als Sammler und Händler auf die Marktposition und Preisentwicklung von Künstlern beruht nicht zuletzt auf der Verzahnung der Machtpositionen, die er erlangt hat. Anders als in den USA, wo die Boards of Trustees der Museen autonom sind und selbst perpetuierend über ihre Besetzung bestimmen, werden sie in Großbritannien von hohen Staatsvertretern besetzt – früher vom Monarchen, heute vom Premierminister. Die politischen Kontakte, die Saatchi mit seinen Wahlkampagnen für Margaret Thatcher zu den Konservativen knüpfte, verhalfen ihm zu Positionen in Museen. Diese wiederum versorgten ihn mit Informationen, die er für die Investition und Spekulation mit Kunst nutzen konnte. Als Trustee der Whitechapel Gallery nutzte Saatchi die mit seiner Position einhergehenden Informationsvorteile für eine Kunstinvestition. Nachdem die Whitechapel Gallery eine Ausstellung von Francesco Clemente beschlossen hatte, und noch bevor diese im Januar 1983 eröffnet wurde, kaufte Saatchi zwölf Arbeiten des Künstlers für seine Privatsammlung. Das Timing einer solchen Transaktion entscheidet über die Antwort auf die Frage, ob es um die Nutzung von Insiderinformation oder unabhängige Entscheidungen eines Privatsammlers handelt. Die Abfolge der Ereignisse wurde explizit von dem damaligen Direktor der Whitechapel Gallery Nicholas Serota bestätigt.[53] Auch durch Einflussnahme auf die Ausstellungspolitik eines Museums können Trustees ihren Sammlungsbeständen zu beachtlichen Wertsteigerungen verhelfen. 1982 organisierte die Tate Gallery ihre erste Julian-Schnabel-Ausstellung in Zusammenarbeit mit den *Patrons of New Art*. Deren Komitee gehörten nicht nur viele Sammler, der New Yorker Galerist Leo Castelli und nahezu alle Londoner Kunsthändler an, sondern auch Charles Saatchi. Ihm und seiner Frau gehörten neun der elf in der Tate Gallery ausgestellten Bilder.[54] Auch wenn Saatchi seine Positionen bei den *Patrons of New Art* und der Whitechapel Gallery längst geräumt hat, ist die Brisanz solcher Interessenverflechtungen nicht vom Tisch. So wurden 2004 für die Sammlung des MoMA Arbeiten von angesagten zeitgenössischen Malern wie Peter Doig und der Celebrity-Porträtistin Elisabeth Peyton erworben. Diese Kaufentscheidungen wurden von Trustees getragen, die selber Kunst sammeln und durch museale Präsenz den Wert ihrer eigenen Anschaffungen steigern.[55] Übt ein Museum in solchen Fällen noch seine Definitionsmacht aus? Oder ist seine Stimmabgabe nur noch ein Echo des Marktes?

Kippen und Kunst

MANÖVRIERMASSE

Auch im Zeitalter der Statistiken ist der Treffsicherheit von Prognosen kaum mehr zu trauen als im alten Rom dem Lesen in Vogelflug und Eingeweiden. Bis in die neunziger Jahre galten in den Medien saurer Regen und Atomkraft als die Hauptrisiken für die menschliche Gesundheit. Die unabwendbare Tatsache aber ist: Rauchen und Alkohol nehmen auf der Liste der Risikofaktoren in den Industrieländern Platz 1 und 3 ein.[56] Mit diesen kulturell akzeptierten Drogen werden Milliardenumsätze gemacht. Die in unterschiedlichem Gewand auftretenden, aber am Ende immer in barer Münze messbaren Folgekosten von Alkoholismus und Krebserkrankungen trägt die Gesellschaft. Was haben Kippen und Krebsrate mit Kunst zu tun? Was verbindet Schnaps mit dem Schönen, Wahren, Guten? Ausgerechnet ein Tabak- und ein Alkoholkonzern, Philip Morris – heute Altria – und Seagrams –

inzwischen an Diageo und Pernod Ricard verkauft – zählen zu den Pionieren des Kunstsponsoring und Corporate Art Collecting.

Kapitalerhöhungen stabilisieren ein Unternehmen, machen es unabhängiger von externen Geldgebern und sichern es gegen feindliche Übernahmen. Aber auch die Aufstockung des kulturellen Kapitals ist besonders für Firmen, die schädliche Produkte herstellen, ein Nutzen bringendes Investment. Philip Morris und Seagrams sind Paradebeispiele dafür, wie man sich trotz gesundheitsgefährdender Produkte ein einwandfreies Image verschaffen kann: indem man es mit dem hohen Prestige von Kunst und Kultur verbindet, dadurch finanzielle Abhängigkeiten schafft und politische Seilschaften knüpft, die dem Unternehmen die erforderliche Manövrierfähigkeit sichern. Dass es in Unternehmen um ökonomischen Profit geht, ist eine der banalen Wahrheiten des Wirtschaftslebens. Dass Kunst dabei ein Mittel zum Zweck ist, konnte man bereits 1982 den Worten von George Weisman, dem damaligen Vorstandsvorsitzenden von Philip Morris entnehmen: »Das fundamentale Interesse der Wirtschaft an der Kunst ist Eigeninteresse.«[57] Als der New Yorker Stadtrat 1994 ein Rauchverbot in öffentlichen Räumen einführen wollte, drohte Philip Morris seine Hauptverwaltung mitsamt zweitausend Mitarbeitern abzuziehen und die New Yorker Kunstwelt sich selbst zu überlassen, mit der Folge, dass Qualität und Quantität von Tanz, Theater, Musik und Kunstausstellungen nachlassen würden.[58] Wie die Kunsthistorikerin Chin-Tao Wu in ihrer Untersuchung zur Privatisierung der Kultur in den USA und Großbritannien darlegt, wurden die Museen mobilisiert, um vordergründig im eigenen Interesse, letztlich aber im Interesse des Unternehmens Einfluss auf den Stadtrat zu nehmen.[59] Spätestens in diesem Moment mutiert der Mäzen zum Machiavellisten und kulturelles Kapital zu politischer Macht – auch wenn Philip Morris in diesem Fall den Kürzeren zog. Mittlerweile beherbergt Altria in seiner New Yorker Unternehmenszentrale einen Zweig des Whitney Museums und finanziert sämtliche seiner Programme.[60]

Im Jahr 2006 zeigte die Schweizer Großbank UBS, einer der Hauptsponsoren der Tate Modern, dort sechs Monate lang Fotografien aus ihrer Sammlung. Die Bank nutzte das Museum als Bühne zur Selbstdarstellung und zur Aufwertung der eigenen Sammlung. Davon dürften auch jene vermögenden Privatkunden der UBS profitiert haben, die den Empfehlungen des UBS Art Banking gefolgt sind. Denn der fachkundige Rat, den Jean Christophe Amman ihnen in Sachen Kunstkauf erteilt, beeinflusst über seine Funktion im Advisory Board auch die Ankaufentscheidungen der UBS-Kunstsammlung.[61] Amman, der 1995 als Leiter des Frankfurter Museums für Moderne Kunst die Fassade des Museums an einen Sponsor vermietete und in der FAZ verkündete, »wir möchten Teil der Philosophie eines Unternehmens werden«, hat dies erreicht. Die Tate Modern scheint Teil der Philosophie der UBS geworden zu sein.

2004 schloss das Amsterdamer Stedelijk Museum einen fünfjährigen Sponsorenvertrag mit ABN Amro. Die niederländische Großbank erhielt unter anderem das Recht, aus der Kollektion des Museums Bilder zu kommerziellen Zwecken einzusetzen und alle Pressetexte zu verfassen, mit der das Museum über gemeinsame Ausstellungen berichtet. Zwei Jahre später wurde das Museum in eine private Stiftung umgewandelt. Die Sammlung und das Gebäude blieben im Besitz der Stadt Amsterdam, die zwar noch als Geldgeber in Erscheinung tritt, aber ihr Recht auf Einsicht in Sponsorenverträge verloren hat.[62] Die Leitung übernahm die Stedelijk Museum Foundation. Der Vorsitzende des Aufsichtsrates der Stiftung ist Rijkman Groenink, Vorstand von ABN Amro.

Kunst ist ein umkämpftes Territorium, in dem nicht nur persönliche Vorlieben, soziale Statusfragen und finanzielle Interessen aufeinanderprallen. Kunst ist ein Politikum. Denn in der Kunst geht es immer um die gleichen Fragen: Wer finanziert

Kunst? Wer definiert Kunst? Wer profitiert von Kunst? Dies sind Machtfragen. Und so war Kunst oft der Schafspelz, in den sich das Wolfsrudel der Mächtigen gehüllt hat. Im Laufe ihrer Geschichte ist Kunst immer wieder als Mittel zur Durchsetzung kunstfremder Interessen eingesetzt worden: zur Propagierung des rechten Glaubens, zur Durchsetzung politischer Ideologien, zur Realisierung wirtschaftlicher Interessen. Auch die heutigen vielfach kaum wahrgenommenen Machtverschiebungen innerhalb des Einflusssystems der Kunstbewertung sind politisch, weil sie Machtverschiebungen innerhalb der Gesellschaft abbilden. So hat auch die in den vergangenen Jahrzehnten stattgefundene Verlagerung von der öffentlichen zur privaten Förderung von Kunst, vom künstlerischen Inhalt zum kommerziellen Zweck eine politische Dimension. In Deutschland passierte sie spätestens in dem Moment die Wahrnehmungsschwelle, als private Sammler anfingen, den öffentlichen Raum und öffentliche Gelder für die Lagerung, Erhaltung, Präsentation und Wertsteigerung ihrer privaten Kunstschätze in Anspruch zu nehmen.

Von Wölfen und Schafen

MARKT IM MUSEUM

In Deutschland gibt es über 6000 Museen, davon rund 600 für Kunst – so viele wie in keinem anderen Land der Erde. Auch hier beginnen die engen Verbindungen von Museen und mächtigen Sammlern zunehmend problematisch auszusehen. Auf den Gründungsboom in den achtziger und neunziger Jahren folgte die Finanzkrise. Die öffentliche Hand, in Deutschland traditionell für die Finanzierung von Museen zuständig, hielt sich sparsam zurück und die Geldquellen versiegten. Zugleich sorgten kapitalkräftige Sammler für einen Boom auf dem internationalen Kunstmarkt. Aufgrund steigender Preise und sinkender Ankaufsetats wurden öffentliche Museen von privaten Sammlern aus dem Markt gedrängt. Doch der Bilbao-Effekt, der aus einem Provinznest eine Kulturstadt macht, stellte sich nicht von alleine ein. Um als glaubhaftes Symbol von Modernität und kultureller Attraktion zu gelten, musste das Museum mit Gegenwartskunst gefüllt werden. Die vom Markt vorgegebene Erfolgsformel lautete: Junge Kunst statt alte Meister. Zahlreiche Museen folgten dem Sog des Hype und ergaben sich dem Rausch der Gegenwart. Öffentliche Museen luden private Sammler in ihre Häuser, um sie mit deren Leihgaben zu füllen. Aus der freundlichen Einladung wurde für einige Museen bald so etwas wie eine feindliche Übernahme durch gewiefte private Investoren, die dem Museum seine Definitionsmacht in kleiner Münze abkauften, um damit auf dem Markt satte Gewinne zu erwirtschaften.

Der Immobilientycoon Dieter Bock hatte dem damaligen Direktor des Museums für Moderne Kunst in Frankfurt, Jean Christophe Amman, einen Millionenbetrag für den Ankauf von Kunstwerken in die Hand gedrückt. Der Haken an der Sache war, dass sie nur als Leihgaben im Hause verbleiben sollten. Der Sammler nutzte das öffentlich finanzierte Museum auf diese Weise für den Aufbau, die Erhaltung, die Präsentation seiner privaten Kollektion. Dann zog er einen Teil der Werke aus dem Museum ab und verkaufte sie gewinnbringend auf dem Auktionsmarkt. Der Unternehmer Hans Grothe soll nach Aussage einiger Künstler mit dem Hinweis auf seinen bis zum Jahr 2025 laufenden Leihvertrag mit der Stadt Bonn etliche ihrer Werke zu Sonderkonditionen erhalten haben.[63] Dann zog er 45 der 700 Bilder aus dem Kunstmuseum, das ihnen durch seine kulturellen Weihen zu kommerzieller Wertsteigerung verholfen hatte, zwecks Gewinnmitnahme ab.

So ist das Machtgefälle zwischen Sammlern und Museen auch in Deutschland nicht ohne Folgen geblieben. Während amerikanische oder französische Museen auf Schenkungen oder

Stiftungen bestehen, haben einige deutsche Museen schwerreichen Sammlern den roten Teppich ausgerollt und ihnen den Aufbau, die Präsentation, die Erhaltung und die Wertsteigerung ihrer Kollektionen auf Kosten der Steuerzahler ermöglicht. Wenn aber Leihgeber das öffentliche Museum zum Instrument ihrer privaten Interessen machen, werden nicht nur öffentliche Gelder missbraucht. Damit werden auch Glaubwürdigkeit und Definitionsmacht des Museums infrage gestellt und seine Funktion als kritisches Korrektiv zum Markt und als krönende Instanz der Kunst beschädigt.

Wenn es um die Positionierung von Künstlern und die Aufwertung von Kunstwerken geht, ziehen Sammler und Händler an einem Strang. Auch Händlern ist die Schwäche des Museums nicht verborgen geblieben. Einige nutzen die Gunst der Stunde und das verbliebene Renommee des Museums zur Vermarktung ihrer Künstler. Früher galt der Blick auf das Schild neben dem Kunstwerk dem Künstlernamen. Heute ist der Name des Leihgebers aussagekräftiger. Denn er klärt über die wirtschaftlichen Interessen auf, die zu der Ausstellung geführt haben. So konnte der Besucher der Tate Modern feststellen, dass die zwischen Oktober 2003 und Januar 2004 unter dem Titel ›History of Everything‹ gezeigten neueren Bilder Sigmar Polkes zu einem großen Teil aus der Kölner Galerie Michael Werner stammten, die ihnen damit in London ein hochkarätiges Forum verschaffte.[64] Die Ausstellung von Paul McCarthy im Münchner Haus der Kunst 2005 wurde maßgeblich von dessen Galerie Hauser & Wirth getragen, deren Kunden im eigens gecharterten Privatjet eingeflogen wurden.[65] Der amerikanische Künstler Mike Kelley lieferte dem Pariser Louvre 2006 für deren Ausstellung »Les artistes américains et le Louvre« eine Videoinstallation. Die Finanzierung stellten laut Website des Museums sein Sammler und sein Händler bereit – die Eli Broad Foundation und die Gagosian Gallery.[66] Am konsequentesten hat bislang der Pariser Galerist Emmanuel Perrotin diese Entwicklung zu Ende gedacht. Er hat dem Museum für zeitgenössische Kunst in Lyon eine fertige Ausstellung der von ihm vertretenen japanischen Künstler Chiho Aoshima, Aya Takano und Mr., Zöglinge des ebenfalls vom ihm vertretenen *Superflat*-Künstlers Takashi Murakami, samt Teilfinanzierung frei Haus geliefert und das Museum zum Showroom seiner Galerie gemacht.[67] Auf der Website der Museumsausstellung findet sich ein Link zu seiner Galerie. Das Museum drückte der ausgestellten Flachware sein Gütesiegel auf: *Museumsqualität.* Vermitteln solche Museen noch eine eigenständige Sicht der Kunst, oder ist diese bereits unentwirrbar mit den Zielen vermögender Privatsammler, einflussreicher Kunsthändler und multinationaler Konzerne verwoben?

Echte Mäzene leihen nicht, sie schenken. Doch privater Reichtum und privater Kunstbesitz dienen immer weniger der Unterstützung der öffentlichen Museen. Lieber investieren die neuen Medici ihre Gelder in eine eigene Sammlung und bringen diese steuerbegünstigt in eine Stiftung ein, die ihren Namen trägt. Der Stiftungsboom zeigt, dass Geld in Hülle und Fülle vorhanden ist. Doch der private Goldregen bleibt für die meisten Museen aus. Sie sitzen auf dem Trockenen und warten vergebens auf die rettende öffentliche Hand. Denn das private Engagement hat dem Staat den willkommenen Vorwand geliefert, sich aus der Finanzierung von Kunst und Kultur weiter zurückzuziehen. So geht die Liquidierung des Museums vielerorts weiter. Die Praxis amerikanischer Museen, durch den Verkauf von Kunstwerken ihre Finanzlage zu sanieren, macht auch in Deutschland Schule.[68] Museale Kunstsammlungen, einst als kulturelles Gedächtnis der bürgerlichen Gesellschaft unveräußerlich, drohen zu verfügbarer Vermögensmasse zu werden. Der Ausverkauf hat begonnen, das Museum verkauft seine Bestände. Es befreit sich vom Ballast seiner Vergangenheit und streckt die Waffen vor der Allgegenwart des Marktes.

Diese Entwicklung wirft die Frage auf, ob Kunst in einer demokratischen Gesellschaft allein von den Vorlieben, den Interessen und der Mentalität einer kleinen Klasse abhängig sein darf, die mit ihrer Kaufkraft die öffentlichen Institutionen in den Schatten stellt. Ob am Ende eine Privatisierung der Kunst droht, hängt nicht zuletzt davon ab, ob es gelingt, das Kräfteparallelogramm der Kunstwelt, in dem das Museum als Korrektiv zu dem von kommerziellen Interessen getriebenen Markt einen unverzichtbaren Platz einnimmt, wieder ins Gleichgewicht zu bringen. Besinnt sich das öffentliche Museum auf seinen Auftrag des Sammelns, Bewahrens, Erforschens, Ausstellens und Vermittelns? Gelingt es ihm, seinen Kompass wieder an Kunst und Publikum auszurichten, statt sein Fähnchen nach dem Wind von Leihgebern und Markt zu drehen? Wirft es das Gewicht seiner Expertise und seines Bestandes in die Waagschale? Entwickelt es eine Position und ein Profil? Erobert es seine im Partytrubel des Hype verloren gegangene Aura zurück? Bekennt sich die Kulturpolitik zu dem demokratischen Auftrag des öffentlichen Museums und sichert seine Unabhängigkeit durch eine angemessene Finanzierung? Wenn sich das öffentliche Museum von privater Vereinnahmung befreit, kann es dazu beitragen, das Gleichgewicht zwischen Kunst und Markt wieder ins Lot zu bringen. Wenn nicht, kann es sein, dass ein abstürzender Hype auch zweihundert Jahre Museumskultur mit in den Abgrund reißt.

KAPITEL

3

DER HÄNDLER

PROMOTER UND PARASITEN

Le marchand – voilà l'ennemi !
Der Händler – der Feind!
Picasso an Léonce Rosenberg

Tu sera le créateur, moi l'action!
Du wirst der Schöpfer sein, ich die Aktion!
Paul Rosenberg an Picasso

My job is to make art expensive.
Tobias Meyer, Auktionator

Vom Bildermakler zum Kunstexperten

DER AUFSTIEG DES HÄNDLERS

Der Wert eines Kunstwerks wird in einer kapitalistischen Gesellschaft erst anerkannt, wenn seine Konvertierbarkeit in Geld gewährleistet ist. Hier kommen Galeristen und Kunsthändler ins Spiel. Sie verwandeln Kunst in Geld. Sie beeinflussen den Mechanismus des Begehrens, der den Kunstmarkt in Bewegung hält.

Sie rekrutieren Künstler und bringen sie ins Rennen, sie stimulieren die Nachfrage der Sammler und kontrollieren das Angebot. Die Wetten, die sie auf die Pferde ihres Rennstalls abschließen, werden abgesichert durch ein Netzwerk von Promotern – von verbundenen Galerien, Kuratoren und Kritikern. Was auf den ersten Blick wie Roulette erscheint, in dem man auf Zahlen setzt, entpuppt sich bei näherem Hinsehen als kalkuliertes Risiko, gepaart mit Urteilskraft (Auge), Instinkt für den Zeitgeist (Nase) und einem Netzwerk von Allianzen (Einfluss).

Ein kurzer Rückblick in die Geschichte zeigt, wie der Händler zur Schlüsselfigur des Kunstmarkts wurde. Der erste Kunstboom fand im goldenen Zeitalter der Niederlande statt. Im siebzehnten Jahrhundert waren die Niederlande nicht nur Handelsnation und Weltmacht geworden, sondern auch eine gigantische Kunstwerkstatt. Nach dem Rückzug der spanischen Besatzer erwachte die Konsumlust der reich gewordenen Bürger und verlangte nach sichtbarer Materialisierung. Neben Luxuswaren brachten die heimischen Werkstätten auch Kunstwerke im Überfluss hervor. Jährlich gelangten 70 000 Bilder auf den Markt.[1] Inventarlisten von Haushalten mit einem Gesamtwert unter 1000 Gulden dokumentieren, dass der Besitz von Gemälden auch bald zum Lebensstil der weniger wohlhabenden Schichten gehörte. Die steigende Nachfrage ließ das Angebot anschwellen. Doch die Bilderflut trug nicht nur Könner wie Rembrandt oder Salomon van Ruysdael nach oben. Sie spülte auch mindere Talente empor und schwemmte das Treibgut ihrer Produkte in die Hände kaufbereiter Bürger. Mit der zunehmenden Unsicherheit über die Qualität der auf den Markt gelangten Gemälde wurden kundige Händler zu Garanten für die Käufer.

Eine weitere Veränderung dieser Zeit trug zum wachsenden Einfluss des Händlers bei. Die Gilden, in denen Künstler und Händler organisiert waren, gingen davon aus, dass die Nachfrage nach Kunstwerken eine fixe Größe war, an die das Angebot angepasst werden musste, um die Preise stabil zu halten. Sie waren erklärte Gegner öffentlicher Verkäufe, die aus ihrer Sicht zu einem unkontrollierbaren Überangebot an Kunstwerken und sinkenden Preisen führen würden. Eine Gruppe von Künstlern um den Landschaftsmaler van Ruysdael in Haarlem bestand indes auf öffentlichen Verkäufen. Sie argumentierten, diese würden das Interesse für Kunst wecken und die Nachfrage nach Gemälden stimulieren. 1664 erteilte der Haarlemer Bürgermeister ihnen die Erlaubnis dazu.[2] Die Nachfrage nach Kunstwerken wandelte sich von einem fixen Posten zu einer beeinflussbaren Größe. Ihre Stimulation entwickelte sich zu einer Verkaufstechnik, die dem bis dahin von den Gilden kontrollierten Marktgeschehen eine unvorhersehbare Dynamik verlieh. Als Motor händlerischer Aktivitäten trieb sie in den folgenden Jahrhunderten die Entwicklung des Kunstmarktes voran. Damit begann der Aufstieg des Händlers zu seiner bis heute anhaltenden Bedeutung.

Kunsthändler propagierten Kunstrichtungen, beeinflussten den Geschmack und prägten das Kaufverhalten von Sammlern auch gegen eingeführte Standards. Im achtzehnten Jahrhundert leiteten Händler in Frankreich die Abkehr von italienischer Historienmalerei ein. Während die Académie Royale diese als Maßstab für hohe Kunst inthronisiert hatte und Künstler ihre Fähigkeiten an Arrangement und Komposition der Werke der großen Historienmaler messen lassen mussten, weckten Händler das Interesse reicher Sammler an nordeuropäischen Genrebildern. Diese fanden zunehmend Gefallen daran. Cleveres Marketing der Händler beschleunigte den Wandel. Die Folge: Um 1770 waren niederländische Gemälde die teuersten Werke auf dem Markt, und die Preise für die Werke Watteaus, einem künstlerischen Outcast, der nicht zur Akademie zugelassen worden war und nunmehr mit dem von ihm geschaffenen Genre der »Fête galante« reüssierte, waren massiv gestiegen. Die Abwendung von akademischer Schönheit hin zu künstlerischer Authentizität führte dazu, dass es nun vor allem um die Zuschreibung des Bildes ging. Die Fähigkeit des Händlers, die Hand des Meisters zu identifizieren, wurde entscheidend, und als Sammler anfingen, »Namen zu kaufen statt Werke«, wie ein Kunsthändler 1764 bemerkte,[3] war der Wandel zum modernen Kunstmarkt vollzogen.

Ein weiterer Meilenstein auf dem Weg des Händlers vom Bilderverkäufer zum Marketmaker war ein Jahrhundert später der Erfolg der Impressionisten. Er war das Ergebnis der Anstrengungen von Galeristen und Händlern gegen die Standards der Akademie und die Stimmen der Kritiker gewesen. Damit war klar geworden, dass weder akademische Maßstäbe, die von nun an der Vergangenheit angehörten, noch einflussreiche Kritiker den Erfolg neuer Kunstrichtungen verhindern konnten. Da sich viele Kritiker in ihrer Bewertung des Impressionismus geirrt hatten, welche Autorität konnte man ihnen noch zusprechen? Vor allem jene, die der neuen Kunst kritisch gegenüberstanden, wurden in Frage gestellt. Ein sicherer Weg, seinen Status als Kritiker zu behalten, war, alles Neue mit offenen Armen willkommen zu heißen. Mit der Auflösung verbindlicher Wertmaßstäbe in der Kunst – historisch das Ergebnis eines Jahrhunderte dauernden Befreiungsprozesses – war Kunstkritik nicht mehr ein mehr oder weniger fundiertes Werturteil, sondern eine mehr oder weniger riskante Wette gegen die Anstrengungen von Galeristen und Händlern, einer Kunstrichtung im Doppelpass mit verbundenen Kuratoren, Kritikern und Sammlern zum Erfolg zu verhelfen. Aus dem Kampf um die Definition von Kunst waren Galerist und Händler als Sieger hervorgegangen. Die Antwort auf die Frage nach der Qualität lag nun mehr als je zuvor in ihren Händen. Galeristen und Händler waren durch ihre organisierte Vermarktung von Kunstwerken zu den Managern von Künstlerkarrieren und den Machern des Kunstmarkts geworden.

Auch heute lautet die Devise der meisten Sammler: Nicht ohne meinen Galeristen. Wenige Sammler gehen in der freien

Wildbahn auf die Pirsch und spüren ihre Beute alleine auf. Der Jagdinstinkt der meisten beschränkt sich darauf, sich die begehrten Trophäen vor die Flinte treiben zu lassen. Hinter der Begegnung eines Sammlers mit einem Künstler und seinem Werk steht in der Regel die harte Vorarbeit eines Galeristen. Er sondiert das Terrain, beobachtet die ersten Schritte junger Künstler, vergleicht und wählt aus. Er ist nach dem Künstler der eigentliche Investor des Kunstmarkts. Er ist derjenige, der Energie, Zeit und Geld in den Aufbau von Künstlerkarrieren investiert. Der Galerist ist ein Vorkämpfer für Visionen, die er mit jenen Künstlern teilt, die er in sein Galerieprogramm aufgenommen hat. Darin unterscheidet er sich auch vom Kunsthändler, der sich damit begnügt, mit Kunstwerken zu handeln oder etablierte Künstler von seinen Rivalen abzuwerben. Zu dem Typus des visionären Kunsthändlers zählen legendäre Figuren wie Paul Durand-Ruel, der Geburtshelfer des Impressionismus, Daniel-Henry Kahnweiler, der Wegbereiter des Kubismus, oder Leo Castelli, der Promoter der Pop Art. »Jeder kann einen Künstler entdecken«, sagte Castelli, »aber aus ihm das zu machen, was er ist, ihm Bedeutung zu verschaffen, das ist wirklich Entdeckung.«[4] Von den ins Rennen geschickten Pferden erreichen nur wenige das Ziel. Die Berliner Galerie Nothelfer hat in vierzig Jahren zweihundert Künstler, davon einhundertzwanzig Neuentdeckungen ausgestellt. Nicht mehr als acht dieser Künstler haben sich im Kunstmarkt dauerhaft etablieren können.[5] Pioniergeist und Risikobereitschaft, oft dem Sammler zugeschrieben, sind Kernkompetenzen des Galeristen. So erstaunt es nicht, dass sich viele Sammlungen lesen wie das Programm der Galerien, bei denen sie gekauft wurden. Deutlicher als die Spuren der Familiengeschichte trägt die Sammlung Flick die Handschrift der Galerie Hauser und Wirth. Andere Sammlungen entwickeln sich im fortlaufenden Austausch mit zahlreichen Galerien. Ingvild Goetz hat im Laufe ihrer Sammlerkarriere die Expertise von mehr als sechzig Galeristen und Kunsthändlern in Anspruch genommen. Wie groß der Einfluss des Handels auf Geschmack und Kaufverhalten ist, bestätigt eine Untersuchung über das Informationsverhalten von Sammlern. 70 Prozent der Sammler beschaffen sich ihre Informationen bei Galerien. Mit großem Abstand folgen Kontakte zu Künstlern (50 Prozent), Zeitungen (> 40 Prozent), Kunstzeitschriften (40 Prozent), Fernsehen und Radio (5 Prozent) und Internet (2 Prozent).[6]

Alte Kunst und neues Geld

JOSEPH DUVEEN

Der Händler ist die schillerndste Figur des Kunstmarkts. Als Doppelwesen, das sowohl in der Welt der Kunst als auch in der des Marktes operiert, muss er die Spielregeln beider Systeme beherrschen, um erfolgreich zu sein. Er muss die Regeln der Kunst genauso beherrschen wie die des Marktes. Gustave Flaubert porträtiert in seinem Roman ›Die Erziehung des Herzens‹ die Figur des Kunsthändlers Arnoux. Als Vermittler zwischen zwei Welten operiert Arnoux sowohl in der Welt der Kunst als auch in der des Marktes. Da er die Spielregeln beider Systeme beherrscht, vermag er die beiden gegensätzlichen Logiken der Kunst, in der allein symbolische Gewinne zählen, und der des Geschäfts, in dem es um materielle Gewinne geht, zusammenzuführen. Arnoux überlässt den Künstlern den symbolischen Gewinn – den Ruhm –, während er sich den materiellen Profit vorbehält – das Geld.[7] Die Haltung zu dem offenkundigen Doppelspiel ist statusabhängig. Der kleine Galerist, der noch um Anerkennung kämpft, entschuldigt sich dafür, dass er mit Kunst auch Geld verdienen muss. Der erfolgreiche Händler scherzt dagegen über Geld und Preise und zeigt sich damit als souveräner Aristokrat, der mit dem Spiel der doppelten Standards bestens vertraut ist.[8]

Eine solch schillernde Figur war der amerikanische Kunsthändler Joseph Duveen, der Ende des neunzehnten Jahrhunderts vollbrachte, was bis dahin nur Kriege vermocht hatten – er leitete die größte Migration von Kunstwerken in der Geschichte ein. Von 1880 bis zum Wall-Street-Crash von 1929 wurden alte Meister, antike Möbel, mittelalterliche Reliquiare, seltene Manuskripte, chinesisches Porzellan, Silber, Uhren, Teppiche, Münzen in nie da gewesenem Umfang von Europa in die USA verschifft. Die Ursachen dieser Migration sind bekannt. Im späten neunzehnten Jahrhundert kollabierten in Europa die Einnahmen aus der Landwirtschaft, als billige Getreideimporte aus den USA die Preise zum Absturz brachten. Der europäische Adel, der nicht nur Land, sondern auch Kunstschätze besaß, war von wachsenden Schulden und Insolvenz bedroht. Zeitgleich war in Amerika eine neue Klasse von Industriellen und Unternehmern zu unermesslichem Reichtum aufgestiegen, vom Zeitungsmagnaten William Randolph Hearst bis zum Stahlbaron John Pierpont Morgan. Joseph Duveen, der als 17-Jähriger aus London nach New York gekommen war, um in der Kunsthandlung seines Onkels Henry Duveen zu arbeiten, brauchte nicht lange, um beide Faktoren auf einen Nenner zu bringen. »In Europa gibt es viele kostbare Bilder und in Amerika viele reiche Leute. Man muss beide zusammenbringen. Das ist der ganze Witz.« Duveens Selbstbewusstsein und sein Enthusiasmus führten dazu, dass sich die Eisenbahn-, Stahl-, Öl- und Automobilbarone von ihm mit dem Virus der Kunstpassion infizieren ließen und kauften. Duveens ausgeprägter Sinn für Geld und sein ökonomischer Umgang mit der Wahrheit bewirkten, dass sie für das, was sie erstanden, teuer bezahlten. Duveen ging dazu über, komplette Sammlungen aufzukaufen, so dass niemand den Einkaufspreis des Einzelstücks ermitteln konnte. Auf Auktionen ersteigerte er Kunstwerke zu Rekordpreisen, wohl wissend, dass die Presse von den hohen Zuschlägen berichtete und damit seine Lagerbestände in höhere

Preisregionen katapultierte. Randolph Hearst begann als Erster, unter seiner Anleitung Kunst zu kaufen. Auf dem Höhepunkt seiner Sammelleidenschaft gab er 5 Millionen Dollar pro Jahr für Kunst aus. Samuel Kress häufte eine Sammlung von 3210 Kunstwerken an. Als J. P. Morgan 1913 starb, wurde seine Kunstsammlung auf 60 Millionen Dollar geschätzt.[9] Doch die kleine Gruppe schwerreicher Männer, die Duveen zu berühmten Sammlern gemacht hatte, war nur die sichtbare Spitze des Eisbergs. Die Faszination der Kulturschätze Europas hatte auch die breitere Schicht der wohlhabenden Amerikaner erfasst und führte zu einem dramatischen Anstieg der Nachfrage. Die Preise für nahezu jede Kategorie von europäischer Kunst und Antiquität stiegen, egal, ob es sich um alte Meister, italienische Keramik oder französische Möbel handelte, und der Abfluss von Kunstwerken und Kunsthandwerk aus Europa versiegte erst 1929 mit dem Wall-Street-Crash. Nach Schätzungen sind drei Viertel aller Altmeistergemälde in US-amerikanischen Museen durch die Hände Duveens gegangen.[10]

Total global

GELDSTRÖME UND NETZWERKE

Der Zugriff auf Geldquellen ist bis heute eine der strukturellen Voraussetzungen für erfolgreiche Kunstvermarktung. Die goldene Nabelschnur, die Kunst mit Geld verbindet, findet sich nicht nur bei so genannten großen Sammlern, von denen die meisten aus großen Vermögen schöpfen. Viele der Platzhirsche in der Galerien- und Händlerszene können nur deshalb langfristig agieren, Positionen aufbauen und Nachfrage schaffen, weil sie auf Geldreserven zurückgreifen können. Joseph Duveen, der die amerikanischen Eisenbahnbarone mit europäischer Renaissancekunst versorgte, baute auf dem hochprofitablen Kunsthandel seiner Familie auf, den Hoflieferanten des englischen Königshauses, und verfügte über persönliche Verbindungen zu Finanziers und Banken. Wie Meryle Secrest nachweist, war seine Finanzmacht ein Schlüssel zu seinem Erfolg.[11] Kein anderer Händler hatte eine Vereinbarung mit einer Bank, die ihm Überziehungskredite bis zu 6 Millionen Dollar garantierte. Keiner hatte einen besseren Zugang zur Familie Morgan und ihren Geldreserven. Dank eines rechtzeitigen Darlehens eines Konsortiums von Bankern war Duveen auch in der Lage, eine Strafe des US-Zolls in Höhe von 1,2 Millionen Dollar wegen der Umgehung von Importzöllen ohne Liquiditätsprobleme zu begleichen – eine Situation, die jeden anderen Kunsthändler in den Bankrott getrieben hätte.[12] Duveen nahm vorweg, was die – von der Öffentlichkeit gern übersehene – Praxis der großen Auktionshäuser war. Als Vermittler zwischen Banken und Klienten offerierte er Letzteren bereitwillig langfristige Kredite, damit sie die hohen Preise, die er verlangte, auch bezahlen konnten. Er schrieb: »We have no other course but to make dates of payment for periods with our clients, and then keep milking them, otherwise the game cannot be carried out.«

Finanzielle Ressourcen spielten auch bei einer anderen Erfolgsgeschichte des zwanzigsten Jahrhunderts eine bedeutende Rolle: der Positionierung Picassos im Top-Segment des Kunstmarkts. Die beiden Händler, die Picassos Karriere das entscheidende Momentum verleihen sollten, waren Paul Rosenberg und Georges Wildenstein. Über die Grenzen Frankreichs hinaus galten sie als die bedeutendsten Kunsthändler. Rosenberg war auf die Kunst des neunzehnten Jahrhunderts spezialisiert, Wildenstein auf alte Meister. Sie führten zwar getrennte Galerien, kooperierten aber in den Finanzen. Nicht nur, dass sie Picasso die Möglichkeit eröffneten, sein Werk in einem kunsthistorischen Zusammenhang zu präsentieren, der es mit der französischen Tradition des siebzehnten, achtzehnten und neunzehnten Jahrhunderts verband. Mit ihren enormen finanziellen Ressourcen und ihren sozialen Kontakten übertrafen sie auch alles, was Daniel-Henry Kahnweiler ihm hatte offerieren können.[13] Beide waren überzeugt davon, dass ihre Kunden Picasso zu einem Erfolg machen würden, und teilten den Picasso-Markt unter sich auf. Wildenstein übernahm die Repräsentanz für Amerika, Rosenberg die für Europa.

Ob neben kulturellem Kapital auch finanzielle Ressourcen zum Startkapital eines Kunsthändlers dazugehören oder erst mühsam erworben werden müssen, entscheidet die familiäre Herkunft. Viele bedeutende Kunsthändler von Paul Cassirer über Kahnweiler bis zu Ileana Sonnabend und Leo Castelli stammten aus wohlhabenden bis schwerreichen Familien, in denen der Umgang mit Kunst ebenso selbstverständlich war wie der mit Geld und die Aussicht auf ein Erbe. Ausnahmen wie Paul Durand-Ruel und Julien Tanguy, die aus dem kleinbürgerlichen und proletarischen Milieu kamen, bestätigen diese bis heute gültige Regel.[14] Der Züricher Galerist Iwan Wirth hat innerhalb eines Jahrzehnts eine global aufgestellte Galerie aufgebaut. Über seine Teilhaberin Ursula Hauser, Erbin eines der großen Vermögen in der Schweiz, besitzt Hauser & Wirth einen nahezu unerschöpflichen Kapitalstock, der durch die familiären Bande, die er mit der Heirat zu deren Tochter Manuela geknüpft hat, bis auf weiteres gesichert scheint. Die Galerie betreut mit dem deutschen Sammler Flick einen der Hechte im Karpfenteich der Sammlerszene und fischt zudem in den stillen Gewässern der LTG Bank in Liechtenstein[15], die ihren kapitalkräftigen Kunden im Rahmen ihrer umfassenden Verwaltung großer Privatvermögen, zu denen auch die Fine Arts Services der LTG Schweizerische Treuhandgesellschaft gehören, ihre Hausgalerie Hauser & Wirth ans Herz legen.

Geld spielt immer eine Rolle, wenn es darum geht, vielversprechende Künstler von Konkurrenten abzuwerben. Wenige Künstler widerstehen dem Lockruf des Geldes: der Finanzierung von Projekten, der Bezahlung von Assistenten, der Zusage von Verkaufsgarantien. Als der Neo-Geo-Künstler Peter Halley 1992 von der New Yorker Galeristin Ileana Sonnabend zu Larry Gagosian wechselte, bestritten Händler und Künstler zwar, dass der Wechsel aufgrund einer Zahlung von 2 Millionen Dollar erfolgt war. Unbestritten blieb indes, dass Gagosian das monatliche Fixum von 40 000 Dollar, das Halley von Sonnabend erhalten hatte, überboten hatte.[16] Iwan Wirth lockte die schweizerische Videokünstlerin Pipilotti Rist mit einem Assistenten von der kleineren Galerie Stampa in sein Großreich. Und unlängst versuchte Larry Gagosian den japanischen Pop-Künstler Takashi Murakami mit der Aussicht auf eine Filmproduktion von seiner langjährigen Galeristin Marianne Boesky abzuziehen.[17] Keine Frage, dass große Galerien mehr Cash für Kunst bereitstellen können. Der Kunsthändler Gagosian bedient amerikanische Milliardäre wie Eli Broad und Steven Cohen mit Gegenwartskunst und verfügt damit über Schürfrechte an Goldvorkommen, die dazu beitragen, dass sein geschätzter Jahresumsatz 250 Millionen Dollar übersteigt.[18]

Das Fell des Bären

SPEKULATION

Spekulation mit Kunst gehört zum Repertoire des Kunsthandels. Jeder Galerist, der einen Künstler ins Rennen schickt, schließt eine Wette auf dessen künftigen Erfolg ab. Bereits Ende des neunzehnten Jahrhunderts baute der Kunsthändler Ambroise Vollard ein Depot mit den Gemälden seiner Künstler auf. Sein Ziel war, die Werke so lange zu halten, bis er sie mit Gewinn verkaufen konnte. Daniel-Henry Kahnweiler folgte seinem Beispiel. Um seinem Investment zum Erfolg zu verhelfen, verfolgte er eine Strategie des langen Atems und zielte statt auf kurzfristige Gewinnmitnahmen auf langfristige Wertsteigerung. Er konzentrierte sich auf solche Aktivitäten, die den Ruf seiner Künstler und den Marktwert ihrer Werke steigerte. So organisierte er nur wenige Verkaufsausstellungen in Frankreich und ermutigte stattdessen Kritiker und andere Händler, den Ruf seiner Künstler zu verbreiten.

Auch Kunstspekulanten gibt es nicht erst seit den achtziger Jahren des zwanzigsten Jahrhunderts. Bereits 1675 schrieb Madame de Sévigné an Madame de Grignan, dass Gemälde »comme de l'or en barre«, wie Goldbarren seien und jederzeit für das Doppelte ihres Einkaufspreises verkauft werden könnten. Dieser Rat, dem alle Gierigen folgen, sollte drei Jahrhunderte später seine volle Wirkungskraft entfalten. Am Anfang der Avantgarde, die aus der Wechselwirkung von Kunst und Markt zum Erfolg geführt wurde, stand ein Zusammenschluss von Spekulanten. Die Gruppe um den jungen Geschäftsmann André Level bekannte sich offen zu ihrer spekulativen Absicht und gab ihrem 1904 gegründeten Konsortium den Namen »La Peau d'Ours«, das Fell des Bären. Wie die beiden Freunde aus La Fontaines Fabel, die einem Pelzhändler das Fell des Bären verkaufen, bevor sie ihn erlegt haben, schlossen sie eine Wette auf die Zukunft ab, indem sie Bilder von Künstlern erwarben, ehe diese Karriere gemacht hatten. Ihr Ziel, alle Kunstwerke innerhalb eines Jahrzehnts mit Profit zu liquidieren, formulierten sie in einem Vertrag. Sie kauften in großem Stil und trieben damit neben Kunstsammlern wie den Amerikanern Leo und Gertrude Stein und dem Russen Sergej Schtschukin die Entwicklung des aufkeimenden Handels mit Avantgarde-Kunst zu einem florierenden Markt voran. Die Spekulation der dreizehn jungen Männer ging auf. Am 2. März 1914 wurde ihre Sammlung von spätimpressionistischen, fauvistischen und kubistischen Bildern mit Werken von Gauguin, Matisse und Picasso im Hôtel Drouot in Paris mit phänomenalem Erfolg versteigert. Level und seine Partner beteiligten die Künstler mit 20 Prozent am Profit. Mehr als jedes Kritikerurteil wurde diese Auktion zum Signal für den Erfolg der Avantgarde-Kunst. Sie markierte jenen historischen Wendepunkt, an dem ästhetisches Urteil und pekuniäres Interesse zum Treibstoffgemisch für künstlerischen Erfolg wurde.

Die Schlussfolgerung aus dieser Entwicklung zog der Galerist Leo Castelli 1969 in einem Interview: »Je mehr Ausstellungen ein Künstler hat und je bekannter er wird, umso mehr wird er unter dem Blickwinkel des Investment betrachtet, das ist keine Frage. Wir alle werden vom Geld korrumpiert.«[19] Nur wenige Jahre später machte die Versteigerung der Sammlung seines Kunden Robert Scull, eines New Yorker Taxiunternehmers, auch für alle anderen offenbar, dass schwierige Avantgarde-Kunst nicht nur zu einer akzeptierten und konvertierbaren Währung geworden war, sondern zu einer veritablen Geldmaschine. Ein Jasper Johns, 1965 für 960 Dollar gekauft, erzielte 90 000 Dollar, ein Rauschenberg, 1958 für 900 Dollar erworben, erbrachte 85 000 Dollar. Das veränderte endgültig die Haltung von Sammlern zur Gegenwartskunst. Aus einem Markt für Kunst wurde ein Markt für Waren, mit denen gehandelt und spekuliert werden konnte wie mit Silber oder Schweinebäuchen an der Terminbörse. Auch wenn Robert Rauschenberg den Sammler in der Auktion beschimpfte, weil er die Künstler nicht mit einem Cent an seinen enormen Gewinnen teilhaben ließ, stiegen die Preise für seine Werke auch weiterhin und machten ihn zu einem reichen Mann. Im Nachhall auf den phänomenalen Erfolg der Scull-Auktion formierte sich aus den Verbindungen zwischen reichen amerikanischen Sammlern, die bei globalen Großgalerien und auf internationalen Auktionen kaufen, dem amerikanischen Steuerrecht, das großzügige Steuererlässe für Schenkungen an Museen gewährt, den Tastemakern und dem Museum of Modern Art in New York eine neue internationale Kunstwelt. Diese Kunstwelt ist es, die heute Kunstwerken ihren Wert verleiht.[20]

Die Welt als Kunstmarkt

GLOBALISIERUNG

Die Globalisierung ist das vorläufige Endergebnis des fünfhundertjährigen Prozesses der europäischen Welteroberung, der mit den Entdeckungsfahrten von Kolumbus begann. Auch wenn schon vor der europäischen Expansion Verbindungen zwischen geographisch weit voneinander entfernten Gesellschaften bestanden, machten es erst die heliozentrische Revolution und die moderne Geographie möglich, von einem Globus zu denken und zu sprechen. Die Intensität und der Umfang der weltweiten Kontakte haben seither unablässig zugenommen und zu wachsender kultureller Verflechtung und wirtschaftlicher Interdependenz geführt. Auch in der Kunst ist die Globalisierung kein neues Phänomen. Die Überschreitung nationaler Grenzen kennzeichnete bereits früh Produktion, Vermarktung und Konsum von Kunst. Die Ursachen dafür waren vielfältig. Schon im sechzehnten und siebzehnten Jahrhundert zog es die Künstler dorthin, wo sie Geld verdienen und Ruhm erwerben konnten. So gelangten die Geheimnisse der Ölmalerei aus den Niederlanden nach Italien und die Perspektive aus italienischen Werkstätten in die Ateliers nordeuropäischer Künstler. In den dreißiger Jahren des zwanzigsten Jahrhunderts waren es politische Gründe, die europäische Künstler dazu zwangen, in die USA zu emigrieren. Ihr Einfluss trug maßgeblich zur Entwicklung des abstrakten Expressionismus bei, mit dem die amerikanische Kunst erstmals internationale Bedeutung erlangte. In der Antike gelangten griechische Skulpturen als Kriegsbeute nach Rom und beeinflussten die Formensprache der dortigen Bildhauer. Im achtzehnten Jahrhundert brachten Händler nordeuropäische Genremalerei nach Frankreich und leiteten damit die Abkehr von akademischer Historienmalerei ein. Ende des neunzehnten Jahrhunderts importierten amerikanische Kunsthändler europäische Renaissancekunst nach Amerika, kultivierten damit den Kunstgeschmack und legten den Grundstock für die großen amerikanischen Museen.

Die internationale Positionierung und Vermarktung von Künstlern war stets das Ergebnis von händlerischen Allianzen. Vor allem von jüdischen Kunsthändlern, die eine kulturelle Tradition des Networking besitzen, wurde der Chancen steigernde und Kosten und Risiken senkende Effekt von internationalen Allianzen gewinnbringend genutzt. So begann Kahnweiler bereits 1910 damit, seine Verbindungen zu Kunsthändlern in Deutschland, in der Schweiz und in Osteuropa zielstrebig auszubauen. Er versorgte sie flächendeckend mit den Werken seiner Künstler, die bald zu regelmäßigen kulturellen Attraktionen in Städten wie Frankfurt, Köln, Breslau, Budapest und St. Petersburg wurden. Er kooperierte unter anderem mit dem Münchner Kunsthändler Heinrich Thannhauser, mit dem er 1913 die bis dahin mit 32 Arbeiten größte Picasso-Ausstellung organisierte.[21] Im selben Jahr zeigte Kahnweiler vier Arbeiten von Picasso auf der Armory Show in New York, der ersten großen Ausstellung moderner Kunst in Amerika. Den weiteren Ausbau seiner transatlantischen Kontakte machte der Erste Weltkrieg zunichte.

In einer globalisierten Kunstwelt wird Vermarktungserfolg mehr denn je zum Netzwerkphänomen. Wo Galerien bisher als Einzelkämpfer ihre Marktposition verteidigt haben, verbinden sie sich mit anderen zu Allianzen. Wo Händler bislang internationale Kooperationen eingegangen waren, schließen sie sich zu Großfirmen zusammen.[22] Viele von ihnen haben Niederlassungen in den Handelszentren des internationalen Kunstmarkts eröffnet. Die Galerie Gagosian unterhält zwei Galerien in New York, einen Schauraum in Beverly Hills und zwei in London. Die Zürcher Galerie Hauser & Wirth betreibt Filialen in London und New York, die Kölner Galerie Sprüth Magers hat Dependancen in München und London. Diese Global Player des Kunstmarkts sind mit viel Geld ausgestattete Unternehmen, die an strategisch gewählten Standorten bestimmte Künstlernamen positionieren, über Sekundärgalerien verbreiten und damit einen maßgeblichen Einfluss auf den Markt ausüben.

Die globale Vernetzung des Kunsthandels bleibt nicht ohne Folge für den Wettbewerb. Sie führt zu einer Konzentration der Nachfrage auf Künstler, die auf den globalen Marktplätzen der Kunst gehandelt werden. Dort erreichen nationale Künstlerstars eine internationale Klientel. Denn auch der Lebensstil der so genannten HNWIs, der High Net Worth Individuals, so der World Wealth Report 2006 der Unternehmensberatung Cap Gemini, globalisiert sich zunehmend. Die Folge ist, dass weltweit nicht mehr als dreißig bis vierzig Künstler eine Rolle spielen, die mit ihren Werken die Geschmacksvorlieben einer globalen Geldelite bedienen.[23]

Die Drehscheiben des Kunsthandels verlagern sich zunehmend von Europa in den angloamerikanischen und asiatischen Raum. Kunstmessen wie die in Miami, Peking und Seoul bedrohen die einstige Monopolstellung von Standorten wie Basel und Köln. Als globale Shopping Malls der Kunstwelt ziehen die Messen einen wachsenden Teil der Käufer und des Umsatzes an sich. Führende Galerien erwirtschaften nur noch einen Bruchteil ihres Umsatzes vor Ort. Das erklärt, warum Galeristen wie Hans Mayer in Düsseldorf oder Arndt & Partner in Berlin früher auf maximal vier, heute dagegen auf bis zu zwölf Messen ihre Zelte aufschlagen.[24] Weniger finanzstarke Galerien bieten ihre Ware auf Satellitenmessen an, die sich wie ein Spiralnebel um die Hauptgestirne der globalen Messegalaxie gelegt haben. Im Zeitalter der globalen Drehscheiben des Kunsthandels und des Internets, das die sekundenschnelle Zusendung von JPEGs, dem Grafik-Format zur Kompression, Speicherung und Versendung von Bildern, rund um den Globus erlaubt, wird die lokale Ladengalerie zum Auslaufmodell.

Die Folge: Während der internationale Kunstmarkt boomt,

schrumpfen nationale Märkte. So sind die Umsätze im Kunstmarkt in vielen Ländern Europas rückläufig: Zwischen 1998 und 2001 sanken die Umsätze in Frankreich um ca. 20 Prozent, in den Niederlanden um 45 Prozent, in Österreich um 45 Prozent, in Dänemark um 33 Prozent, in Belgien um 25 Prozent.[25] In Deutschland führte eine schwache Binnennachfrage zwischen 2003 und 2006 zu einem Umsatzrückgang von 23 Prozent.[26] Wie lässt sich das mit dem Run auf »Kraut Art«, die neue Leipziger Schule und die neue deutsche Fotografie, unter einen Hut bringen? Deutsche Kunst ist eben nicht im nationalen, sondern auf dem internationalen Markt erfolgreich. Martin Eder verkauft sich in Miami, nicht in Leipzig. Neben der wachsenden Bedeutung der globalen Umschlagplätze ist dafür die globale Nutzung des Internets als Informationsmedium verantwortlich. Seine Reichweite beschleunigt die internationale Positionierung von Großgalerien und treibt damit die Konzentration auf wenige Sieger und die Nachfrage nach deren Werken voran. Doch die global gehandelte Kunst macht bestenfalls 10 Prozent der Kunstproduktion aus. Die übrigen 90 Prozent befinden sich auf dem sinkenden Schiff einer nachlassenden Binnennachfrage.

Inseln des Reichtums

HEGEMONIE VON ORTEN

Kunst folgt Geld. Metropolen mit hohem Durchschnittseinkommen weisen deshalb eine hohe Dichte an Galerien auf. Die Konzentration auf die Inseln des Reichtums findet auch im globalen Maßstab statt. War Paris noch in der ersten Hälfte des zwanzigsten Jahrhunderts der Nabel der westlichen Kunstwelt, so wurde nach dem Zweiten Weltkrieg New York zur Welthauptstadt der Kunst. Viele der aus Europa geflohenen Künstler hatten sich dort niedergelassen und übten einen nachhaltigen Einfluss auf die

Entwicklung der amerikanischen Gegenwartskunst aus. Zudem erlebte Amerika in den anderthalb Jahrzehnten nach dem Zweiten Weltkrieg einen gewaltigen Wirtschaftsaufschwung, von dem nicht nur die Unter- und Mittelschicht profitierte, sondern auch jene Oberklasse, die Kunst kauft. So trafen die Künstler in New York auf ein von historischen Katastrophen unbelastetes, konsumfreudiges und zahlungskräftiges Publikum. Bis heute ist die Metropole der Milliardäre die zentrale Drehscheibe des internationalen Kunstmarkts. Hier wird mehr Geld für Kunst ausgegeben als anderswo. 2005 wurden mehr als 43 Prozent des weltweiten Auktionsumsatzes in Amerika generiert, der Großteil davon in New York. Mit 1,8 Millionen Dollar lag der durchschnittliche Jahresumsatz von New Yorker Galerien 2001 mehr als dreimal so hoch wie der von amerikanischen und mehr als siebenmal so hoch wie der von niederländischen Galerien.[27] So ist eine Ausstellung in der richtigen Galerie in New York für einen Künstler ein Sprungbrett in die nächste Preisklasse. Joseph Beuys' Arbeit ›La rivoluzione siamo noi‹, ein Lichtdruck, der von Lucio Amelio in einer Auflage von 180 Exemplaren auf den Markt gebracht wurde, berichtet sein Kölner Galerist Heinz Holtmann, hatte sich Ende der achtziger Jahre nach einer Ausstellung in New York im Preis mehr als verdoppelt. Sie kostete in Dollar, was sie vorher in Mark gekostet hatte, mit bleibenden Rückwirkungen auf das gesamte Preisgefüge. Auch wenn in der Regel die Primärgalerie eines Künstlers die wichtigste Rolle bei der Festsetzung der Preise spielt, gibt es eine Ausnahme: New Yorker Galerien treiben die Preise weiter nach oben.

Aldi oder Eyestorm

KUNST FÜR ALLE

Die von einflussreichen Händlern global vermarkteten, von Sammlern gekauften und in Museen platzierten Künstler machen aber nicht nur ein winziges Topsegment der auf Auktionen verkauften Kunst aus. Die Gruppe reicher Sammler, die mehr als 100 000 Dollar für ein Kunstwerk ausgeben und damit für nicht einmal 2 Prozent der Transaktionen verantwortlich sind, bilden zwar einen hermetischen Zirkel, üben aber mit ihrem Kaufverhalten enorme Wirkungen auf den übrigen Kunstmarkt aus. Wenn große Sammler Millionen ausgeben, ist das ein Signal, an dem sich die Mehrzahl auch derjenigen Käufer orientiert, die deutlich weniger Geld in der Tasche haben. So ist der Trickle-Down-Effekt, der das Konsumentenverhalten prägt, auch im Kunstmarkt zu beobachten. Das gilt für Trends und Namen. In Form von Editionen und Postern werden auch die mittleren und unteren Preissegmente von wenigen Künstlernamen beherrscht. Von den 28 Millionen Dollar, die im Zeitraum von 1997 bis 2005 auf Auktionen mit Kunstwerken von Robert Rauschenberg umgesetzt wurden, wurde nur ein Gemälde für 5,8 Millionen Dollar versteigert. 90 Prozent der Zuschläge lagen unter 24 000 Dollar, 80 Prozent unter 7500 Dollar, 70 Prozent unter 3600 Dollar und die Hälfte unter 1600 Dollar. 80 Prozent der auf Auktionen versteigerten Kunstwerke Rauschenbergs wechselten den Besitzer für Preise zwischen weniger als 550 Dollar und 7499 Dollar.

Wer sich keine der großformatigen Fotografien von Thomas Ruff leisten kann, kauft sich ein billigeres Exemplar einer kleinformatigen Edition, wer keinen Hirst bei Saatchi kaufen kann, erwirbt eine Edition bei dem Online-Anbieter Eyestorm, wem ein großer Koons zu teuer ist, der bestellt eine Miniaturausgabe bei der Kunstzeitschrift ›Parket‹. Der japanische Künstler-Designer-Unternehmer Takashi Murakami brachte seinen Flower

Ball für 360 Euro auf den Kunstmarkt. Zur Fußball-WM 2006 wurde die limitierte Edition des poppigen Fußballs mitsamt transparenter Plastiktasche rund um den Globus angeboten, ob in der Münchner Galerie Storms, dem Miami Museum of Art, online beim amerikanischen Designer Store Moss oder bei dem japanischen Giant Robot Store, der auf asiatische Popkultur spezialisiert ist. Ähnlich wie Modemarken ihre Hauptumsätze nicht mit teurer Haute Couture, sondern mit billiger Massenware wie T-Shirts und Sonnenbrillen generieren, machen international bekannte Künstler einen großen Teil ihres Umsatzes mit Editionen. Diese bringen die Aura des Originals verdünnt auf den Markt und erfüllen auch einem breiten Käuferkreis den Wunsch nach Teilhabe am Mythos künstlerischer Größe, der sie in die Nähe jener Tastemaker rückt, die das unbezahlbare Original besitzen.

Das Experiment radikaler Demokratisierung, wie es der deutsche Künstler Felix Droese im Jahr 2003 wagte, als er eine Druckgraphik über die Billigsupermarktkette Aldi superbillig an den Konsumenten brachte, wurde indes zum Eigentor. Es verschaffte ihm zwar steigende Bekanntheit, aber sinkende Preise. Noch zwei Jahre später wurden sie von Erstkäufern bei eBay zum Startpreis von 24,99 Euro angeboten. Anzahl der Gebote nach drei Tagen: null.[28] Aldi dagegen wertete die Kampagne als Erfolg. Sie hatte bundesweit Scharen von Kunstkäufern in die Filialen der Supermarktkette gelockt. Die Blätter des Biennale-Künstlers waren bereits am ersten Tag ausverkauft.

Doppelspiel

KAMPF UM KUNST UND GELD

Auch die Kunst trägt Prada. Die Kultmarke der Kunstschickeria lieferte das Motiv und den Titel für eine der teuersten Fotoserien auf dem Kunstmarkt, Prada I, II und III. Die digital bearbeiteten Fotografien des deutschen Künstlers Andreas Gursky zeigen im 3-Meter-Querformat drei Varianten einer minimalistischen Warenauslage in einem Prada-Store. Blassgrünes Regal mit Schuhen, blassgrünes Regal ohne Ware, blassgrünes Regal mit Pullovern. Was wir schon immer wussten: Der Griff ins Prada-Regal ist teuer – doch er ist erstaunlicherweise nicht überall gleich teuer. ›Prada I‹ wurde im Oktober 1999 bei Christie's in New York für 173 000 Dollar versteigert. Kurze Zeit später kosteten vergleichbare Fotoarbeiten in der Galerie Matthew Marks um 50 000 Dollar. ›Prada II‹ – ursprünglich in der Galerie Matthew Marks für 20 000 Dollar angeboten – wurde im November 2000 bei Christie's für 270 000 Dollar versteigert.[29] ›Prada III‹ wechselte ein Jahr später auf einer Auktion für 310 500 Dollar den Besitzer. Ein solches Gefälle zwischen Auktions- und Galeriepreisen ist im Spitzensegment der Gegenwartskünstler keine Ausnahme. Doch selbst in Zeiten des Hype gilt für das Gros der Künstler die Regel: in der Galerie stabile Preise, auf der Auktion Preisabsturz oder Unverkäuflichkeit. Wie kommt es, dass dieselben Kunstwerke in der Galerie und auf der Auktion zu unterschiedlichen Preisen verkauft werden? Warum steigt der Preis in der Galerie nicht, wenn die Nachfrage zunimmt? Warum sinkt er nicht, wenn es keinen Käufer dafür gibt? Warum haben andererseits Bilder gleicher Größe eines Künstlers denselben Preis, auch wenn der Galerist der Ansicht ist, dass sie von unterschiedlicher Qualität sind? Wenn aber der Preis eines Kunstwerks weder Ausdruck von Angebot und Nachfrage noch seiner Qualität ist, was ist er dann?

Der Wirtschaftssoziologe Olav Velthuis ist den Ungereimtheiten auf den Grund gegangen. Er ist zu dem Ergebnis gekommen, dass Galeristen und Auktionshäuser zwischen zwei Wertesystemen jonglieren, dem der Kunst und dem des Marktes.[30] Galeristen verteidigen auf der einen Seite die Bastion der Kunst, Auktionshäuser schwingen auf der anderen Seite die Fahnen des

Marktes. Das schlägt sich in den unterschiedlichen Preisen nieder, die für ein und dasselbe Kunstwerk bezahlt werden. Die fundamentalen Unterschiede zwischen Galerie und Auktion beginnen damit, dass Galerien Künstler vertreten, während Auktionshäuser Kunstwerke vermarkten. Die Galerie behandelt das Werk eines Künstlers als Kulturgut, dessen Status in einem langfristigen Wertschöpfungsprozess aufgebaut wird. Das Auktionshaus vermarktet es als Ware, die der augenblicklichen Quersumme aus Angebot und Nachfrage unterliegt. Die Galerie tritt für bestimmte Künstler ein, das Auktionshaus passt sich der schwankenden Qualität von Kunstwerken an und den wechselnden Vorlieben der Käufer. So spiegeln die von Galerien veranschlagten Preise den Stellenwert eines Künstlers, Auktionspreise dagegen die Marktakzeptanz von Kunstwerken. Ein Plus an Nachfrage wird in der Galerie durch eine Warteliste aufgefangen und das Werk an einen bedeutenden Sammler weitergereicht. Auf der Auktion gibt der Preismechanismus den Ausschlag – der Meistbietende gewinnt. In der Galerie zählt Kennerschaft, im Auktionshaus Finanzkraft. So stehen Galerien und Auktionshäuser in doppelter Konkurrenz – um das Geld der Käufer und um die Definitionshoheit dessen, was als Kunst gilt. Denn der Kunstmarkt ist nicht nur ein Verteilungsmechanismus. Er ist auch die Arena, in der darum gekämpft wird, wie Kunst betrachtet und bewertet werden soll.

Strategygetarts

DIE EXPANSION DER AUKTIONSHÄUSER

Strategy get arts – das von dem schweizerischen Künstler André Thomkins erfundene Palindrom liest sich vorwärts wie rückwärts als Aufforderung zum Kunsterwerb. Damit steht es für die Expansionspolitik der großen Auktionshäuser und deren

Fokus auf die Erschließung neuer kapitalkräftiger Käufergruppen. Sie hat die Machtstrukturen innerhalb des Kunstmarkts nachhaltig verschoben und die Ökonomisierung der Kunst weiter vorangetrieben. Denn deren erfolgreiche Vermarktung basiert nicht etwa auf der unermüdlichen Propagierung von Kunst als Kunst, sondern als Generator von sozialem und monetärem Mehrwert – von Klasse und Geld. Ihre Expansion zu multinationalen Kunstanbietern hat die Wettbewerbsbedingungen des globalen Kunstmarkts nachhaltig beeinflusst und damit die Voraussetzungen, unter denen Kunst betrachtet, gekauft und konsumiert wird.

Weltweit werben mehr als 600 Auktionshäuser um die Gunst der Käufer. Als Recyclingunternehmen des Kunstmarkts sorgen sie für die Mehrfachverwertung von Kunstwerken. Drei von ihnen haben es in die Liga der Global Player geschafft: Sotheby's, dessen Erzkonkurrent Christie's und der Aufsteiger Phillips de Pury & Company. Sie haben sich vom Versteigerungsgroßhandel in Luxuswarenhäuser der Kunst verwandelt. Die Rolle, die sie bei der Verwandlung von Kunst in Geld und Status spielen, übertrifft die der meisten Galerien und Kunsthändler. Sie haben die seit Jahrhunderten vom Kunsthandel erfolgreich angewandten Vermarktungsmethoden auf den industrialisierten Maßstab übertragen und dadurch den Wettbewerb auf globaler Ebene verschärft. Ihre heutige Bedeutung im globalen Kunstmarkt ist das Ergebnis einer Expansionsstrategie, deren Fundamente bereits in den sechziger Jahren gelegt wurden. Ursprünglich beschränkt auf die Kunst vergangener Epochen und die Belieferung von Einzelhändlern, haben sie ihr Territorium ausgeweitet auf die Gegenwartskunst und die Endverbraucher des Kunstmarkts. Die Ausweitung ihres Einflussbereichs ist nicht ohne Auswirkungen auf die Preise geblieben.

»There is a remarkable wall of money running through the system«, kommentierte Sotheby's-Vorstand William Ruprecht

Anfang 2006 den Boom des Auktionsmarkts im ›Wall Street Journal‹.[31] Auch Christie's verzeichnete einen Rekordumsatz. Die Wand aus Geld, die sich derzeit durch den Auktionsmarkt bewegt, lässt die Kommissionseinnahmen der Auktionshäuser anschwellen. Ein wachsender Anteil stammt aus dem Geschäft mit der zeitgenössischen Kunst. Das Stück, das sich die Auktionshäuser mit dem Segment für Gegenwartskunst von dem Kuchen des Kunstmarkts abgeschnitten haben, ist ihnen nicht auf dem Silbertablett serviert worden. Vorher wurden die Messer gezückt. Das geschah diskret und in drei Phasen.

Phase 1
DAS AUKTIONSHAUS ALS SCHWEIZER BANK

Mitte der sechziger Jahre beauftragte Peter Wilson, der Sotheby's zu einem der führenden Auktionshäuser der Welt machte, einen PR-Experten damit, das Haus von seinem verstaubten Image zu befreien. Er hielt Kunst um der Kunst willen für »blanken Unsinn« und war der Ansicht, dass Kunst vor allem eine Aufgabe hatte – nämlich zwei Dinge hervorzubringen: Geld und Klasse. Das Ergebnis waren kleine übersichtliche Graphiken, die Times-Sotheby's-Art-Indexes. Sie machten die Preisbewegungen von alten Meistern, chinesischem Porzellan oder japanischen Netsukes auf einen Blick erkennbar und verliehen den Texten, mit denen das Auktionshaus um Kunden warb, die Seriosität einer Finanzstatistik. Wilson erklärte die erfolgreiche Neuausrichtung des Unternehmens später mit einem Vergleich: Ein gutes Auktionshaus gleicht einer guten Schweizer Bank.[32] Wilson hatte mit der Popularisierung der Annahme, dass Auktionspreise wie Aktienkurse als Marktbarometer benutzt werden können, den ersten Schritt zur Propagierung von Kunst als Investment getan. Die Assoziation des Auktionshauses mit muffigen Dachböden und schmuddeligen Trödelmärkten war damit endgültig vom Tisch.

1973 gingen die großen Auktionshäuser dazu über, in ihren Katalogen Schätzpreise zu veröffentlichen. Dieser Schachzug war ein Meilenstein auf dem Weg der Auktionshäuser vom Großhandel zum Einzelhandel. Die Einführung von Schätzpreisen erwies sich als Magnet für Privatkunden. Er vereinfachte das Bieten und nahm dem nicht professionellen Publikum die Schwellenangst. Jetzt konnten auch Amateure ohne Vorwissen am Auktionszirkus teilnehmen und taten es auch. Auch andere Maßnahmen zielten darauf, Privatkunden zu gewinnen. So bot Sotheby's einen Kunstkurs an, der von hauseigenen Kunstexperten geleitet wurde. Christie's warb mit Wein- und Schmuckauktionen um die obere Mittelklasse, die mit dem Wirtschaftsboom in Großbritannien zu Geld gekommen war und einst der Oberklasse vorbehaltene Privilegien in Anspruch zu nehmen begann. Die Verwandlung der Auktionshäuser in Warenhäuser für Luxusartikel war in Gang gesetzt.

Phase 2

DIE EROBERUNG DES ENDVERBRAUCHERS

Der Großangriff auf die Endverbraucher im Kunstmarkt wurde zehn Jahre später gestartet. Das Ganze nahm seinen Anfang, als der amerikanische Shopping-Mall-Mogul Alfred Taubman 1983 Sotheby's übernahm, es entgegen seiner Versprechen vor britischen Behörden von London in das weltweit wichtigste Handelszentrum New York verlegte und die Regeln des Spiels änderte. Er rief eine Kampagne ins Leben, mit der er das Auktionshaus von einem Großhandel, der vor allem professionelle Kunsthändler belieferte, in einen Einzelhandel transformierte. Marktanalysen hatten zum Vorschein gebracht, wo das große Potenzial lag:

Nur 1 Prozent der amerikanischen Millionäre hatte jemals etwas auf einer Versteigerung erworben. Die übrigen 99 Prozent sollten nun auch mobilisiert werden.[33] Damit hatte das Auktionshaus jede Menge potenzieller Kunden, die nur darauf warteten, dass die Netze nach ihnen ausgeworfen wurden. Doch diese Kunden hatten Schwellenangst, das komplexe Auktionssystem schreckte sie ab. Im falschen Augenblick am Ohr gekratzt, so die Anekdote, und schon hast du einen Picasso gekauft. »Das Verkaufen von Kunst«, bemerkte Taubman gegenüber dem ›Wall Street Journal‹, »hat viel mit dem Verkaufen von Rootbeer gemeinsam. Die Leute brauchen kein Rootbeer und sie brauchen auch keine Kunst. Wir vermitteln ihnen das Gefühl, dass sie sich damit besser fühlen.«[34] Bis dahin hatten Auktionshäuser vor allem an Händler verkauft, die ihre Marge dem Einkaufspreis zugaben und entsprechend teurer weiterverkauften. Diesen Aufschlag, den Endkunden für ein Kunstwerk offenbar zu zahlen bereit waren, konnte das Auktionshaus ebenso gut in die eigene Tasche stecken. In der zweiten Hälfte der achtziger Jahre war der prozentuale Anteil der Händler von 75 Prozent auf 40 Prozent gesunken und hatte Platz gemacht für zahlungswilligere Privatkunden.[35]

Als Einzelhandelsexperte wusste Taubman, wie wichtig die optische Vermittlung von Produkten ist. Elegant aufgemachte und leicht verständliche Kataloge landeten als Postwurfsendungen in Postleitzahlgebieten mit reicher Bevölkerung. Das Netz musste nur noch zugezogen und die Beute an Bord gehievt werden. Enorme Summen werden seither in Marketing und PR investiert. Denn Medienpräsenz ist der Schlüssel zur Nachfrage und damit einer der Pfeiler ihres Erfolgs. Vor dem Verkauf wird ein Medienplan erstellt, um die Bedeutung der angebotenen Sammlungen oder Einzelwerke zu vermarkten und das Begehren potenzieller Käufer zu wecken. Eine fein abgestimmte Mischung aus kunsthistorischer Glaubwürdigkeit und extravagantem Luxus vergoldet das Image des zum Verkauf stehenden Kunstwerks.

Nach dem Verkauf dienen die Medien dazu, das wirkungsvolle Aphrodisiakum hoher Preise zu verbreiten. Denn was Schlagzeilen macht und das Flair des Erfolgs ausstrahlt, ist nicht der Inhalt der Kunst, sondern ihr Preis.

Phase 3

DER GRIFF NACH DER GEGENWART

Den nächsten Coup landete im Mai 1998 der französische Geschäftsmann François Pinault, als er den Erzkonkurrenten von Sotheby's, das Auktionshaus Christie's, aufkaufte und das britische Flaggschiff in ein Privatunternehmen nach französischem Recht verwandelte. Seiner Holding Pinault-Printemps-Redoute, kurz: PPR, gehören neben der Kaufhauskette Printemps, dem Versandhaus Redoute und der Modemarke Yves Saint Laurent auch Mehrheitsbeteiligungen an Gucci, Sergio Rossi, Alexander McQueen und Stella McCarthy. Pinault hatte erkannt, dass Luxusfirmen eine Schnittmenge gemeinsamer Kunden verbindet. Denn wer den Geschmack und das Geld hat, sich elegant anzuziehen, kauft mit hoher Wahrscheinlichkeit nicht nur teure Kleider, sondern auch Kunst. Bald darauf erfolgte die Übernahme des weltweit drittgrößten Auktionshauses Phillips durch seinen Landsmann und Rivalen Bernard Arnault, dem Sonnenkönig der Luxusindustrie. Auch er wollte das Prestige der Kunst für die Ausrichtung seiner Unternehmensgruppe nutzen. Als Mehrheitseigentümer von LVMH herrscht Arnault über ein Imperium von mehr als fünfzig Luxusmarken von Louis Vuitton, Moët & Chandon, Christian Dior, Marc Jacobs, Donna Karan bis zu Emilio Pucci. Zugleich erwarb Arnault die Kunstmagazine ›Art & Auction‹ und ›Connaissance des Arts‹ und versah damit die Angel, die er in den Fischteich des Kunstmarkts ausgeworfen hat, mit einem wirksamen Köder.

Spätestens mit dem Auftritt des Modekönigs in der Welt der Kunst wurde klar, dass die Kunst unter den Einfluss eines anderen machtvollen Kraftfeldes geraten war, der Mode. Die Titelseite von ›Art & Auction‹ präsentierte im Juni 2001 statt eines Kunstwerks ein Modefoto von Steve Meisel, der durch seine Fotos in Madonnas Buch ›Sex‹ berühmt geworden war. Im Juli 2001 stellte die White Cube Gallery in London fünfzehn großformatige Arbeiten des Modefotografen unter dem Titel ›Four Days in L. A.‹ aus, die er für Versace geschossen hatte. Mode? Marketing? Werbung? Kunst? Hinter der scheinbaren Verwirrung der Begriffe verbirgt sich eine wirksame Verkaufsformel. Modefirmen wie Prada und Hugo Boss nutzen den Status der Kunst und machen den Imagetransfer von Kunst auf Kleidung mit Sammlungen und Sponsoring zum Bestandteil ihrer Markenpolitik. Umgekehrt nutzen Auktionshäuser den Glamour der Mode in hauseigenen Lifestylemagazinen, um neue Käuferschichten anzusprechen. Viele der neuen Kunden, so Michaela Neumeister vom Auktionshaus Phillips de Pury & Company, kaufen Kunst aus Lust am Konsum. Sie wechseln Kunstwerke wie Kleider. Längst ist Mode nicht nur als Prinzip in der Kunst wirksam, sondern buchstäblich zu deren Inhalt geworden, wie die Chanel-Flakons und Yamamoto-Shopping-Bags von Sylvie Fleury oder die Model-Porträts von Sarah Morris zeigen. Mode? Marketing? Werbung? Kunst?

Auktionshäuser profitieren von der Verknüpfung von Kunst mit Mode und Lifestyle. Der Grund dafür leuchtet ein: Auktionshäuser leben von Kommissionen, und diese steigen nicht nur mit den Preisen, sondern auch mit der Zirkulation der Kunstwerke im Markt. Ein gekauftes Kunstwerk soll wieder verkauft werden. Der für die Ewigkeit hortende Sammler bedient den Marktkreislauf nicht, ebenso wenig wie Museen es tun, deren Pforte aus der Sicht des Kunstmarktes der Sargdeckel ist, der sich in alle Ewigkeit über der Gelderzeugungsmaschine Kunstwerk schließt. Dass es damit im Langzeitgedächtnis der Kultur gespeichert wird, mag für den Künstler und seine Botschaft von Bedeutung sein. Der Kunstmarkt aber ist umso lukrativer, je weniger dauerhaft sich die Menschen seine Botschaften zu eigen machen, sondern sie wie die Mode saisonweise wechseln. Der Kunsthändler Larry Gagosian, der für seine aggressiven Verkaufspraktiken im Sekundärmarkt bekannt ist, bemerkte zu dem finalen Status des Kunstwerks im Museum: »Ich verkaufe nicht gerne Bilder an Museen, weil ich sie dann nicht mehr zurückbekomme.«[36]

1998 erfolgte der Startschuss: hinein ins Getümmel des lukrativen Marktes für Gegenwartskunst. Dieser Markt ist aus zwei Gründen vielversprechend: Es gibt keine Nachschubprobleme, weder an Käufern noch an Ware. Die zentrale Frage dabei: Welche Künstler sind reif für die Auktion? Wenn die letzte Ausstellung eines Künstlers ausverkauft war und achtzig Prozent der Arbeiten an Institutionen gingen, so Cheyenne Westphal, Leiter der Londoner Abteilung für zeitgenössische Kunst von Sotheby's, gibt es jede Menge frustrierter Sammler.[37] Genau diese Käufer, die sich noch nicht durch das ausgiebige Horten von Kunst das goldene Sammlerabzeichen verdient haben und von den Galerien auf die hintersten Plätze ihrer Wartelisten verwiesen werden, sind die Zielgruppe der Auktionshäuser. Wer zu spät kommt, zahlt die höchsten Preise. Diese Regel gilt an der Börse ebenso wie im Kunstmarkt.

Kaum bemerkt von der Öffentlichkeit bereitete das Auktionshaus seine Invasion in das Territorium der Gegenwartskunst vor. Seine Manöver folgten der Taktik der Spinne: umgarnen und liquidieren. 1990 verleibten sich Sotheby's und die Galerie Acquavella für knapp 143 Millionen Dollar den Bestand der Galerie von Pierre Matisse, dem Sohn von Henri Matisse, ein. 1996 schmiedete das Auktionshaus eine Allianz mit der Galerie André Emmerich und verschaffte sich Zugang zum Werk von Künstlern wie Pierre Alechinsky, Piero Dorazio und Sam Francis. Für die Galerie André Emmerich endete der Flirt mit dem Auktionsriesen als tödliche Umarmung – 1998 wurde sie aufgelöst. Das war der Anfang eines weltweiten Netzes an stillen Kooperationen mit Galerien, so die Analyse des Kunstmarktexperten Christian Herchenröder, mit denen die großen Auktionshäuser auf Künstler zugreifen und ihren Einfluss bis in die Museen ausdehnen konnten.[38]

Die Neuordnung des Auktionsmarktes fand genau in jener Phase statt, als Sotheby's und Christie's in den USA in einen Prozess wegen illegaler Preisabsprache verwickelt waren. Auch wenn es Arnault nicht gelang, die geschwächten Giganten von ihrem Sockel zu stürzen, worauf er seine Anteile verkaufte und das Feld bei Phillips de Pury räumte, hat seine Botschaft aus dem Bereich der Luxusindustrie den Wettbewerb um konsumbereite Kunstkäufer mitgeprägt. Während der Kunstmarkt noch in den neunziger Jahren nur Insider interessierte, avancierte er zu einem Thema für die Lifestylepresse. So werden die neueren Kunstmessen wie »Frieze« in London oder die »Art Miami Basel« von Moderedakteuren zu angesagten Reisezielen erklärt. Künstlernamen fallen in dieser neuen Form der Kunstberichterstattung wie Markennamen: Neben Bulgari und Gucci geht es um Barney und Gursky. Die Rechnung ist aufgegangen: Mode! Marketing! Werbung! Kunst!

Wundersame Geldvermehrung

GEHEIME PREISABSPRACHEN

Geheime Absprachen sind nicht allein den Kartellen der Zementindustrie vorbehalten. Schon der Ökonom Adam Smith wusste, dass Geschäftsleute, wann immer sich die Chance dazu bietet, versuchen werden, sich zu Kartellen zusammenzuschließen. Denn Kartelle sind schwer nachzuweisen. So können die Kommissionen von Auktionshäusern einander gleichen wie eineiige Zwillinge – aber ist dies Folge von perfektem Wettbewerb, Zufall oder Konspiration?[39] Im April 1993 war es so weit. In harmonischem Gleichklang hoben Sotheby's und Christie's die Kommissionen an. Sieben Jahre währte der Goldregen, bis das amerikanische Justice Department ihm ein jähes Ende bereitete und die beiden Auktionsriesen wegen illegaler Preisabsprache anklagte. Im Februar 2000 trat Alfred Taubman, der Mehrheitsaktionär von Sotheby's, zurück, um ein Jahr und einen Tag im Gefängnis »bei Hotdogs und Kaviar« zu verbringen. Die Vorstandsvorsitzende Diana Brooks kam mit Hausarrest und einer Geldstrafe davon. Christie's erwirkte mit einem reuigen Geständnis einen Straferlass. Dennoch mussten beide Auktionshäuser ihren geprellten Kunden je 256 Millionen Dollar Schadensersatz zahlen. Schon bald darauf strukturierten sie ihre Kommissionen neu – und erhöhten sie abermals. Angesichts ihrer weltweiten Dominanz im Auktionsmarkt bleibt den Kunden nichts anderes übrig, als noch tiefer in die Tasche zu greifen.

Preistreiber

GARANTIEN UND KREDITE

Nicht nur das Interesse von Auktionshäusern an hohen Kommissionseinnahmen beeinflusst die auf Versteigerungen erzielten Preise. Auktionshäuser konkurrieren auch um das Angebot. So sind die großen Auktionshäuser im Kampf um Kunstwerke dazu übergegangen, einander in der Zusage von Garantiesummen zu überbieten. Damit wird die Preislatte noch höher gelegt. Wird sie nicht erreicht, bleibt der Verlust am Auktionshaus hängen. Umso zwingender wird es, diese hohen Summen in der Auktion auch zu erzielen, wenn nicht zu übertreffen. Als es so aussah, als ob Sotheby's Warhols ›Liz‹ von 1963 an Christie's verlieren würde, ließ Sotheby's kurzerhand einen Mitarbeiter nach Los Angeles fliegen. Dieser offerierte dem Eigentümer des Kunstwerks eine Garantiezusage von 10 Millionen Dollar, um sicherzugehen, dass das Kunstwerk im richtigen Auftragsbuch landen würde.[40] Die Rechnung ging auf. ›Liz‹ wurde im Mai 2004 bei Sotheby's für 12,6 Millionen Dollar inklusive Kaufkommission an den Bieter gebracht.

Seit es einen Markt gibt, in dem Waren gegen Geld gehandelt werden, ist der Kundenkredit nach dem Marketing der zweite Schritt auf dem Königsweg zum Verkauf. Marketing weckt den Besitzwunsch, der Kundenkredit lässt seine Erfüllung in greifbare Nähe rücken. So scheint es konsequent, dass die Auktionshäuser sich weiter in Richtung Schweizer Bank entwickelten und begannen, ihre Kunden mit Krediten zu ködern. Damit wurde das Auktionsgeschäft zu einer doppelten Einnahmequelle. Zu den Kommissionen aus dem Kunstgeschäft kamen die Zinsen aus dem Kreditgeschäft. 1988 beliefen sich die Kundenkredite auf 206 Millionen Dollar und Sotheby's erwirtschaftete damit 10 Prozent seiner Einnahmen.[41]

Die Begleiterscheinung an dem Doppelpass aus Garantie und Kredit war, dass er dazu beitrug, die Preise nach oben zu treiben. Potenzielle Käufer, die mit teilweise vom Auktionshaus geliehenem Geld für Kunstwerke boten, tendierten dazu, den Preis über die garantierte Untergrenze nach oben zu bieten. Der Preis in einer Galerie stellt dagegen für den Kunden eine Obergrenze dar, die er tendenziell herunterhandelt. Dass die Rechnung nicht immer aufgeht, zeigte 1987 die Versteigerung von van Goghs Schwertlilien an den australischen Geschäftsmann Alan Bond. Er hatte von Sotheby's einen Kredit von 27 Millionen Dollar in Anspruch genommen, den er später nicht zurückzahlen konnte. Das Gemälde ging zwar mit 54 Millionen Dollar als Auktionsrekord in die Medien ein, war aber in Wahrheit nicht verkauft worden. Drei Jahre später verkündete Sotheby's das Ende der riskanten Kreditpraxis. Heute vergibt das Auktionshaus seine Kredite bevorzugt an Anbieter von Kunstwerken. Auch hier winkt ein dreifacher Profit: Zugriff auf die umkämpfte Handelsware Kunst, Zinsertrag und Verkaufskommission.

Die Gunst des Augenblicks

BIETERWETTKAMPF

»Ich erinnere mich genau, dass ich tatsächlich, auch ohne den Reiz der Eigenliebe, plötzlich von einem furchtbaren Wagemut ergriffen wurde. Vielleicht wird die Seele, wenn sie durch so viele Empfindungen hindurchgeht, nicht gesättigt davon, sondern nur gereizt und verlangt nach weiteren, immer stärkeren Empfindungen, bis zur endgültigen Erschöpfung. Ich lüge wirklich nicht, wenn ich sage: Wäre nach den Spielregeln ein Einsatz von fünfzigtausend Gulden zulässig gewesen, ich hätte sie unbedingt gesetzt. Ringsum schrien alle, dass das Wahnsinn sei.«[42] Der Bieter, der wie der Spieler aus Dostojewskijs gleichnamigem Roman bereit ist, jeden Preis zu zahlen, ist das Ziel jeden Auktionators. Der Weg zum Ziel ist das Wecken der Begierde. Und das ist eine Frage des Vorspiels.

Sobald der Hammer fällt, hat das Kunstwerk einen Preis. Dieser Preis ist keineswegs das Ergebnis eines zufälligen Aufeinandertreffens von Angebot und Nachfrage. Die Gunst des Augenblicks wird planvoll konstelliert. Von der Austarierung der Schätzpreise bis hin zur Reihenfolge der angebotenen Kunstwerke ist eine Auktion das Ergebnis einer bis ins Detail geplanten Strategie. So wenig wie möglich wird dem Zufall überlassen. Ziel dieser Strategie ist es, bis zu dem Moment, in dem der Hammer aufschlägt und sein monetäres Urteil über den Wert eines Kunstwerks fällt, die Flammen des Begehrens anzufachen und den Preis so weit wie möglich nach oben zu treiben.

Bereits im Vorfeld werden mögliche Konstellationen eines Bieterwettkampfs durchgespielt. »Bevor wir etwas in die Auktion nehmen«, so ein Auktionskurator von Christie's, »müssen wir sicher sein, dass wir mindestens zwei Bieter haben.«[43] Es liegt in der Logik des Wettbewerbsprinzips der Auktion, dass mindestens ein Gegenbieter erforderlich ist, um einen Preis nach oben zu treiben.

Sobald es um sechsstellige Summen geht, werden drei Gegenbieter benötigt, um die nötige Dynamik zu erzeugen. Für zeitgenössische Werke muss außerdem ein künstlerisches Umfeld geschaffen werden, damit die Interessenten das Kunstwerk einordnen können. Denn nur das, was verstanden wird, wird auch gekauft. Wird ein Enzo Cucchi angeboten, so gehören auch andere Protagonisten der Transavanguardia wie ein Francesco Clemente und ein Mario Merz in die Auktion. Ein Fotograf wie Thomas Demand kann wahlweise als Nachfolger der Becher-Schule oder als Weggefährte Cindy Shermans präsentiert werden, auch wenn er im engeren Sinn weder ein Becher-Schüler ist noch seine fotografischen Inszenierungen viel mit denen Cindy Shermans gemeinsam haben. Der künstlerische Bezugsrahmen, der auf diese Weise in Auktionskatalogen suggeriert wird, dient weniger der kunsthistorischen Ortsbestimmung denn als Verkaufsargument.[44] Vor der Auktion wird ein Medienplan erstellt, um Einzelwerke oder ganze Sammlungen zu vermarkten und das Begehren potenzieller Käufer zu wecken. Marketing ist das Erzeugen von Illusionen – und die Grenze zum Hype ist fließend.

Was dann beginnt, ist eine perfekt inszenierte Show. Eine Mischung aus Spielcasino, Boxarena und Oscarverleihung. Die Kugel rollt, das Bieten beginnt. Der Auktionator gibt den Rhythmus vor. Er bestimmt die Dramaturgie des Bietens und stimuliert den Wettbewerb der Bieter. Die Spannung steigt. Wenn ein Kunstwerk keinen Bieter findet, kräuselt ein Flüstern die Oberfläche gespannter Stille. Wenn der Hammer bei irgendeiner astronomischen Summe fällt, rollt donnernder Applaus durch den Saal. Nach dem Verkauf verbreiten die Medien das wirkungsvolle Aphrodisiakum hoher Preise. Denn was Schlagzeilen macht und das verführerische Flair des Erfolgs ausstrahlt, ist nicht so sehr die Kunst, sondern vor allem ihr Preis.

Was Mei und Moses noch entdeckten

DIE WIRKUNG VON SCHÄTZPREISEN

Wer auf einer Auktion den Zuschlag erhält, hat seine Konkurrenten überboten und die Trophäe gewonnen. Doch der Sieger hat unter Umständen zu viel bezahlt. Das Phänomen der Überzahlung wird in der Spieltheorie *winner's curse*, des Siegers Fluch, genannt. Derjenige, der aus einem Bieterwettkampf als Sieger hervorgeht, ist zugleich derjenige, der mehr bezahlt hat, als alle anderen zu zahlen bereit waren. Nimmt man an, dass Bieter im Durchschnitt realistische Preisvorstellungen entwickeln, dann hat derjenige, der den Zuschlag bekommen hat, zu viel bezahlt. Jianping Mei und Michael Moses, bekannt geworden durch den Mei-Moses-Art-Index, untersuchten in ihrer Studie ›Art as an Investment and the Underperformance of Masterpieces‹ aus dem Jahre 2002 über einen Zeitraum von 125 Jahren die Rendite von Kunstwerken und wiesen die unterdurchschnittliche Performance von hochbezahlten Meisterwerken nach. Das Resultat steht im Gegensatz zu dem bekannten Ratschlag, sich auf die jeweils besten – also auch teuersten – Kunstwerke zu konzentrieren, und verweist die Annahme, diese brächten langfristig mehr Gewinn als jene des mittleren oder niedrigen Preissegments, in das Reich der populären Irrtümer. Die Forschungsergebnisse des Ökonomen James Pesando, der 1993 die Underperformance von Meisterwerken im Bereich der Druckgraphik nachgewiesen hat, deuten in dieselbe Richtung.

Eine weitere Studie von Mei und Moses fragte 2004 unter dem Titel ›Vested Interest and Biased Price Estimates‹ nach den Ursachen dafür. Das Professorenteam vermutete, dass die Ursache für die unterdurchschnittliche Rendite von Meisterwerken in einer Asymmetrie der Informationsverteilung liegt und Auktionshäuser diese im eigenen Interesse nutzen. Bekannt ist die Asymmetrie der Informationsverteilung von der Börse, wo die Verkäufer von Neuemissionen in der Regel über genauere Informationen über deren wirklichen Wert verfügen als die potenziellen Käufer. Nur selten widerstehen sie dem Reiz, aus deren Unwissen Profit zu schlagen und die Neuemissionen zu überhöhten Ausgabepreisen auf den Markt zu bringen. Diese schlagen sich für den Käufer im Falle eines Weiterverkaufs ihrer Aktien in unterdurchschnittlichen Renditen nieder. Mei und Moses fanden eine perfekte Laborsituation vor, in der sie reale Preise vor und nach der Einführung von Schätzpreisen vergleichen konnten. Vor 1973 verließen sich Kunstkäufer, damals vor allem professionelle Händler, bei der Bewertung der angebotenen Kunstwerke zumeist auf eigene Informationen. Nach 1973 veröffentlichten die Auktionshäuser Schätzpreise. Das bot ideale Voraussetzungen, um zu überprüfen, inwieweit sich die Fremdbewertung durch den Verkäufer im Gegensatz zur Eigenbewertung durch den Käufer auf die bezahlten Endpreise und die beim Weiterverkauf erzielten Renditen auswirkt. Die Ergebnisse der Untersuchung: 1. Schätzpreise sind vom Eigeninteresse der Auktionshäuser an hohen Kommissionen beeinflusst, 2. Bieter tendieren dazu, mehr für Objekte mit höheren Schätzpreisen zu zahlen, und 3. die Einführung von Schätzpreisen durch die Auktionshäuser hat zu einer langfristigen Underperformance von hochbezahlten Kunstwerken geführt.

Marktsignale

DIE WIRKUNG VON AUKTIONSPREISEN

»Machen Sie sich klar, dass es nur einen einzigen Ort gibt, wo sich der Wert der Bilder erkennen lässt, und das ist der Auktionssaal.« Dieser Satz stammt nicht etwa von Alfred Taubman, sondern von Auguste Renoir. Von Auktionspreisen gehen Signalwirkungen auf den Markt aus. Der Hauptgrund liegt darin, dass sie im Gegensatz zu Preisen, die bei Verkäufen durch Galerien oder Händler gezahlt werden, öffentlich sind. Ihre Transparenz und ihre Verbreitung durch die Medien verleiht ihnen ein Gewicht, das im Zeitalter der Online-Kunstdatenbanken und Art-Indizes stetig zunimmt. Zum anderen ist die Öffentlichkeit von dem Mantra hypnotisiert, dass Auktionspreise im Gegensatz zu Galeriepreisen durch Angebot und Nachfrage zustande gekommene Preise sind. Danach scheint der Auktionspreis ein zuverlässiger Indikator für den Marktwert eines Kunstwerks zu sein, dem man deshalb gewillt ist, einen höheren Wirklichkeitsgehalt zuzubilligen als dem Galeriepreis. So gewichtet der American Internal Revenue Service bei der Bewertung von Kunstwerken Auktionsergebnisse höher als Galeriepreise oder Schätzungen von Experten.[45]

Auktionspreise sind heute ein Barometer für den Marktwert von Kunstwerken und dadurch ein machtvolles Instrument zur Positionierung von Künstlern. Sind Auktionspreise objektiver als Galeriepreise? Einiges spricht dagegen. Der Auktionshandel ist der Sektor des Kunstmarkts mit den größten Preisschwankungen. Denn der Auktionspreis für ein Kunstwerk beruht immer auf einer einmaligen Transaktion, die der augenblicklichen Quersumme aus Angebot und Nachfrage unterliegt. Ist diese Form der Preisbildung demokratisch, wie Brett Gorvy meint, der Leiter für Gegenwartskunst bei Christie's?[46] Der Auktionssaal als Wahllokal, das Gebot als Stimmabgabe, der Preis als Mehrheitsentscheid? Tobias Meyer, sein Kollege bei Sotheby's, nennt sie kapitalistisch: »Der reichste Mann gewinnt – so einfach ist das.«[47] Nicht die meisten Stimmen, sondern das meiste Geld bestimmt, wie teuer ein Kunstwerk wird – und das ist oft eine höchst individuelle Entscheidung. Häufig übersteigt die Zahl der potenziellen Käufer nicht mehr als eine Hand voll Personen. Zudem gilt es als offenes Geheimnis, dass der Auktionssaal der ideale Raum ist, um Preise zu beeinflussen. Angesichts der Unsicherheit über den Wert von Kunstwerken gibt es einen enormen Spielraum bei deren Bewertung. Es ist bekannt, dass Auktionshäuser diese Grauzone nutzen. Je nach der Absicht des Kunden und der steuerlichen Rahmenbedingungen können sie ihn mit einer Bandbreite von niedrigen bis hohen Schätzungen versorgen. Eine handschriftliche Notiz aus Prozessakten gegen Christie's und Sotheby's deutet darauf hin: »Mit einer beweglichen Werteskala dürfte es keine rechtlichen Probleme geben, weil man für ein einzigartiges Objekt keinen Preis festlegen kann.«[48]

Der Übergang von erlaubter zu verbotener Manipulation ist fließend. Auktionshäuser wurden beschuldigt, Preise durch erfundene Telefonbieter hochgetrieben zu haben. Doch auch Bieter können Preise strategisch nach oben treiben – im Fall von Privatsammlern oder Kunstfonds, um den Wert der eigenen Sammlung zu steigern, die Werke desselben Künstlers enthält, im Fall von Händlern, um den Preis für einen Künstler nicht unter dessen Galeriepreise abrutschen zu lassen. Umgekehrt können sich Händler zu Bieterringen zusammenschließen und ihr Bieterverhalten mit dem Ziel absprechen, die Kunstwerke zu einem möglichst niedrigen Preis zu ersteigern.

Auktionspreise haben aber auch eine ganz unmittelbare Auswirkung auf Marktpreise. Denn noch immer decken sich Händler auf Auktionen mit Kunstwerken ein, die sie dann mit einem Aufschlag weiterverkaufen. So bot der Londoner Kunsthändler Anthony d'Offay auf der Art Basel 2000 ein ›Plank Piece‹ des amerikanischen Künstlers Charles Ray an, ein Dyptichon aus zwei Schwarz-Weiß-Fotografien, das er für 368 000 Dollar in New York ersteigert hatte. Der Preis, den er auf der Messe verlangte, lag rund 100 000 Dollar darüber.[49]

Auktionshäuser sind Wirtschaftsunternehmen, die durch die Unwägbarkeiten des Kunstmarkts navigieren. Sotheby's ist an der Börse notiert und dem Shareholder-Value verpflichtet, Christie's und Phillips de Pury & Company sind Unternehmen im Privatbesitz. Ihr Kompass ist auf Profit ausgerichtet. Rund um den Globus haben sie die Vorteile des Kunstbesitzes angepriesen. Kunst als Geldanlage, als Statussymbol, als Jagdtrophäe, als Lifestyle-accessoire, als Spekulationsobjekt. Kunst als Kunst? Die Gebetsmühlen des Kunstmarketings haben dazu beigetragen, dass sich der Inhalt von Kunst in griffige Verkaufsformeln verflüchtigt hat. Im Wettbewerb um Marktanteile und im Kampf um Profit haben sich die Giganten des Kunstmarkts in Anbieter eines ganzen Spektrums von Dienstleistungen verwandelt, die dem Kunsthandel sein traditionelles Territorium streitig machen. Sie haben sich die widersprüchlichen Rollen des Kunstberaters und Kunstfinanziers, des Kunsthistorikers und Kunstkritikers, des Galeristen und Auktionators einverleibt. Auf diese Weise üben sie einen maßgeblichen Einfluss auf die Bewertung, die Preise und die Nachfrage nach Kunstwerken aus. Die Interessenkonflikte, die sich daraus ergeben, stellen ihre Neutralität als Mittelsmänner der Kunst in Frage. Dennoch scheint es, dass die Kunden von Auktionshäusern deren Eigeninteressen nicht immer in Rechnung stellen und sie blauäugig für das halten, was sie schon lange nicht mehr sind: Makler von Kunstwerken, die ihre Waren zu Großhandelspreisen auf den Markt bringen.

KAPITEL

4

DER KÜNSTLER

VOM MYTHOS ZUR MARKE

Der Fetisch des Kunstmarkts ist der Künstlername.
Walter Benjamin

Ich sehe nicht, welcher Zusammenhang zwischen einem Fünf-Franc-Stück und einer Idee bestehen sollte.
Gustave Flaubert

Wem mich verdingen? Welchen Götzen anbeten? Welches heilige Bild stürmen? Welche Herzen brechen? Welche Lügen decken? In wessen Blute waten?
Arthur Rimbaud, Aufenthalt in der Hölle

Die Magie des Erfolgs

DER KÜNSTLERMYTHOS

Nicht erst seit Harry Potter wissen wir, dass die Wirksamkeit jeden Zaubers von vielen Faktoren abhängig ist. Die Zauberkraft des Hexenmeisters und die richtigen Zutaten sind zwar elementare Voraussetzungen, aber sie allein reichen nicht aus. Der Zaubertrank muss in einer bestimmten Richtung gerührt, die Sterne müssen beobachtet und der Zeitpunkt muss präzise berechnet werden. Erst dann, um Punkt Mitternacht, wenn das Sternbild des Skorpions am westlichen Horizont aufsteigt und die Wölfe dreimal geheult haben, vermag die magische Formel den Zauber erfolgreich auszulösen. Kurz: Die gesamte Existenz muss mitwirken, damit die Magie im entscheidenden Augenblick ihre Wirkung entfalten kann. Das gilt auch für die Magie des Erfolgs in der Kunst.

Die Kunstgeschichte behandelt vor allem die so genannten großen Künstler, jene, die sich über die Masse der vielen unbekannt gebliebenen Künstler erhoben haben. Sie bildet damit die Ergebnisse eines komplexen sozialen, kulturellen und ökonomischen Selektionsprozesses ab, an dessen Anfang das Phänomen der Begabung eines Künstlers steht. Wir wissen nicht, wie viele begabte Künstler auf der Strecke geblieben sind, weil es ihnen nicht gelungen ist, die Ingredienzen aufzubringen, die allein in ihrer Kombination den Zauber des Erfolgs und dessen monetäres Gegenstück – steigende Preise – auslösen. Welche Ingredienzen dies sind, soll im Folgenden untersucht werden.

So gerne, notierte der Maler Paul Signac nach dem Tod seines Freundes Georges Seurat in seinem Tagebuch, hätte dessen Mutter »die großen Werke ihres Sohnes den Museen vermacht, doch welches Museum wäre heute bereit, sie anzunehmen?« Neun Jahre nach Seurats Tod organisierten seine Künstlerfreunde eine Verkaufsausstellung seiner Werke. Die Zeichnungen kosteten ungerahmt 10 Francs, gerahmt 100 Francs. Das Gemälde ›Un Dimanche après-midi à l'île de la Grande Jatte‹ wurde für 800 Francs an einen Pariser Großbürger verkauft. 1911 wurde es dem Metropolitan Museum in New York angeboten, doch der Vorstand weigerte sich, den Ankauf zu bewilligen. Mehr Kunstsinn zeigte 13 Jahre später Frederic Clay Bartlett aus Chicago. Er erwarb das Bild des Postimpressionisten in Paris für 20 000 Dollar und stiftete es dem Art Institute of Chicago. Dort nimmt es bis heute seinen Platz als Schlüsselwerk der europäischen Moderne ein. 1931 bot ein französisches Konsortium vergeblich 400 000 Dollar, um es zurück nach Frankreich zu bringen.[1]

Die Popularität, die das Bild heute erreicht hat, hätte sich niemand träumen lassen. Auf der Hitliste der 50 meistverkauften Kunstposter nimmt ›La Grande Jatte‹ eine Spitzenposition ein, Platz vier nach den Werken von Klimt (›Der Kuss‹), van Gogh (›Die Sternennacht‹) und Chagall (›Die Braut‹).[2] Das Original, einst kaum mehr als ein paar Geldscheine wert, ist unbezahlbar geworden und unverkäuflich. Eine menschenleere Ölstudie zu dem Gemälde kam 1997 auf den Markt und wurde bei Sotheby's für den damaligen Rekordpreis von 35,2 Millionen Dollar versteigert. Vier Jahre später gelangte noch einmal eine Skizze zu dem Gemälde auf den Kunstmarkt. Der Londoner Kunsthändler Richard Green bot die kleine Arbeit auf der Antiquitätenmesse in Maastricht an.[3] Auch wenn wir den Preis nicht kennen, den er dafür verlangte, ist es kein Geheimnis, dass sich ein Kunsthändler für einen so raren Fang fürstlich entlohnen lässt. Das Gemälde ist dasselbe geblieben, auch die künstlerische Absicht, die Grundfarben Punkt für Punkt nebeneinander auf die Leinwand zu setzen, damit sie erst im Auge des Betrachters zu den beabsichtigten Farbtönen verschmelzen. Aber der Maler der steif wirkenden Figuren im flirrenden Licht eines Sommernachmittags hat sich von einem namenlosen Niemand in einen großen Künstler verwandelt, dessen Werke kaum noch mit Geld aufzuwiegen sind. Wie eine solche Transformation gelingt, zeigt das folgende Beispiel.

Die Macht des Mythos

VINCENT VAN GOGH

Dem Künstler wird die magische Kraft zur Transsubstantiation zugeschrieben, die Fähigkeit, Wertloses in Unbezahlbares zu verwandeln. Ähnlich wie ein Priester die Hostie in den Leib Christi und den Wein in das Blut des Herrn verwandelt, so verwandelt der Künstler Farbe und Leinwand, Graphit und Papier oder Ketchup und Hershey-Sirup in etwas, das im Markt zu unbezahlbarer Kunst werden kann. Doch ähnlich wie ein Priester erst die höheren Weihen der Amtskirche empfangen muss, wird auch ein Künstler erst dann zum Produzenten magischen Mehrwerts, wenn das Kunstsystem ihm seinen Segen ausgesprochen hat. So gibt nicht vorrangig das Können eines Künstlers den Ausschlag für den Preis seiner Kunst, nicht seine Begabung oder seine Vision. Maßgeblich für den Preis seiner Werke ist der vom Kunstsystem geschaffene Mythos, durch dessen Prisma sein Werk betrachtet und seine Bedeutung als Künstler gemessen wird. Denn auf der Geldwaage des Kunstmarktes wird nur der vergötterte Künstler unbezahlbar.

In der Gruppe von Künstlern, in der Kunst und Leben zu einer mythischen Einheit verschmelzen, ist van Gogh derzeit der Sieger aller Klassen. Verrückt, unglücklich in der Liebe, als Künstler erfolglos. Dass van Gogh daran litt, ist nicht nur in unserer christlich geprägten Kultur ein gewichtiger Punkt zu seinen Gunsten. Auch in Japan traf der Märtyrer der modernen Malerei früh auf eine begeisterte Anhängerschaft. Als van Goghs ›Sonnenblumen‹ in Japan 1912 reproduziert wurden, brachte ein japanischer Kritiker den Gedanken zum Ausdruck, dass jemand, der van Gogh während des Malens den Blutstrom in den Adern gemessen hätte, dieselben Wallungen wahrgenommen hätte wie auf dem Gemälde.[4] Für die Anhänger des Künstlerkults schuf van Gogh mehr als Malerei. Er verwandelte sein Blut in lodernde Farben und glühende Sonnen, seine Seelenqual in rotierende Sterne und stürzende Wände. Sein Biograph Julius Meier-Graefe, der van Gogh zum Christus der modernen Malerei stilisierte, schrieb: »Ein rasendes Temperament hat sie auf die Leinwand geworfen.«[5] Van Goghs Gemälde galten seither nicht nur als Zeichen seines Leidens. Das Konzept des Selbstausdrucks, das die Kunst seit der Romantik bestimmt hatte und mit dem Expressionismus auf einen neuen Höhepunkt zusteuerte, erlaubte, sie als unmittelbare Verkörperungen seines Leidens und damit als veritable Reliquien zu betrachten. Schließlich hatte Vincent »für viele geschaffen und für viele gelitten«. Damit hatten die Hohepriester des Künstlerkults einen Heiland auserkoren und ihm auch die Dornenkrone aufgesetzt.

Neil McGregor, Direktor der National Gallery in London, liefert am Beispiel der ›Sonnenblumen‹ van Goghs eine Erklärung für dieses Phänomen: »Wir wissen mittlerweile, dass dieses Gemälde für van Gogh ein Ausdruck seiner Freude gewesen sein muss. Er malte es, um die Ankunft von Gauguin in der Provence zu feiern, um die Freude zu zeigen, die er über den Besuch seines Freundes empfand. Aber wir sind so besessen von unserer Vorstellung der Persönlichkeit des Künstlers, dass wir entschlossen sind, in diesem Bild, wie in allen anderen Bildern van Goghs, Zeichen der Qual zu sehen, an der er litt.«[6] Auch das von van Gogh in drei Fassungen gemalte Bild seines Schlafzimmers gilt als sichtbarer Beweis seines Wahnsinns. Die Wände scheinen sich zur Bildmitte hin zu neigen, die optische Wahrnehmung des Raumes wirkt auf bedrückende Weise verzerrt, und das Bild wurde zum Ausdruck eines krankhaften Wirklichkeitsverlustes. Tatsächlich aber hatte der Maler das Zimmer exakt so wiedergegeben, wie es als trapezförmiger Raum mit seiner Dachschräge ausgesehen hatte, was der britische Kunsthistoriker Ronald Pickvance feststellte, als er im Stadtarchiv von Arles die Baupläne des Gelben Hauses sichtete, in dem van Gogh von 1888 bis 1889 wohnte.[7] Auch wenn die internationale Van-Gogh-Forschung den Mythos längst auf seine irdische Dimension zurechtgestutzt hat, das abgeschnittene Ohr in Wahrheit nur ein verletztes Ohrläppchen war, der verzweifelt Erfolglose in Wirklichkeit unter Künstlern hohes Ansehen genoss und sein vermeintlicher Wahnsinn nachvollziehbare Ursachen in Alkohol, neurotischer Disposition und epileptischer Veranlagung hatte, so entfaltet er doch bis heute eine Energie, die ihre Halbwertszeit noch lange nicht erreicht hat.

Am 30. März 1987 entfaltete der Mythos van Gogh seine geballte Kraft und führte zu einer nie da gewesenen Preisexplosion. Van Goghs ›Sonnenblumen‹ wurden bei Christie's für 39,9 Millionen Dollar an den japanischen Versicherungstycoon Yasouda versteigert und sprengten damit die Preisgrenze von 12 Millionen Dollar um ein Vielfaches, die bis dahin selbst für Großmeister der Renaissance wie Andrea Mantegna unüberwindbar gewesen war. Van Goghs Auferstehung erreichte eine Geschwindigkeit von 147 778 Dollar pro Sekunde und dauerte genau 4 Minuten und 30 Sekunden. Mit der Versteigerung des ›Porträt des Dr. Gachet‹ an den japanischen Papierindustriellen Ryhoei Saito vergoldete sich 1990 der um van Gogh erschaffene Märtyrer-Mythos in der astronomischen Summe von 82,5 Millionen Dollar.

Auf welche Weise sich die unterschiedlichen Interessen vom Biographen am Ruhm, vom Händler an Geld, von Sammlern am Erringen der Trophäe zu einer beispiellosen Dynamik verbinden, lässt sich am posthumen Erfolg van Goghs auf exemplarische Weise nachzeichnen. Wie der Kunsthistoriker Stefan Koldehoff nachweist, entstand der Van-Gogh-Mythos nicht zufällig. Er war das Produkt verschiedener, zunächst unabhängig voneinander und aus unterschiedlichen Motivationen begonnener Bemühungen. Sie hatten zum Ziel, »van Gogh nach dessen Tod zu einem populären und damit kunstmarktfähigen Künstler zu machen.«[8]

Theo van Gogh, der kurz nach dem Selbstmord des von ihm bewunderten Bruders Vincent wahrscheinlich an den Folgen einer Syphilis-Erkrankung starb, hinterlässt seiner Witwe Johanna van Gogh »außer dem Kinde noch einen anderen Auftrag, die Arbeit Vincents – diese so viel wie möglich sehen und schätzen zu lassen«. Als umsichtige Nachlassverwalterin und treue Gralshüterin des Van-Gogh-Werks versorgt Johanna den Markt wohldosiert mit Werken ihres Schwagers. Doch die Anerkennung van Goghs bleibt auf einen engen Kreis von Künstlerfreunden und Sammlern beschränkt. Erst als der Publizist Julius Meyer-Graefe als Interpret und Hagiograph ins Spiel kommt und später den Kunsthändler Paul Cassirer mit ins Boot nimmt, wendet sich das Blatt. Meyer-Graefe, nicht nur einer suggestiven Sprache mächtig, sondern auch mit einem untrüglichen Spürsinn für den Zeitgeist begabt, bezeichnet van Gogh als »Mensch, der kämpfte, unterlag und siegte«. Er präsentiert ihn seinen Lesern als »der Schiffbrüchige auf einer Planke mitten im Chaos«, um schließlich zu behaupten, »van Gogh war der Christus der modernen Kunst. Ob er der Heiland ist oder werden kann, das wird von dem Glauben der Jünger abhängen.«[9] Meyer-Graefe verwandelt den Künstler in einen Markennamen, der großen Teilen der Bevölkerung als der eines Heiligen der modernen Kunst geläufig wird und dessen magische Anziehungskraft bis heute andauert. Im Mythos van Gogh verschmelzen der Künstler und der Archetypus des Märtyrers zu einer machtvollen Einheit. Vor dem Hintergrund der Schrecken des Ersten Weltkrieges wird van Gogh schließlich zur kollektiven Identifikationsfigur. Erst als der Mythos sich mit dem um Ausdruck ringenden Zeitgeist verbindet und ihm menschliche Gestalt verleiht, kann er jene Kraft entfalten, die notwendig ist, um ihn in ein kollektives Glaubensbekenntnis zu verwandeln.

Noch am Vorabend des Ersten Weltkrieges waren in Deutschland viele Menschen erfüllt vom Ideal des edlen Selbstopfers für das Vaterland, so die amerikanische Kunsthistorikerin Carol Zemel. Auch unter den Expressionisten sahen etliche den Krieg als Chance, einer maroden Kultur ein Ende zu setzen und ein neues Deutschland auf den Weg zu bringen. Selbst ein frankophiler Mann wie Paul Cassirer gab ein Flugblatt namens ›Kriegszeit‹ heraus, um die deutschen Soldaten an der Front zu unterstützen. Erst als der Krieg in vollem Gange war und viele aus den eigenen Reihen getötet wurden, schlug die Stimmung um. Angesichts der Gräuel des Krieges ergriff viele Künstler und Autoren Schock und Desillusionierung. Im Zusammenwirken mit diesem Aufruhr wuchs die mythische Aura um van Goghs Leben und Werk sehr schnell.[10]

Wie bei jedem Boom gesellte sich bei der Van-Gogh-Manie zur irrationalen Begeisterung bald rational motivierter Betrug. In seinem Buch ›Manias, Panics and Crashes‹ untersucht Charles Kindleberger Ursachen und Verlaufsformen solcher Prozesse. Er kommt zu dem Ergebnis, dass Manipulation und Betrug, die sich als typische Begleiterscheinung in Boomphasen häufen, vor allem durch die explodierende Nachfrage hervorgerufen werden. Ist die Gier aller Mitspieler erst einmal geweckt, schlägt die Stunde des Betrügers. Er betritt die Bühne, um den Überschuss an Nachfrage auszubeuten. So trat auch im Falle der Van-Gogh-Manie im nächsten Akt ein professioneller Manipulationskünstler ins Rampenlicht.

Vorhang auf für Otto Wacker alias Olindo Lovael. Otto Wacker, ein ehemaliger Ausdruckstänzer, der wegen seiner Wandlungsfähigkeit bekannt wurde, brilliert diesmal nicht mit Gaucho-Nummern, religiöser Groteske und Gaukelei in Theatern der deutschen Provinz, sondern als Kunsthändler in Berlin. Die Melange aus Inbrunst, Charme und Verstellungskunst, die dem attraktiven jungen Mann schon auf der Bühne zu Applaus verhalf, sichern ihm auf dem Parkett des Kunsthandels schnellen Erfolg. Die unter Berliner Bankiers- und Industriellenfamilien herrschende Rivalität und Sammelwut lässt das begrenzte Angebot an van Goghs zusehends schrumpfen. Als begnadeter Hochstapler versteht Wacker es, die Gier der Sammler nach den Reliquien des Christus der modernen Malerei mit täuschend echten Bildern, die in der Werkstatt seines Bruders entstehen, zu befriedigen. Händlerkollegen, die seit langem in der Hauptstadt etabliert sind und an dem anhaltenden Van-Gogh-Boom und den in die Höhe schießenden Preisen verdienen wollen, reißen ihm die Bilder aus den Händen. Auf dem Höhepunkt der Van-Gogh-Begeisterung hat er den Markt mit vermutlich bis zu 30 Fälschungen beliefert.[11] Dass dabei anerkannte Experten, unter ihnen Julius Meyer-Graefe persönlich, ihre Namen unter Echtheitszertifikate setzten, von denen einige erst in jüngster Zeit angefochten wurden, scheint auf den ersten Blick erstaunlich. Doch dies ist, wie wir noch sehen werden, ein wiederkehrendes Muster von Fälschungsskandalen.

Vom Mythos zur Marke

PABLO PICASSO

Der ungekrönte König des Kunstmarkts ist seit mehr als zehn Jahren Pablo Picasso. Seine Werke bescheren den internationalen Auktionshäusern jährliche Umsätze von 225 Millionen Dollar. Jedes Jahr wechseln mehr als 1000 Picasso-Werke die Besitzer. Picasso ist die unangefochtene Nummer eins in Gemälden, Drucken und Keramiken und Nummer zwei in Zeichnungen. Acht der zwanzig teuersten Bilder der Welt stammen von Picasso. Der Meister aus Malaga durchbrach auch als Erster die Schallgrenze von 100 Millionen Dollar für ein Einzelkunstwerk. Nach kaum sieben Minuten Bieten durch den Auktionator Tobias Meyer überrundete Picassos ›Le Garçon à la Pipe‹ am 5. Mai 2004 van Goghs ›Le Portrait du Docteur Gachet‹ und wechselte für 104 Millionen Dollar den Besitzer. Die Gruppe der Sammler, die es auf die Werke des spanischen Großkünstlers abgesehen haben, erfreut sich stetigen Zulaufs. Die neuen

Superreichen, die sich mit einem Picasso in die erste Reihe der Kunstelite katapultieren wollen, kommen aus Ländern wie der Ukraine und Singapur.[12]

Picasso ist ein weiteres Beispiel für den Künstlermythos und seine Wirkung auf Preise. Er gilt als der größte Künstler des zwanzigsten Jahrhunderts. Kein Maler und kein Bildhauer vor ihm hatte zu Lebzeiten ein so großes Publikum. Er war der erste Künstler der Geschichte, der die Aufmerksamkeit der Massenmedien auf sich zog und noch vor seinem fünfzigsten Geburtstag zur öffentlichen Figur wurde. Was ihn zum Quotenbringer in Museen und zum Spitzenreiter im Kunstmarkt gemacht hat, war nicht allein die Polarisierungskraft seines Werks. Er hatte ein klar definiertes Ziel. Daniel-Henry Kahnweiler, sein Händler am Beginn und Ende seiner Karriere, berichtet, wie Picasso ihm gestand: »Ich will leben wie ein armer Mann mit einem Haufen Geld.«[13] Picasso wollte frei sein. Das bedeutete für ihn auch, frei von finanziellen Sorgen zu sein. Dazu brauchte er kommerziellen Erfolg. Vom Beginn seiner Karriere an setzte er all seine Talente ein, um dieses Ziel zu erreichen. Eine rückblickende Analyse seines Vorgehens zeigt, dass er intuitiv die Gesetze des modernen Marketings vorwegnahm und der Welt nicht nur seine Kunst vorführte, sondern auch das Kunststück, wie man eine Weltmarke etabliert.

Wie bewusst Picasso seine Außenwirkung gestaltete, lässt sich an der Geschichte seiner Signatur ablesen. Sie ist ein Musterbeispiel für die Entwicklung eines Markennamens. Parallel zur allmählichen Ablösung von seinem Vater veränderte Picasso seine Signatur und demonstrierte damit auch nach außen seine zunehmende künstlerische Eigenständigkeit. Als Sohn und Schüler seines Vaters, der Lehrer an der Kunstgewerbeschule in Malaga war, unterzeichnete der junge Pablo noch mit dem Familiennamen seines Vaters: »P. Ruiz«. Später fügte er den Nachnamen seiner Mutter hinzu: »P. Ruiz Picasso«. Als junger Maler in Barcelona lässt er den Namen seines Vaters nur noch als Initiale auftauchen und wird zu »P. R. Picasso«. Erst 1902 in Paris, als er mit den Werken der blauen Periode erstmals mit einem eigenen Stil in Erscheinung tritt, streicht er sämtliche Initialen und präsentiert sich als »Picasso«.[14]

Picasso lebte während seiner ersten Jahre in Paris in bitterer Armut. Das einzige Kapital, das ihm außer seiner Kunstbegabung zur Verfügung stand, war seine Fähigkeit, die richtigen Partner zu wählen, die ihm beim Erreichen seines Ziels nützlich sein konnten. Heute gibt es dafür den Begriff des *network marketing*. Einer war der Pariser Kunsthändler Ambroise Vollard. Er hatte für die Impressionisten zwanzig Jahre hart um Preise gekämpft, bis es ihm gelungen war, einen funktionierenden Markt außerhalb von Akademie und staatlicher Förderung aufzubauen. Er war es auch, der Picasso 1901 seine erste Ausstellung gewährte. Die Bilder dieser Ausstellung machen sichtbar, wie Picasso sich seiner Kunst bediente, um sich der Unterstützung von Händlern, Kuratoren und Kritikern zu versichern. Wenn er Pariser Szenen in großzügiger Pinselführung und lebhaften Farben malte, experimentierte er nicht nur mit den unterschiedlichen Stilen der Künstler der frühen Moderne, sondern brachte sich damit auch gezielt als Nachfolger der Spätimpressionisten ins Spiel. Drei der Bilder zielten noch direkter auf die Gunst ihrer Adressaten. Es waren Porträts der drei Männer, denen die Ausstellung zu verdanken war, Pedro Manach, Picassos Agent, der Vollard zu der Ausstellung überredet hatte, Gustave Coquiot, der Kritiker und Sammler, der das lobende Vorwort im Katalog geschrieben hatte, und Vollard selber. Zwei weitere Bilder schenkte Picasso Kritikern, die daraufhin wohlwollende Rezensionen verfassten.[15]

Auch wenn Vollard Picasso nicht in seine Galerie aufnahm, lehrte er ihn die Realitäten des Marktes. Vollard hatte eine eigene Variante der Verknappung des Angebots entwickelt, die Technik der schwindenden Optionen. Wenn Kunden in seine Galerie kamen, zeigte er ihnen drei Gemälde, ohne einen Preis zu nennen, und gab dann vor zu schlafen. Die Kunden mussten gehen, ohne eine Kaufentscheidung gefällt zu haben. Wenn sie am kommenden Tag wiederkamen, zeigte der Kunsthändler ihnen drei weniger interessante Bilder und gab vor, die anderen seien verkauft. Dasselbe Spiel wiederholte er am dritten Tag, bis den Kunden klar wurde, dass sie lieber jetzt kauften, statt sich am Ende mit etwas noch Schlechterem zufriedengeben zu müssen.[16] Nicht nur Matisse, später als Verhandlungspartner gefürchtet, auch Picasso hatte seine Lektionen bei Vollard gelernt. Mehr als vierzig Jahre nach seiner Ausstellung bei Vollard gestand Picasso seiner Lebensgefährtin Françoise Gilot, dass er seine eigenen Manöver noch immer auf Vollards Taktik aufbaute. Auch wenn er verkündete, die beste Kalkulation sei keine Kalkulation, zog er die Verhaltensmuster seiner Verhandlungspartner im Voraus in Betracht und entwickelte sich zu einem Meister der psychologischen Kriegsführung. So handelte er immer wieder vorteilhafte Verträge mit seinen Händlern aus, die ihm sowohl maximale Unabhängigkeit als auch maximale Unterstützung garantierten.

1907 malte Picasso sein berühmtes Bild ›Les Demoiselles d'Avignon‹. Es ist nicht nur ein Schlüsselwerk der modernen Kunst, sondern auch ein Beispiel für Picassos geniales Spiel mit Aneignung und Innovation. Er übernahm die Formensprache afrikanischer Skulpturen und den Bildaufbau von Cezannes ›Badenden‹. Dabei warf er Grundregeln der Malerei über Bord, die seit der Renaissance verbindlich waren. Die menschlichen Figuren waren aus geometrischen Flächen zusammengesetzt, die Zentralperspektive war aufgehoben, die Raumillusion eliminiert und die Farbe ihres Stimmungswerts beraubt. Marketingspezialisten werden für dieses Vorgehen Jahrzehnte später die MAYA-Formel prägen: most advanced, yet acceptable. Doch als Einzelwerk stand das Bild noch auf verlorenem Posten. Freunde nannten es barbarisch, Kritiker bezeichneten es als künstlerischen Irrtum. So begann Picasso, seine Innovation auf andere Genres zu übertragen, und malte Stillleben, Landschaften, Porträts und Akte in der neuen Formensprache. Er transformierte sie auf diese Weise in einen eigenen Stil, den Kubismus, ein Vorgehen, das im Marketing *category positioning* genannt wird. Picasso war von seiner Innovation überzeugt. Zugleich war ihm bewusst, dass er sie nicht im Alleingang durchsetzen konnte. Er verbündete sich mit dem Maler Georges Braque, der zur selben Zeit an ähnlichen Formentwicklungen arbeitete. Mit dem Kunsthändler Daniel-Henry Kahnweiler vereinbarten sie eine gemeinsame Vermarktung. Getreu dem Sprichwort, dass der Prophet im eigenen Land nichts gilt, begann Kahnweiler die Eroberung der Kunstwelt im Ausland. Die deutlich höheren Preise, die er dabei für Picasso festlegte, positionierten diesen an der Spitze der kubistischen Künstler, und der selektive Verkauf seiner Arbeiten an bedeutende Sammler sorgte für Exklusivität und steigende Preise.[17]

1918 kontaktierte Picasso die Kunsthändler Paul Rosenberg und Georges Wildenstein, deren finanzielle Ressourcen und geographische Reichweite die ihrer Vorgänger Vollard und Kahnweiler um ein Vielfaches übertrafen. Sie boten dem Künstler eine weltweite Repräsentanz an, die 1939 in einer triumphalen Retrospektive im Museum of Modern Art in New York ihren Höhepunkt erreichte. Mit der Ausstellung, die schon nach wenigen Tagen mehr Besucher in das Museum zog als die vorangegangene Van-Gogh-Ausstellung und die der ungarische Fotograf Brassai als Apotheose Picassos bezeichnete, hatte Picasso sich endgültig als Weltmarke der Kunst etabliert. Er war nicht nur zum Meister der modernen Malerei geworden, sondern auch zum Meister der modernen Selbstvermarktung.

Die Vermarktung war ein zentraler Schlüssel für die Positionierung der Avantgarde-Kunst. Auch heute ist sie für alle Künstler, die als Unternehmer in eigener Sache in einem umkämpften Markt operieren, Voraussetzung für ökonomischen Erfolg. Bei van Gogh und Picasso herrscht weitgehend Einigkeit darüber, dass die hohen Preise für ihre Werke der großen Bedeutung ihres Schaffens entsprechen. Doch wenn in einem boomenden Markt die kurzen Zyklen der Vermarktung die langen Zyklen künstlerischer Entwicklung überholen, droht die Verbindung von Preis und Wert abzureißen. Wie auch ohne das Fundament eines gewachsenen Œuvres und ohne einen Konsens über die Bedeutung eines Künstlers in kurzer Zeit ein Mythos geschaffen, Marktwert produziert und hohe Preise erzielt werden können, zeigt das folgende Beispiel.

Heros und Heroin

JEAN-MICHEL BASQUIAT

Zu den zehn größten Umsatzbringern auf Auktionen zählt seit mehreren Jahren neben Picasso, Warhol und Chagall der jung verstorbene Jean-Michel Basquiat.[18] Basquiat, ein farbiger Künstler, der 1988 an einer Überdosis Heroin starb, ist eine moderne Variante des Van-Gogh-Mythos. ›Saint Jean Michel‹[19], ›Altars of Sacrifice‹[20], ›The Writing on the Wall‹[21] titelten Kunstkritiker ihre Abhandlungen über den als neuen Märtyrer der Kunst vorgestellten Maler. In der Boomphase der achtziger Jahre hatte sich die Geschwindigkeit gesteigert, mit der Händler, Kritiker und Kuratoren einen Künstler von der ersten Anerkennung zu durchschlagendem kommerziellen Erfolg bringen konnten. Der raketenartige Aufstieg von Jean-Michel Basquiat war das markanteste Beispiel dafür. Basquiat war ein junger Maler haitianischer Abstammung, der von Jeffrey Deitch, damals Kunstberater, Henry Geldzahler, Kurator für Gegenwartskunst am Metropolitan Museum of Art, und Peter Schjedahl, Kunstkritiker der Village Voice, in den späten siebziger Jahren entdeckt und protegiert wurde.[22] Wie Picasso verfügte auch Basquiat über das Talent, die richtigen

Verbindungen zu knüpfen. Er befreundete sich mit Andy Warhol und arbeitete mit ihm gemeinsam an Gemälden. Durch die Nähe zu dem Superstar der Pop Art begannen auch seine eigenen künstlerischen Aktien zu steigen. Bereits 1982 hatte er seine ersten Einzelausstellungen in den Galerien von Anina Nosei und Larry Gagosian in Los Angeles und bei Bruno Bischofsberger in Zürich.

Basquiats Verbindungen dienten ihm zweifellos als Sprungbrett in die einflussreichen Kreise der New Yorker Kunstwelt. Doch das war nicht der alleinige Grund für seinen Aufstieg in die Gruppe der Marktführer im Auktionshandel. Als Künstler wurde er immerhin mit Goya verglichen, als Umsatzträger stand er auf Augenhöhe mit Picasso. Angesichts dieser Superlative stellt sich die Frage, warum er mit seiner Malerei einen solchen durchschlagenden Erfolg hatte. War es sein Talent? War es sein Anknüpfen an die Art brut? Waren es seine Anleihen bei afrikanischer Kunst? Oder seine spontan wirkenden, sich auf zahllosen Bildern stereotyp wiederholenden Piktogramme? Der amerikanische Kunstkritiker Robert Hughes fand eine Antwort darauf: Der explosive Cocktail, der den jungen Künstler ins Reich von Erfolg, Geld und Glamour katapultierte, bestand neben seiner Freundschaft zu Andy Warhol aus »einer Giftmischung von Vulgaritäten«.[23] Rassismus und Schuldgefühl waren die brennbaren Substanzen, Fetischismus und Kunstspekulation der zündende Treibsatz. All das beförderte Jean-Michel Basquiat aus seinem Leben als Sohn einer assimilierten Mittelstandsfamilie, der ein Jahr vor Schulabschluss ausgezogen war, um mit seinen Freunden zusammen zu leben und selbst produzierte Postkarten und T-Shirts zu verkaufen, in die Umlaufbahn einer weißen Kunstwelt, wo er zum diskriminierten Straßenkind stilisiert wurde und seine Heroinabhängigkeit mehr oder weniger offene Spekulationen auf seinen frühen Tod anheizte.

Alle, die an seiner Karriere beteiligt waren, bastelten an dem Klischee des farbigen Künstlers als reinem Wilden, naivem Opfer und genialem Kind und strickten an der Legende vom Minderheiten-Heros. Gemeinsam produzierten sie den Mythos von Jean-Michel Basquiat als begnadetem und verdammtem Künstler. Und alle, nicht zuletzt seine Sammler verdienten daran. Mit seinem Tod war Basquiats Wirken an seinem Werk abgeschlossen. Von da an arbeiteten andere daran. Kurz nach seinem frühen Ableben waren die Preise für seine Bilder auf Auktionen auf bis zu 500 000 Dollar gestiegen. Über die Bedeutung von Jean-Michel Basquiat herrscht bis heute keine Einigkeit. Doch der Markt ist gegen diese Zweifel immun. Solange die Nachfrage das Angebot übersteigt, gelten Basquiats Werke als sicheres Investment. Im Jahr 2005 erzielte die teuerste Arbeit von Basquiat 2,3 Millionen Dollar.[24]

Vom Handwerker zum Genie

URSPRUNG DES KÜNSTLERMYTHOS

Edvard Munchs ›Schrei‹ ist eines der wenigen Kunstwerke, das bekannter ist als sein Schöpfer. Die Regel ist: Der Künstlername ist der Preistreiber Nummer eins. Ob als Mythos oder als Marke, ob im sakralen Heiligenschein des begnadeten Genies oder der profanen Inszenierung als erfolgreicher Star – die Figur des Künstlers steht im Zentrum der Preisspiralen des Kunstmarkts. Seine Sonderstellung in der Gesellschaft begründet die Sonderposition seiner Produkte und deren Sonderpreise. Sie ist das Ergebnis einer historischen Entwicklung, an deren Anfang der Künstler aus der Anonymität des abhängigen Handwerkers ins Rampenlicht der Kunstgeschichte trat. Die Figur des Künstlers zwischen idealisiertem Schöpfergott und stigmatisiertem Außenseiter ist ein schillerndes Vexierbild aus Mythos und Wirklichkeit, aus kultureller Verklärung und sozialer Realität. Es findet seinen Ausdruck in den Projektionen des Publikums und den Selbstinszenierungen von Künstlern und spiegelt zugleich deren ambivalente Lebenswirklichkeit zwischen Außenseitertum und Akzeptanzsuche. Aus der griechischen Antike stammt das Bild des Helden, das im Mittelalter in Gestalt von Märtyrern und Heiligen christliche Züge annahm und in der Renaissance in Gestalt des Künstlers zu humanistisch inspiriertem Leben erwachte.[25] Seit der Renaissance hat sich das Bild vom Künstler als universalem Intellektuellen über das intuitive Genie der Romantik zum medientauglichen Popstar der Gegenwart gewandelt. Sein unwandelbarer Kern ist die kreative Persönlichkeit, die ein zentrales Ideal unserer Kultur verkörpert und deren Produkte deshalb nicht zufällig zu den am teuersten gehandelten Waren in unserem Kulturkreis zählen. In der historischen Perspektive wird deutlich, wie die Person des Künstlers zum Dreh- und Angelpunkt der Wertschöpfung im Kunstmarkt wurde. Der Aufstieg des Künstlers vom abhängigen Handwerker zum autonomen Schöpfer vollzog sich in einem Jahrhunderte dauernden Prozess, der sich im Kraftfeld zeitgleicher kultureller, sozialer, politischer, und ökonomischer Veränderungen entfaltete. An seinem Anfang stand die mit der Renaissance aufkommende Verklärung des schöpferischen Individuums. Vor der Renaissance hatte man die Fähigkeit zur Schöpfung allein Gott zuerkannt. Kreativität beschränkte sich auf die Kombination dessen, was Gott dem Menschen mit seiner Schöpfung zur Verfügung gestellt hatte. Der Künstler war ein Handwerker – in die Schranken gewiesen durch den Allmächtigen und die Vorgaben seiner Auftraggeber.

Ein Paradigmenwechsel, der die Befreiung des Künstlers einleitete, war die Erfindung der Zentralperspektive durch den Architekten, Bildhauer, Maler und Erfinder Filippo Brunelleschi. Die perspektivische Malerei erzeugte eine Illusion von Wirklichkeit, die weit über die bisherige Darstellungsweise hinausging. Alle dargestellten Objekte ordneten sich um die Achse zwischen dem Betrachter und dem Fluchtpunkt im Gemälde. Der Betrachter stand nicht mehr außerhalb, sondern fand sich mit einem Mal im Mittelpunkt eines vom Künstler geschaffenen Welt-Raums. Spätestens hier begann die Schöpferkraft des einzelnen Künstlers im Kunstwerk aufzuscheinen und das Handwerk zu überstrahlen. Giorgio Vasari berichtet von Leonardo, er habe halbe Tage auf dem Malgerüst gestanden, ohne auch nur einen Pinsel anzurühren. Darauf angesprochen, habe der Künstler geantwortet: »Erhabene Geister sind dann am produktivsten, wenn sie gar nicht zu arbeiten scheinen. In ihrem Kopf ersinnen sie neue Erfindungen und jene Bilder, welche sie mit ihren Händen ausführen.«

Als einige Künstler aufgrund ihrer Bilderfindungen in den Status von Hofkünstlern erhoben wurden, begann ihre Emanzipation von den Vorgaben der Auftraggeber. In dem Maße, wie der Ehrgeiz von Prinzen und Päpsten, Bilder berühmter Maler zu besitzen, über das Bedürfnis siegte, Bildinhalte zu bestimmen, wuchs die Autonomie der Künstler. Als sich die Herzogin von Mailand bei Francesco Gonzaga darüber beschwerte, dass Mantegna sich ihrem Verlangen verweigert hatte, ihr Porträt in elegantere Formen zu bringen, lautete sein Rat: »Diese hervorragenden Maler sind irgendwie seltsam und es empfiehlt sich, von ihnen zu nehmen, was immer man von ihnen bekommen kann.«[26] Von Michelangelo wird berichtet, dass er im Umgang mit seinem Auftraggeber Papst Julius II. so wenig Rücksicht auf protokollarische Regeln nahm, dass dieser stets versuchte, sich so schnell wie möglich zu setzen, um Michelangelo zuvorzukommen. Doch die neue Freiheit war fragil. Die goldene Nabelschnur, die den Künstler mit seinem Auftraggeber verband, war oft nicht haltbarer als ein seidener Faden. Die Briefe desselben Michelangelo dokumentieren, wie er um das Wohlwollen seines Gönners rang. »Was meine Abreise anlangt«, schreibt er an einen Freund, »so hörte ich den Papst am Ostersonntag wahrhaftig sagen, er wolle keinen Heller mehr für große oder kleine Steine ausgeben, worüber ich sehr erstaunt war. Gleichwohl bat ich, ehe ich ging, um einen Teil dessen, was mir für die Fortsetzung der Arbeit zustand. Seine Heiligkeit antwortete mir, ich solle am Montag wieder kommen. Und ich kam wieder, am Montag, am Dienstag, am Mittwoch, am Donnerstag, wie seine Heiligkeit sehr wohl wusste. Schließlich am Freitagmorgen wurde ich hinausgeschickt, das heißt: hinausgeworfen.«[27] Auch Raffael wusste, was es heißt, »seiner Freiheit beraubt zu sein und in der Pflicht eines Herren zu leben«, wie er 1508 einem Freund gestand. Trotz allem waren Hofkünstler eine privilegierte Elite. Für jeden Leonardo, dem der Legende nach der König Franz I. die Hand beim Sterben gehalten hatte, und für jeden Tizian, dessen hingeworfener Pinsel angeblich von Karl V. aufgehoben wurde, gab es tausende namenloser Künstler, die Jahr um Jahr auftragsgemäß ihre Verpflichtungen als Künstler-Handwerker erfüllten.

Einer der ersten nordeuropäischen Künstler, der den Gedanken individueller Kreativität aufgriff, war Albrecht Dürer. Aus dem Humanismus, mit dem er auf seinen Reisen nach Italien in Berührung gekommen war, und der Beobachtung seines eigenen Schaffens entwickelte er eine neue Vorstellung vom Künstler, die ihn über einen Handwerker hinaushob. Um 1512 notierte er, dass der Maler »inwendig voll der Figuren« sei und mit der Fähigkeit begabt, »etwas Neues aus sich herauszugießen.« Um 1520 brachte er die Beobachtung zu Papier, dass »ein Mann oft an einem Tag etwas mit seinem Stift auf ein halbes Blatt Papier zeichnet, und diese scheinbar hastig improvisierte Skizze kunstvoller und besser ist als das große Werk eines anderen, der darauf ein ganzes Jahr sorgfältiger Arbeit verwendet hat«.[28] Dürer befand sich damit an der Schwelle des Übergangs von handwerklicher Tradition zu freier Kreativität. In seinen Überlegungen und seinem Schaffen kehrte er die Rangfolge der beiden Elemente um. Die Beherrschung der Technik, die bis dahin das künstlerische Schaffen bestimmt hatte, sollte von nun an dem kreativen Impuls zu Diensten sein.[29] Das hatte Folgen für das Berufsbild des Künstlers. So nahm die Zahl der Maler, deren Vater selbst Maler gewesen war, im siebzehnten Jahrhundert in den Niederlanden deutlich ab. Entscheidend für den Beruf des Künstlers wurde das individuelle Talent und nicht mehr die familiäre Handwerkstradition.

Das Ideal der Freiheit

EUROPA

Noch lange waren im idealen Künstler Kreativität und Regel, Inspiration und Fertigkeit, Innovation und Nachahmung, Freiheit und Dienstbarkeit zu einer Einheit verschmolzen. Im Laufe des achtzehnten Jahrhunderts wurden diese Qualitäten auseinanderdividiert. Alle poetischen Eigenschaften wie Inspiration, Imagination, Kreativität und Freiheit wurden als Manifestationen schöpferischer Individualität dem Künstler zugeschrieben, alle mechanischen Eigenschaften wie Fertigkeit, Regel, Nachahmung und Dienstbarkeit dem Kunsthandwerker. Der Dictionnaire der Académie Française von 1762 definiert einen Künstler als Arbeiter in einer Kunst, »in der Genie und Hand miteinander im Wettstreit stehen«, wohingegen ein Handwerker als »Arbeiter in einer mechanischen Kunst« bezeichnet wird.[30] Das Genie brachte von jetzt an alle Eigenschaften auf den Punkt, die den freien kreativen Künstler von dem abhängigen routinierten Kunsthandwerker unterscheiden sollten.[31] Zu Beginn des achtzehnten Jahrhunderts war das Menschenbild der Aufklärung noch von der Vorstellung geprägt, das jeder Mensch irgendeine Art von Genius oder Talent besitzt und diese besondere Gabe sich allein durch deren Unterwerfung unter die Vernunft entfalten kann. Nicht nur, das sich am Ende des Jahrhunderts die Beziehung vom Genius zur Vernunft umgekehrt hatte. Auch Talent und Genius waren zu Gegensätzen geworden. Der Genius wurde nicht länger als etwas betrachtet, das jeder Mensch im Sinne einer Begabung besaß, sondern als etwas, das nur ein außergewöhnlicher Mensch verkörpern konnte: das Genie. Vor allem eine Qualität wurde zum Erkennungszeichen des wahren Genies: Freiheit.

Freiheit! 1789 wehten die Fahnen der Revolution und verkündeten die Parole, die ganz Europa transformieren sollte. Das Ideal des freien Individuums war der Katalysator, der in allen gesellschaftlichen Bereichen Umwandlungsprozesse in Gang setzte, deren Fernwirkungen bis heute anhalten. In der Wissenschaft, der Justiz, der Politik, der Technik und – der Kunst. Ein säkularer fortschrittlicher Individualismus war der aktive Kern der Aufklärung. Sein Hauptziel war die Befreiung des Individuums aus den Fesseln der Vergangenheit: den Traditionen des Mittelalters, dem Aberglauben der Kirche und der sozialen Herkunft. Freiheit! Die Erwartungen waren hoch und die Ergebnisse dieses Denkens / Sehnens waren gegen Ende des achtzehnten Jahrhunderts überall zu sehen. Waren zu Anfang des Jahrhunderts noch Hexen verbrannt worden, so hatten an seinem Ende aufgeklärte Regierungen wie die Österreichs nicht nur die Folter abgeschafft, sondern auch die Leibeigenschaft.[32] Die ungefesselte Ausübung individuellen Talents stand im Zentrum der großen wissenschaftlichen, technologischen und sozialen Umwälzungen. Das Genie und der Ingenieur wurden zu Leitfiguren einer beispiellosen Begeisterung des Menschen durch sich selbst und seine Macht, die Welt nach seinem Willen zu gestalten und die Bedingungen seines Glücks selbst zu erschaffen.[33] Unter diesen Vorzeichen begann sich die Rolle des Künstlers im Jahrhundert der politischen und industriellen Revolution weiter aus ihrem traditionellen Kontext herauszulösen. Es hatte zwar schon lange eine Elite von Künstlern gegeben, die Freiheit vom Diktat der Auftraggeber beanspruchte. Doch nun formulierte sie ihre Forderung nach allumfassender Unabhängigkeit. Die Idee der Freiheit im Gegensatz zur Abhängigkeit des Kunsthandwerkers wurde zum fundamentalen Konzept, aus dem all die idealen Eigenschaften erwuchsen, die von nun an den wahren Künstler ausmachen sollten: Freiheit von der Nachahmung traditioneller Modelle (Originalität), Freiheit vom Diktat von Vernunft und Regel (Inspiration), Freiheit von der Nachahmung der Natur (Kreation). Der Künstler wird zum Schöpfer, der frei wie Gott seine eigene Welt erschafft.

Himmelfahrt

VOM BERUF ZUR BERUFUNG

Noch Mitte des siebzehnten Jahrhunderts gleicht die kulturelle Szene Europas der Wüste Gobi. »Keine öffentlichen Bibliotheken, keine Konzerte, keine Museen«, beschreibt der englische Historiker J. H. Plumb die Situation in England.[34] All diese Institutionen gehören am Ende des achtzehnten Jahrhunderts zum kulturellen Leben der Europäer. Die Revolution hatte auch die Kunst revolutioniert. Waren Kunstwerke bis dahin in adligem Besitz und nur einer kleinen Oberschicht zugänglich gewesen, so öffneten nun Museen ihre Pforten für das große Publikum. Als erstes Kunstmuseum wird 1793 am ersten Jahrestag der Enthauptung Ludwigs XVI. der Louvre in Paris eröffnet. Die Bürger werden in den Andachtsregeln der Kunstbetrachtung unterwiesen. Sie lernen, im Konzert nicht mehr zu raufen und zu grölen und im Museum weder Karten zu spielen noch Späße zu reißen. Im Louvre ermahnen Schilder die Besucher, die Kunstgalerie als »Ort der Stille und der Meditation« zu respektieren.[35] Der deutsche Philosoph Immanuel Kant empfiehlt den Bürgern für den angemessenen Umgang mit der Kunst das interesselose Wohlgefallen. Im alten Kunstsystem war Kunst stets an ein Interesse des Auftraggebers gebunden, mochte es religiös oder politisch sein. Im neuen Kunstsystem sollte die Kunst auch nicht mehr dem sinnlichen Vergnügen dienen, sondern der geistigen Kontemplation. Daran ließen es nicht nur die ungebildeten Armen fehlen, auch die unmäßigen Reichen, die Kunst mit ihrem Verlangen nach Luxus verbanden.

Die den Aristokraten vorbehaltene Bildungsreise – in England die Continental Grand Tour, in Frankreich und Deutschland die Italienreise – wird im Bürgertum populär. Das Wort *Tourist* kommt auf. Der Begriff *Kunst* wird zu einer eigenständigen Kategorie. Kunstmuseen, Kunsttourismus, Kunstgeschichte und Kunstkritik entstehen. Während die Institutionen der neuen Kunstreligion in atemberaubendem Tempo Europa überziehen und deren Missionare das Publikum im Katechismus der Andachtsregeln unterweisen, wird der letzte Akt geprobt: die Himmelfahrt des Künstlers und die Heiligsprechung der Kunst. Im neunzehnten Jahrhundert wird der Beruf des Künstlers zur spirituellen Berufung, und die Kunst steigt auf zu höchstem kulturellen Wert. Das Bild des Künstlers mit seinen Anklängen an geniale Freiheit und kreative Vorstellungskraft überzeugt das Publikum, dass Kunstexperten am besten wissen, was hoch geschätzt und teuer bezahlt werden sollte.

Der Kunstkult beginnt und mit ihm die sakrale Aura, die ihn bis heute umgibt. Das markiert den vorläufigen Schlusspunkt des siegreichen Kreuzzugs, der das moderne Kunstsystem als neuen Glauben und den Künstler als dessen Heilsbringer auf Erden installiert. Kunst wird zur Zivilreligion und der Künstler zum Genie, in dessen Schaffen sich das bürgerliche Ideal vom autonomen Subjekt verwirklicht. Das Publikum bestaunt auf der Bühne der Kunst das Schöne, Wahre, Gute, die ersehnte Utopie, den überfälligen Tabubruch, die vertraute Wirklichkeit aus unvertrauter Perspektive. Berauscht von dieser Bewusstseinsdroge, die Aufputschmittel sein kann, Narkotikum oder Gegengift, entflieht es für einen Augenblick der kollektiven Trance des Konformismus. Die Welt mit anderen Augen sehen, den Fokus verschieben, sich aus Mustern lösen, Einzigartigkeit kosten, Individualität spüren, diese Versprechen sollen Künstler auch heute noch mit ihren Werken einlösen. Was von den Aposteln der neuen Kunstreligion als Entfaltung einer universellen Wahrheit gefeiert wurde, war das Ergebnis eines komplexen historischen Wandels, in dem soziale, intellektuelle und institutionelle Entwicklungen auf einmalige Weise zusammenwirkten. Er vollzog sich parallel zum gesellschaftlichen Wandel der Feudalgesellschaft zur bürgerlich-demokratischen Gesellschaft. Nach dem Jahrhunderte dauernden Prozess der Befreiung von klerikaler und feudaler Macht wurde der Künstler in die raue Freiheit des Marktes entlassen.

Neue Zwänge

DIE FREIHEIT DES MARKTES

Historiker haben den Übergang von der Patronage zum Markt oft als Befreiung beschrieben. Richtig daran ist, dass die Emanzipation der Kunst von feudalistischer Bevormundung mit der Entwicklung eines kapitalistischen Marktes zusammenfiel, durch den der Künstler das Recht erlangte, über seine kreativen Leistungen als geistiges Eigentum zu verfügen. Richtig ist auch, dass der Künstler-Handwerker einen niedrigeren Rang einnahm als sein Patron und sich dessen Wünschen unterwerfen musste. Im Markt begegnen sich Künstler und Käufer auf derselben Augenhöhe. Im Gegensatz zum Patronage- und zum Akademiesystem erlaubte er dem Künstler, sich auch mit solchen Ideen an das Publikum zu wenden, die den vorherrschenden künstlerischen Konventionen zuwiderliefen. Doch man sollte die Freiheit des Marktsystems nicht überschätzen. Denn wenn Künstler von ihrer Kunst leben wollen, müssen sie Arbeiten anbieten, die zumindest von einem Teil des Publikums und der Kritik akzeptiert werden. Das Insistieren der Künstler auf Unabhängigkeit, das seit dem achtzehnten Jahrhundert zum Leitmotiv in der Kunst wurde, ist zum Teil eine Reaktion auf ihre neue Abhängigkeit vom Markt.[36]

Die Janusköpfigkeit des Wandels zeigte sich in den Reaktionen darauf. Anfangs hießen viele Künstler den Wandel von der Patronage zum Markt willkommen. Besonders in England wurde die neue Freiheit von handwerklich orientierten Künstlern wie dem Kupferstecher und Maler William Hogarth und dem Schriftsteller Samuel Johnson bejubelt. Johnson sah keinen Konflikt zwischen Kunst und Geld: »Nur ein Dickschädel hat je außer für Geld geschrieben.« Doch andere sahen darin die Verführung des Künstlers zu Spekulation und Verrat an seiner Aufgabe. Ausstellungen wurden als Bazare diffamiert und als Ursache für den Niedergang der Kunst verantwortlich gemacht.[37] Für die Romantiker wurde das zahlende Publikum zum Klotz am Bein der Kunst. »Wo eine Sicht des Geldes existiert, kann keine Kunst gedeihen«, erklärte William Blake. Die Dialektik von Kunst und Geld hatte ihre heutige Form angenommen: Der Künstler muss sich unabhängig von jenen Leuten zeigen, deren Anerkennung für seinen Erfolg unverzichtbar ist.

Das Bekenntnis zum Geld

USA

Die Neue Welt kannte den Konflikt zwischen Kunst und Markt nicht. Jenseits des Atlantik mündete der Individualismus in pragmatischen Werten: Amerika bekannte sich zu Tatkraft und Geld. Der romantische Individualismus, der im Europa des neunzehnten Jahrhunderts den Typus des Künstlers als Dandy, Bohemien oder Rebell am Rande der Gesellschaft hervorgebracht hatte, besaß für die amerikanischen Künstler derselben Epoche kaum Anziehungskraft. Im Gegenteil: Das planmäßige und unsentimentale Gewinnstreben sämtlicher Berufszweige, so die

Kunsthistorikerin Ursula Frohne in ihrer Untersuchung der Erfolgsstrategien amerikanischer Künstler, beeinflusste auch das Selbstverständnis des Künstlers.[38] Nicht die innere Berufung galt als Voraussetzung für die Gottgefälligkeit einer Arbeit, sondern deren Nützlichkeit, die sich an der mit ihr verdienten Geldsumme ermessen ließ. 1896 proklamierte ein anonymer Autor in dem amerikanischen Kunstmagazin ›Art Amateur‹: »Genie wird nur in Menschen erkannt, die erfolgreich sind.« Er formulierte damit das Motto, das zur Handlungsmaxime des modernen Künstlers in den USA wurde. Es prägte ein an Markt und Konsum orientiertes Kunstverständnis, das heute mit New York als dem bedeutendsten Handelszentrum des internationalen Kunstmarkts nicht nur das europäische Kunstgeschehen beeinflusst, sondern zu einem globalen Erfolgsrezept geworden ist.

Im Gegensatz zu Europa entwickelte sich die Rolle des Künstlers in Amerika nicht in der Konfrontation zur Gesellschaft, sondern im Einklang mit ihr. Während sich europäische Künstler in kritischer Distanz zu den Denkweisen des bürgerlichen Mittelstands definierten, orientierten sich amerikanische Künstler an den Wertvorstellungen der wirtschaftlichen Elite. Sie fühlten sich eher dem Image des Businessman verpflichtet als dem Bild des Bohemien, der aus amerikanischer Sicht mangels eigener Leistung gegen den erarbeiteten Status des Bürgertums kämpfte, um von seinem parasitären Dasein abzulenken.[39] Folglich übernahmen die amerikanischen Künstler auch nur solche Attribute der Boheme, die mit der herrschenden Sozialmoral kompatibel waren. Es galt als chic, »ein paar Jahre in einer Mansardenwohnung und als Mitglied einer exaltierten Gruppe in obskuren Cafés zugebracht zu haben.«[40] Nachlässige Kleidung dagegen, wie sie von europäischen Künstlern zum Zeichen der Missachtung bürgerlicher Maßstäbe kultiviert wurde, galt im calvinistisch geprägten Amerika als Indiz von wirtschaftlicher Erfolglosigkeit. Und wirtschaftliche Erfolglosigkeit zeugte nicht wie in Europa von der opferbereiten Hingabe eines Künstlers an seine Kunst, sondern deutete als selbst verschuldete Verelendung auf mangelnde Moral und einen gravierenden Makel der Persönlichkeit.[41] Das Dilemma der Künstler zwischen sozialer Unterprivilegierung und wirtschaftlichem Erfolgszwang spiegelte die Reibungen einer Gesellschaft wider, in der sich der Kapitalismus ungebremst Bahn brach und sich im Schatten der Wolkenkratzer die Elendsviertel ausbreiteten. Maxim Gorki beschrieb in seinem erstmalig in Amerika veröffentlichten Essay ›The City of Mammon‹ sein Entsetzen über die sozialen Gegensätze in New York: »Ein großartiger Broadway, aber eine furchtbare East Side! Was für ein unversöhnlicher Widerspruch, welch eine Tragödie!«[42] Da die amerikanischen Künstler mit den Slums ihrer Großstädte die katastrophalen Folgen von Armut und sozialem Abstieg unmittelbar vor Augen hatten, gab es für sie keinen Anlass, Lebensformen am Rande der Gesellschaft zu idealisieren oder gar anzustreben.[43]

Ihr Konformismus zeigte sich nicht nur in ihrem Lebensstil und ihrer Selbstdarstellung, sondern auch in ihrer Kunst. Als Anbieter ästhetischer Dienstleistungen bedienten sie den Geschmack ihrer Kundschaft. Das kulturell unerfahrene Publikum des damaligen Amerika machte keinen Unterschied zwischen dem technischen Können eines Kopisten und den kreativen Schöpfungen eines Künstlers und zollte seinem kommerziellen Erfolg genauso viel Respekt wie seinen künstlerischen Fähigkeiten. Handwerkliche Perfektion und wirtschaftlicher Erfolg wurden zum Gradmesser für professionelle Glaubwürdigkeit. Die Notwendigkeit zur Selbstvermarktung und zur Ausrichtung an den Standards des Konsums bereitete im neunzehnten Jahrhundert einen Typus des Künstlers vor, der im zwanzigsten Jahrhundert übergangslos in die Rolle des Popstars schlüpft. Andy Warhols Satz »good business is the best art«[44] mag zwar in den Ohren eines Europäers wie eine ironische Provokation klingen. Doch er fasst nur jene Absage in klare Worte, die Amerika dem idealistischen Glauben an eine von den Gesetzen des Marktes losgelöste Freiheit der Kunst erteilt hat. Das an wirtschaftlichen Maßstäben orientierte Selbstverständnis des amerikanischen Künstlers, das seine Wurzeln in einer von protestantischem Leistungsethos geprägten Gesellschaft hat, bestimmt bis heute die Erfolgsstrategien zeitgenössischer amerikanischer und zunehmend auch europäischer Künstler.

Während die Frage, inwieweit das persönliche Ego dem Künstler hinderlich ist, sich jahrhundertelang darauf bezog, dass es der Inspiration durch Gott im Wege stehen könnte, woran mittelmäßige Begabungen verzweifelt sind, steht es heute für viele Künstler vor allem der Wahrnehmung des Publikumsgeschmacks im Wege. Katharina Grosse, erfolgreiche Malerin von Farbflächen, äußert diesen Gedanken mit der Selbstverständlichkeit eines Marketingmanagers. Was sich durchsetzt, so die Malerin, müsse dem großen Publikum standhalten, und dafür müsse der Künstler in erster Linie sein Ego bezwingen.[45] Die Zielgruppe ersetzt Gott, Karriereplanung relativiert das künstlerische Wagnis. Der Künstler ist auf der Erde angekommen und sein Produkt ein Konsumartikel, der sich vor allem dadurch von anderen unterscheidet, dass sich durch seinen Wiederverkauf Gewinnspannen realisieren lassen, die ansonsten nur in hochspekulativen Segmenten des Aktienmarkts möglich sind.

Don't give up your day job

DIE KEHRSEITE DES MYTHOS

Der gegenwärtige Kunstboom hat vor allem die Gegenwartskunst erfasst. Ein Großteil der Umsatzsteigerungen und Preisanstiege geht auf das Konto so genannter Blue-Chips, arrivierter Künstler, und junger Shooting-Stars, denen es gelungen ist, mit einer Hand voll international vernetzter Galeristen und Kunsthändler zusammenzuarbeiten. Diese Künstler sind reich. Sie lassen sich wie Andreas Gursky ihr Atelier von einem Stararchitekten entwerfen, bewohnen wie Baselitz ein Schloss und fahren wie Richard Prince schnelle Sportwagen. Die Kunstpreise, mit denen sie als Bestätigung ihres Ranges überhäuft werden, erscheinen zwergenhaft im Vergleich zu den enormen Einnahmen, die sie mit ihrer Kunst erzielen.

Ist die sprichwörtliche brotlose Kunst nur eine romantische Projektion und die Not der Künstler nichts als ein weiterer Mythos? Eine Untersuchung des amerikanischen Arbeitsmarktes für Künstler kam Ende der achtziger Jahre zu genau diesem Ergebnis. Danach verdienten Künstler ebenso viel wie Professionelle anderer Berufsgruppen.[46] Doch eine Analyse der Prämissen der Untersuchung relativierte deren Aussagekraft. Alle Künstler, die kunstfremde Zweit-Jobs hatten, waren nicht erfasst worden. Aus einem Taxi fahrenden Maler war ein Taxifahrer geworden, aus einem kellnernden Bildhauer ein Kellner, die in der Künstlerstatistik folglich nicht auftauchten. Daraufhin in Auftrag gegebene Befragungen in den USA belegen, dass genau jene Künstler die Mehrheit stellen, die mehrere Jobs haben und deshalb durch das Raster der Statistik gefallen waren. Zu demselben Ergebnis kommen nicht nur weitere Untersuchungen aus dem europäischen Raum, sondern auch aus anderen Teilen der westlichen Welt. So verweist die im November 2003 publizierte Studie zur wirtschaftlichen Lage der Künstler in Australien mit dem bezeichnenden Titel ›Don't give up your day job‹ auf den Umstand, dass die meisten Künstler ohne einen *day job* gar nicht überleben könnten. In Australien sind die gut verdienenden Künstler in der Minderheit. Die Mehrheit von ihnen lebt an der Armutsgrenze, wobei bildende Künstler mit einem Durchschnittseinkommen von 3100 Dollar das Schlusslicht bilden.[47]

Auch in Deutschland lebt das Gros der Künstler am Rande der Armutsgrenze, wie unlängst eine Untersuchung der Künstlersozialkasse feststellte. Danach beliefen sich die durchschnittlichen Bruttoeinnahmen eines Künstlers in Deutschland 2005 auf 11 091 Euro pro Jahr, ein Drittel des Einkommens eines normalen Arbeitnehmers, und sie werden voraussichtlich noch weiter sinken.[48] Der Bericht zur Situation der Künstler in den Niederlanden kommt zu ähnlichen Ergebnissen. Die meisten Künstler haben Zweit-Jobs, mit denen sie sich finanziell über Wasser halten, sie arbeiten länger als der Durchschnitt und verdienen insgesamt weniger als andere Berufsgruppen. Sie sind meist selbstständig, und wenn angestellt, dann nur gelegentlich und für kurze Zeit. Sie haben typischerweise eine längere Ausbildung als andere Berufe, aber ihre Einnahmen steigen nicht – wie in anderen Berufen üblich – mit der Länge der Ausbildung, dem Alter und der Erfahrung. Auch unterliegen die Einnahmen von Künstlern großen Schwankungen, so dass mit dem Beruf des Künstlers ein signifikantes Existenzrisiko verbunden ist.[49] Die meisten Künstler arbeiten am Rande der Selbstausbeutung. Bezeichnenderweise gibt es außer der Kunst nur einen Bereich in unserer Gesellschaft, der von seinen Beschäftigten ähnliche Opfer verlangt: die Religion. Nach einem US Census Report mussten die Angestellten der Kirchen gegenüber vergleichbar ausgebildeten Mitgliedern anderer Berufsgruppen markante Einkommenseinbußen hinnehmen.[50]

Wie kommt es, dass die Umsätze im Kunstmarkt explodieren, die Preise Rekordhöhen erreichen und zugleich Künstlerarmut an der Tagesordnung ist? Wie kommt es, dass die Selbstregulierungsmechanismen des Marktes nicht wirksam werden? Ein rationaler Marktteilnehmer verlässt einen Markt, der ihm nicht erlaubt, so viel zu verdienen, dass er davon leben kann. Der ökonomischen Theorie zufolge müsste die Zahl der Künstler sinken, mit der Folge, dass die Einnahmen der im Markt verbliebenen Künstler steigen. Doch das Gegenteil ist der Fall. Künstler bleiben auch dann Künstler, wenn sie damit keinen Cent verdienen.

Die Motivation von Künstlern

AUS DER EIGENEN MITTE

Künstler gehören zu den wenigen Menschen in unserer Gesellschaft, die durch ihre Werke den sichtbaren Beweis ihrer Einzigartigkeit erbringen. Doch warum schrieb Emily Dickinson Gedichte, wenn sie nicht die Absicht hatte, auch nur eine einzige Zeile davon zu veröffentlichen? Warum versiegelte Goethe seinen ›Faust II‹ zwecks posthumer Veröffentlichung? Warum unternahm Henry Cavendish in seinem privaten Labor Experimente ohne den Wunsch, seine Erfindungen in der Öffentlichkeit bekannt zu machen? Und warum blieb der Mathematiker Evariste Galois die Nacht vor seinem Duell wach, um seine Entdeckungen der höheren Algebra zu Papier zu bringen, anstatt sich auszuschlafen, was ihm möglicherweise das Leben gerettet hätte? Diese Fragen stellte sich der Ökonom Bruno Frey am Anfang seiner Untersuchung zur Motivation von Künstlern.[51] Er kam zu dem Ergebnis, dass Künstler mehr als andere Menschen aus sich selbst heraus motiviert sind. Was für die meisten Künstler zählt, ist nicht der pekuniäre Profit, sondern der psychische Gewinn, den sie aus dem künstlerischen Schaffensprozess ziehen. Der amerikanische Sozialpsychologe Mihaly Czsikzentmihaly, der die Biographien kreativer Persönlichkeiten untersucht hat, hat für diese Erfahrung den Begriff *flow* geprägt. Der *flow* führt die meisten Künstler zwar in kreative, aber auch profitfreie Zonen. So gleicht ihr Überleben in einer kapitalistischen Gesellschaft dem Akt eines Jongleurs, dem sein Kunststück nur gelingt, solange er mindestens drei der vier Bälle in der Luft hält.

Künstlerarmut

AN DER PFORTE ZUM PARADIES

Kunst, so die Legende, ist kein Beruf, sondern eine Berufung. Sie fordert die selbstlose Hingabe des Menschen an die Muse. So lebt der Künstler mitten unter uns Erdenmenschen und doch auf einem anderen Stern. Die Luft, die er atmet, heißt Inspiration, die Energie, die ihn beseelt, Schöpferkraft, und die Ressource, die ihn nährt, Verzichtsbereitschaft. Der Mammon, unser aller täglich Brot, ist ein Fremdwort für ihn. Die Künste sind frei und der Künstler, so die Legende, will die Welt beschenken. Dass seine Gaben auf unserem Planeten nur für Geld zu haben sind, ist eigentlich ein dummes Versehen. Doch sobald der Außerirdische vom anderen Stern auf der Erde landet, findet er sich auf dem größten Marktplatz im Universum wieder: einer den Globus umspannenden kapitalistischen Marktwirtschaft. Hier geht es um Angebot und Nachfrage, um das Wecken von Begierden, die Verknappung von Waren, um finanzielle Interessen und berufliches Fortkommen. Unser Heiland, der herabgekommen ist, um auszuteilen von dem Manna, das ihm in meditativer Abgeschiedenheit von höherer Quelle zuteil wurde, findet sich also in der Arena des Existenzkampfs nach kapitalistischen Spielregeln wieder. Und bei näherem Hinsehen stellt er fest, dass im Herzen des Kunstmarkts, wo er eine Seele wähnte, die Gier pocht und in seinen Adern jenes Mittel fließt, das den Blutkreislauf der gesamten Weltwirtschaft in Gang hält: Geld.

Das Klischee, das eine der kardinalen Säulen des Kunstmarkts ist und ein fester Teil unserer Vorstellungswelt, hat zu sozialen Konsequenzen geführt. Ein Großteil derer, die sich getreu dem Vorbild der hohen Kunst verschrieben haben, sind in den Niederungen der Armut gelandet. Viele Künstler leben auf kleinstem Raum, verzichten auf Eigentum und Konsum, und nicht wenige sind auf das Einkommen ihrer Lebenspartner angewiesen. Was sie antreibt, trotz der materiellen Nachteile weiterzumachen, ist eine Melange aus künstlerischer Begabung, dem Drang zu individuellem Ausdruck, der Vorstellung des Berufenseins, dem Wunsch nach persönlicher Freiheit, der Unfähigkeit zur Anpassung, oftmals in Verbindung mit Unkenntnis über die wirtschaftliche Wirklichkeit der Künstlerexistenz. Wer wird es dem Künstler verdenken, der seiner inneren Stimme, nicht aber jener der Rationalität lauscht, wenn er keine realistische Vorstellung von der Nachfrage nach seinen Bildern hat. Das Problem, das er aus seiner Sicht zu lösen hat, ist, ob er dem Befehl höherer Wesen folgen und die untere Ecke schwarz malen soll,[52] und nicht, wie er das Bild verkauft.

Die Vorstellung, dass in der Kunst allein Kreativität und die Luft zum Atmen zählt und nichts als Freiheit herrscht, ist eine Fiktion, die allen Angriffen der Wirklichkeit standgehalten hat. Zu diesem weich gezeichneten Bild hat die Kunstgeschichte durch die Ausblendung der harten Bedingungen, unter denen Kunst zu allen Zeiten entstanden ist, maßgeblich beigetragen. Inzwischen hat die Kunstsoziologie durch die Erforschung der gesellschaftlichen Entstehungsbedingungen von Kunst ein realistischeres Bild entworfen. Doch die Mythen der Kunst locken immer noch viele junge Menschen an, die an die Kunst als Paradies glauben, in dem es um Selbstverwirklichung, Authentizität und Wahrhaftigkeit geht. So hat sich in Deutschland die Zahl der Künstler von knapp 19 000 im Jahr 1991 auf fast 52 000 im Jahr 2004 erhöht.[53] Im Jahr 2006 haben sich laut statistischem Bundesamt 84 000 Studenten für Kunst und Kunstwissenschaft eingeschrieben, das sind 4000 mehr als für Humanmedizin. Nach Schätzungen können bestenfalls 5 Prozent von der Kunst leben.

Bei der Entscheidung, ein Künstler zu werden, spielen mehrere Mythen eine Rolle. Ihnen ist gemeinsam, dass sie alle über die wahren Selektionsmechanismen des Kunstmarkts hinwegtäuschen. Der erste Mythos: Talent ist für den Erfolg in der Kunst entscheidend. Er verschweigt, dass andere Faktoren maßgeblich sind und mangelndes Talent kompensieren können. Der zweite Mythos: Jeder hat in der Kunst dieselbe Chance. Er verschweigt, dass diejenigen, die über ökonomisches oder kulturelles Kapital – über finanzielle oder soziale Ressourcen – verfügen, auch in der Kunst im Vorteil sind. So stammen viele erfolgreiche Künstler aus gehobenen Verhältnissen und nur wenige aus Unterschichtsfamilien. Gerhard Richter ist Sohn eines Lehrers, John Armleder stammt aus einer Hotelierfamilie, und selbst ein vermeintlicher Unterschicht-Heros wie Jean-Michel Basquiat kommt aus einer Mittelstandsfamilie. Der dritte Mythos: Talent kann auch spät in der Karriere eines Künstlers zum Vorschein kommen. Er suggeriert selbst dem aussichtslosesten Fall die irreale Hoffnung, dass es nur eine Frage der Zeit ist, bis der große Wurf gelingt und damit der Durchbruch. Doch die Realität sieht anders aus. Heute hat ein Künstler sieben Jahre Zeit, um Karriere zu machen, sagt Chris Dercon, Direktor vom Münchner Haus der Kunst.[54] Die Zahl der Anbieter im Kunstmarkt ist gewachsen, der Wettbewerb hat zugenommen, die Vermarktungszyklen sind kürzer geworden. Das Zeitfenster, innerhalb dessen ein Künstler sich im Markt positionieren kann, ist begrenzt. In jeder anderen Berufssparte mit ihren offenkundigen Zugangskontrollen, Auswahlverfahren, Diplomen und Netzwerken würden solche Fehleinschätzungen schnell korrigiert. Die informellen Barrieren im Kunstsystem sind aber nicht so ohne weiteres erkennbar. Die Folge: Künstler bleiben Künstler, auch wenn sie im Kunstmarkt keine Chance haben.

Die Künstlerschwemme hat noch einen anderen Grund. Die Eintrittsbarrieren in die Kunst sind niedrig. Die Folge ist, dass eine Vielzahl von Menschen in diesen idealisierten Beruf drängt. So kommt es, dass sich ein Künstler bei einer Ausschreibung im Wettbewerb mit der malenden Freundin eines Vorstandsmitglieds oder der dilettierenden Ehefrau eines Museumsdirektors wiederfinden kann. In anderen Berufen wären solchen Begegnungen der dritten Art undenkbar. Der engere Markt indes, in dem Status geschaffen und Geld verdient wird, wird streng bewacht und hochprofessionell betrieben. Der Sozialdarwinismus, der hier am Werke ist, ist härter als in den meisten anderen Berufen. Die romantischen Gemüter, die Kunst als Fluchtburg vor der Welt betrachten, die sie vor den Anforderungen der Realität schützt, werden beim Eintreten in diese Welt eines Besseren belehrt.

Das Überangebot an Künstlern wird nach Meinung von Experten noch weiter zunehmen. Der Grund dafür ist der wirtschaftliche Aufstieg der so genannten BRIC-Länder Brasilien, Russland, Indien und China. Bisher ist die Wirtschaftsmacht USA der mächtigste Spieler im Kunstmarkt. 2005 entfiel mit 43,1 Prozent der Löwenanteil des weltweiten Auktionsumsatzes auf die USA, weit abgeschlagen folgten Großbritannien mit 28,4 Prozent, Frankreich mit 6,6 Prozent, Hongkong mit 3,7 Prozent und Deutschland mit 3,6 Prozent. Mehr als die Hälfte der zweihundert wichtigsten Sammler, die jährlich vom Kunstmagazin ›Artnews‹ nominiert wurden, sind Amerikaner. Von den zwanzig Künstlern, die von dem Online-Informationsdienst Artprice.com aufgrund von Auktionsergebnissen zur Marktelite der Gegenwartskunst gekürt wurden, sind ebenfalls mehr als die Hälfte Amerikaner. Doch in Zukunft, so Michaela Neumeister von Phillips de Pury & Company, werden vermehrt Chinesen, Russen und Inder in den Kunstmarkt drängen und die globale Konkurrenz unter den Künstlern verschärfen. Und auch dann gilt: Die Sieger nehmen alles.

Künstlerarmut

Künstlerarmut ist kein neues Phänomen. Um 1620 waren in den Niederlanden viele Künstler so arm geworden, dass sie von ihrer Kunst nicht mehr leben konnten. Jan Hobbema musste als Steuereintreiber arbeiten und das Malen einstellen. Aert van der Velde verdiente sich sein Geld als Gastwirt. Berühmte Künstler wie Frans Hals, Jan Vermeer und Jacob van Ruisdael befanden sich in finanziellen Schwierigkeiten. Die Ursache war nicht etwa ein Mangel an Nachfrage, sondern das Gegenteil. Der wachsende Reichtum der Bürger hatte einen Nachfrageboom ausgelöst und zusammen mit der Aufhebung der Zulassungsbeschränkungen für Künstler und der Auflösung der Künstlergilden eine Künstlerschwemme hervorgerufen. Das Überangebot an Gemälden im Goldenen Zeitalter führte zur ersten Künstlerarmut der europäischen Geschichte.

Arnold Hauser: Sozialgeschichte der Kunst und Literatur, München 1953

Der Sieger nimmt alles

STARÖKONOMIE

Malerfürst oder Hungerleider? Das scheint die Wahl zu sein, vor die das Schicksal den Künstler stellt. Sämtliche Untersuchungen zum Einkommen von Künstlern kommen zu demselben Ergebnis: Kennzeichen des Arbeitsmarkts für Künstler ist ein extremes Gefälle zwischen den hohen Einnahmen einer kleinen Gruppe von Künstlern und den niedrigen Einkommen der übrigen Künstler.[55] Würde man die Einkommensverteilung topologisch darstellen, würde das Bild eines Stalagmiten inmitten einer Ebene entstehen – eine winzige steil herausragende Gruppe von Spitzenverdienern in einem Heer von Geringverdienern. Spiegeln Künstlerarmut und Stareinkommen extreme Unterschiede in Talent oder Leistung von Künstlern? Oder sind andere Faktoren für die Einkommensschere verantwortlich?

Die Ökonomen Robert Frank und Philip Cook haben für solche Märkte, in denen wenige Anbieter den Löwenanteil der Einnahmen abschöpfen, den Begriff *Winner-Takes-All-Market* geprägt.[56] Dazu gehören der Profisport, die Filmindustrie und die Musikbranche. Während in normalen Märkten das Einkommen von der absoluten Leistung abhängt, basiert es in Winner-Takes-All-Märkten auf relativer Leistung. Frank und Cook nennen Steffi Graf als Beispiel. Als sich die Weltmeisterin Monica Seles vom Tennissport zurückzog und Steffi Graf zur Nummer eins wurde, verdoppelte sich ihr Einkommen innerhalb weniger Monate. Ihre Leistung war absolut gesehen gleich geblieben: Sie spielte nicht besser als vorher. Relativ gesehen aber hatte sie sich verbessert: Sie war von der zweitbesten zur besten Tennisspielerin der Welt geworden. Kleine Unterschiede in der Leistung führen dabei zu großen Unterschieden im Einkommen. Der Leichtathlet, der eine Hundertstelsekunde schneller läuft als sein Konkurrent, gewinnt den Wettlauf, das Preisgeld und den Werbevertrag. Der Sieger nimmt alles, der Verlierer geht trotz überragender Leistung leer aus.

Die extrem ungleiche Einkommensverteilung bildet die Tatsache ab, dass eine große Anzahl von Konsumenten zu den Produkten einer kleinen Anzahl von Anbietern hingravitiert. Ob Filmstar oder Fußballmeister – die Einschaltquoten im Fernsehen schnellen bei Starauftritten in die Höhe. Warum sich aber die Nachfrage auf wenige Personen konzentriert, wird unterschiedlich beantwortet. Sherwin Rosen führt das auf Talentunterschiede zurück, so dass die Produkte des einen Anbieters nicht von anderen Anbietern ersetzt werden können.[57] Ein Soloviolinist kann nicht durch einen Orchestermusiker ersetzt werden, die Primaballerina nicht durch eine Tänzerin aus dem Corps de Ballet. Ein weiterer Grund sind Technologien, die ermöglichen, eine Leistung mit geringen Zusatzkosten zu vervielfältigen. Ist ein Manuskript geschrieben, ein Konzert aufgenommen oder ein Film gedreht, können sie beliebig oft reproduziert werden, ohne dass es großer Investitionen bedarf. Der Autor, Musiker oder Schauspieler investiert denselben Aufwand, ob er für ein Publikum von zwanzig oder von einer Million Menschen schreibt, musiziert oder spielt. So potenziert sich ein geringer Talentvorsprung über den medialen Hebel zu enormen Einkommensvorteilen. Moshe Adler sieht die Ursache für das Starphänomen im Bedürfnis der Konsumenten nach Kommunikation über den Künstler, so dass sich deren Aufmerksamkeit sukzessive auf wenige Anbieter fokussiert. Den Ausschlag dafür, welcher von vergleichbar begabten Künstlern von der Woge der Publikumsgunst nach oben getragen wird, gibt danach nicht das Talent, sondern ein anfänglicher Popularitätsvorsprung.[58] So wirkt sich ein vom Zufall bestimmter Faktor wie die Startreihenfolge der Teilnehmer eines internationalen Klavierwettbewerbs nicht nur auf die Bewertung ihrer Leistungen und ihre Endplatzierung aus, sondern auch auf den späteren Markterfolg.[59]

Anders als beim Kunstturnen lassen sich Talentunterschiede in der Kunst nicht messen. Alle Versuche, Qualität in der zeitgenössischen Kunst zu quantifizieren, sind gescheitert. Wonach richtet es sich, welcher von mehreren Künstlern sich einen Namen macht und welcher ein Niemand bleibt? Wenn es nicht das Talent ist, welche Faktoren geben dann den Ausschlag? Der Nobelpreisträger Douglas C. North hat das Entwicklungsmuster solcher Selektionsprozesse *pfadabhängig* genannt. Bei pfadabhängigen Prozessen kann aus einem geringen Startvorteil ein uneinholbarer Wettbewerbsvorsprung werden. Denn bei diesen Prozessen werden künftige Ergebnisse von vergangenen und gegenwärtigen Ereignissen beeinflusst. Auch die Konzentration der Nachfrage auf wenige Künstler, so der Ökonom Holger Bonus und der Kunsthistoriker Dieter Ronte, ist das Ergebnis eines solchen sozialen Prozesses.[60] Daran sind vier einander verstärkende Mechanismen beteiligt: hohe Startkosten, der Koordinationseffekt, der Lerneffekt und die Erwartungsanpassung. Der Galerist, der in die Positionierung eines Künstlers im Kunstmarkt investiert hat und beginnt, mit ihm Geld zu verdienen, wird ihm den

Vorzug vor unbekannten Künstlern geben, die für ihn ein erneutes Finanzrisiko bedeuten (Startkosten). Um seine Startkosten zu reduzieren, wird er mit anderen Galerien kooperieren, die denselben Künstler präsentieren (Koordinationseffekt). Kritiker, Kuratoren und Sammler, die seine visuelle Sprache erlernt haben, werden sich ihm weiterhin zuwenden, statt den Zeichencode eines anderen Künstlers zu erlernen, dessen künftige Bedeutung ungewiss ist (Lerneffekt). Und schließlich bestärkt der Erfolg eines Künstlers den Glauben der Sammler an seinen weiteren Aufstieg, der für sie mit der Aussicht auf weiteren Wertzuwachs und Statusgewinn verbunden ist (Erwartungsanpassung). Da es zudem keine Gewissheit über die Qualität von zeitgenössischen Künstlern gibt und die Transaktionskosten hoch sind, tendieren die Marktteilnehmer dazu, bei einer einmal getroffenen Wahl zu bleiben. Der Starkünstler erspart dem Konsumenten Suchkosten, reduziert Qualitätsunsicherheit und schafft Zugehörigkeit zur Mehrheit. Seine Produkte sind die Markenartikel des Kunstmarkts.

Da solche Prozesse von Zufällen beeinflusst werden, haben sie zur Folge, dass sich Alternativen auch unabhängig von ihrer Qualität durchsetzen können. Gerade in Märkten, in denen die Qualität der gehandelten Waren unsicher ist, bilden sich viele Konsumenten kein unabhängiges eigenes Urteil, sondern verlassen sich auf die Bewertungen von Insidern. Die Folge ist eine kaskadenartige Ausbreitung von Informationen. Sie lösen jenes Herdenverhalten aus, das auch zu Boom und Crash führt. Ein einfaches Beispiel illustriert, wie eine solche Informationskaskade entsteht. Zwei vergleichbare Restaurants haben nebeneinander eröffnet. Von außen lässt sich ihre Qualität nicht zuverlässig beurteilen. Die Entscheidung des ersten Gastes für das eine oder andere Restaurant wird also eine subjektive oder zufällige Entscheidung sein. Vielleicht ist ihm der Name des Restaurants oder die Farbe der Tischdecken sympathischer oder er hat eine Münze geworfen. Der zweite Gast findet bereits zwei verschiedene Restaurants vor, ein leeres, und eines, in dem jemand isst. Er ist also nicht auf seine eigene Information beschränkt, sondern verfügt auch über die Kenntnis der Entscheidung des ersten Gastes. Wenn er darauf vertraut, dass dieser einen guten Grund hatte, in das eine und nicht in das andere Restaurant zu gehen, wird er sich für dasselbe entscheiden, mit der Folge, dass der dritte Gast ein leeres Restaurant vorfindet, und eines in dem bereits zwei Gäste sitzen. Am Ende kann es dazu kommen, dass alle in dem einen Restaurant essen, während das andere leer bleibt, auch dann, wenn es das bessere ist. Nothing succeeds like success, lautet ein englisches Sprichwort, nichts ist so erfolgreich wie Erfolg. Hat sich einmal Erfolg eingestellt, so tendiert dieser dazu, sich fortzusetzen. Ist die Reputation eines Künstlers einmal etabliert, so entfaltet auch diese ihre Eigendynamik.

Der Schneeballeffekt

REPUTATION UND RANKING

Die Reputation eines Künstlers ähnelt einem inoffiziellen Patentrecht. Sobald Experten als so genannte Gatekeeper oder Torhüter des Kunstmarktes den Stil eines Künstlers als authentische Schöpfung anerkennen, kann kein anderer Künstler mehr ein Anrecht auf diese künstlerische Erfindung geltend machen. Der Kunstmarkt scheint zwar offen, autonom und frei und kommt ohne jegliche berufsständische Regulierung aus. Doch in Wahrheit gibt es informelle Barrieren, die faktisch genauso wirksam sind wie die förmlichen Zugangskontrollen anderer Märkte. Viele, vor allem junge Künstler sind sich dieser Zugangsbarrieren nicht bewusst. Sie glauben, dass alles, was zählt, künstlerisches Talent und kontinuierliche Arbeit an den eigenen Ideen ist. Bei vielen ist es jedoch schlichtweg mangelnde Information über die Arbeitsbedingungen, Unkenntnis der Vorgehensweisen und Unterschätzung der Hürden, die zu nehmen sind, um ein akzeptiertes oder sogar erfolgreiches Mitglied des Kunstmarktes zu werden. Der Traum von der Kunst als frei schwebender Lebensform erweist sich schon nach den ersten Schritten auf dem harten Boden der Kunstmarktrealität als Irrtum.

Ein grobkörniges Spiegelbild dieses Hürdenlaufs liefert das Art Ranking. Es ist der Versuch, die Hürden nach ihrer Bedeutung zu gewichten und die relative Platzierung der Künstler im Marathon um die Gunst der Gatekeeper aus deren Quersumme zu errechnen. Das in Deutschland bekannteste Ranking ist der Kunstkompass, der erstmals 1970 in der Zeitschrift ›Capital‹ mit Robert Rauschenberg auf Platz 1 veröffentlicht wurde. Das Ranking eines Künstlers wird über seinen Status innerhalb des Kunstsystems ermittelt. In welchem Museum hat er ausgestellt? Mit welchem Galeristen arbeitet er zusammen? Welcher Kritiker hat über ihn geschrieben? Welche Preise hat er bekommen? Der Kunstkompass ist weniger ein Maßstab für Qualität als ein Messinstrument für die Aufmerksamkeit, die einem Künstler innerhalb des Kunstsystems zuteil wird. Kein Wunder, dass viele Künstler daran Anstoß genommen haben. Aus Protest wollte Jean Tinguely in der Rangliste gar nicht erst auftauchen, wurde aber gegen seinen Willen bewertet.[61] Das Art Ranking bringt die Frage auf den Punkt: Was macht den Rang eines Künstlers aus? Ist es die Qualität seines Werks? Oder ist es die Fähigkeit des Künstlers, sich innerhalb des Kunstsystems erfolgreich zu bewegen und Aufmerksamkeit für sich und sein Werk zu schaffen?

Die Bedeutung von Aufmerksamkeit für den Erfolg eines Künstlers ist keine Erscheinung der Mediengesellschaft. Bereits Hofkünstler zielten darauf, Aufmerksamkeit für ihre Person und ihr Werk zu erzeugen. So wurde der Maler Sodoma aus der Sicht des italienischen Künstlerbiographen Giorgio Vasari aus zwei Gründen bekannt: wegen seiner Tollheiten und wegen seines Rufs als guter Maler. Da Papst Leo X. Gefallen an »dergleichen seltsamen und gedankenlosen Individuen« fand, schlug er Sodoma zum Ritter. Der flämische Maler und Autor Karel van Mander wunderte sich, dass die Ergebnisse der Experimente Cornelis Ketels, mit Mund und Füßen zu malen, »der Seltsamkeit halber« von hohen Herren gekauft wurden, obwohl der Maler damit nur Versuche von Tizian, Ugo da Carpi und Palma Giovane variierte, die Handlungsweise des Schöpfers dadurch nachzuahmen, dass sie mit bloßen Fingern malten. Von dem Maler Jan Gossaert berichtet van Mander, dass er Kaiser Karl V. durch ein phantastisches Papierkostüm auf sich aufmerksam machte.[62]

Auch das Ranking von Künstlern ist keine Erfindung unserer Zeit. Das Bedürfnis, Hierarchien aufzustellen, lässt sich von Kleingruppen im Tierreich bis hin zu komplexen menschlichen Gesellschaften nachweisen. Überall, wo Menschen in Gruppen zusammenkommen, so eine der fundamentalen Beobachtungen der Verhaltensforschung, bilden sie Status-Pyramiden. Wir finden sie vom Schützenverein bis hin zur Konzernzentrale. So klassifizierte der Franzose Roger de Piles bereits 1691 Kunstwerke nach Bedeutung und Rang. Mag der Einfluss von Markt und Mode auf die Werturteile von Experten in den heutigen Hitlisten der Kunst erkennbar sein, so ist er im historischen Rückblick unübersehbar. Bei einer Auswahl von zwanzig Gemälden erreichte Leonardos Mona Lisa hinter französischen Akademiekünstlern wie dem damals gefeierten Charles Lebrun, Hofmaler von Ludwig XIV. und Direktor der Académie, nur den elften Platz.[63] Der Hang zu grandiosen dekorativen Effekten brachte dem Premier Peintre du Roi zu Lebzeiten Ruhm, heute gilt er als Paradebeispiel orthodoxer und langweiliger Akademiekunst. Ein ähnliches Schicksal ereilte Franz Lenbach, seinerzeit gefeierter Malerfürst, dessen Gemälde Spitzenpreise erzielten und der heute als akademischer Porträtmaler in die hinteren Ränge der Kunstgeschichte verbannt ist.

Das Art Ranking hat nicht nur die Eigenschaft, Aufmerksamkeit zu messen, sondern sie auch zu erzeugen. Damit ist es ein januskopfiges Instrument: Seismograph des Zeitgeistes und zugleich dessen Erfüllungsgehilfe. So zirkulierten im Schweizer ›Bilanz Art Guide‹ im Zeitraum von 1993 bis 2003 auf den ersten zehn Plätzen die immer gleichen Namen: Fischli-Weiss, Pipilotti Rist, Roman Signer, Thomas Hirschhorn, John Armleder, Sylvie Fleury, Ugo Rondinone, Beat Streuli, Markus Raetz, Franz Gertsch.[64] Die zeitnahen Wirkungen des Art Ranking sind nicht selten die einer *self-fulfilling-prophecy*. Wie die Empfehlungen von Analysten im Aktienmarkt können sie nach dem Muster von Feedbackschleifen eine exponentielle Verstärkung der bestehenden Tendenz auslösen. Spricht also zu guter Letzt die Geschichte ihr gerechtes und in alle Ewigkeit gültiges Urteil über einen Künstler? Verschlingt der Abgrund der Zeit folglich nur denjenigen, der auf der Waage der Ewigkeit für zu leicht befunden wurde? Oder ist auch die Geschichte nur eine Fortsetzung derselben sozialen, kulturellen und ökonomischen Selektionsprozesse, die in jeder Epoche unter anderen inhaltlichen Vorzeichen stattfinden? Diese Frage lässt sich beantworten, wenn man die Voraussetzungen untersucht, unter denen die Wiederentdeckung eines Künstlers gelingt.

Revolution mit Kunst

DIE WIEDERENTDECKUNG VERMEERS

Musterbeispiel dafür ist die Wiederentdeckung des niederländischen Malers Vermeer. Vermeer, der im einundzwanzigsten Jahrhundert durch den Kinofilm ›Das Mädchen mit dem Perlenohrring‹ zum Popstar avancierte, hatte bis zu seiner Wiederentdeckung im neunzehnten Jahrhundert zweihundert Jahre hinter der Dornenhecke des Vergessens geschlummert. Sein Name war außerhalb der Niederlande unbekannt, es gab nur wenige Werke von ihm, viele davon wurden anderen Künstlern zugeschrieben, und nicht ein einziges hing in einem bedeutenden Museum. Was daran ist erstaunlicher? Dass ein zu Lebzeiten erfolgreicher Künstler zweihundert Jahre lang dem Vergessen anheimfällt? Oder dass ein für zweihundert Jahre vergessener Künstler plötzlich wieder entdeckt wird?

Sein Verschwinden von der Bildfläche des kollektiven Bewusstseins hatte vor allem drei Gründe. Die erste Regel für das Überleben eines Künstlers nach seinem Tode ist, dass er ein umfangreiches Werk hinterlässt. Vermeer, der ein langsamer Arbeiter war, hatte in seinem Künstlerleben jedoch nur 35 Bilder produziert. Zweitens hatte er einen Großteil davon einem einzigen Käufer, dem wohlhabenden Pieter van Ruijven, überlassen, so dass sein Werk nur wenigen bekannt war. Drittens lebte Vermeer statt im kosmopolitischen Amsterdam in der Kleinstadt Delft. Und anders als seine Malerkollegen Simon de Vlieger, Willem van Aelst, Paulus Potter oder Pieter de Hooch, die nach Amsterdam gezogen waren, um einen größeren Kundenkreis zu erreichen, war er in Delft geblieben. Diese Entscheidung hatte weit in die Geschichte hineinreichende Konsequenzen. Denn in der in Amsterdam herausgegebenen »Großen Schauburg der Niederländischen Maler und Malerinnen«[65] wurde dem Künstler statt eines eigenen Eintrags nur eine Randnotiz zuteil. Dass er in der Hauptquelle zur niederländischen Kunst des siebzehnten Jahrhunderts übergangen worden war, hatte zur Folge, dass er in allen folgenden Übersichten ausgelassen wurde. Außerdem hatte Vermeer weder Schüler noch nennenswerten Einfluss auf jüngere Künstler, so dass seine künstlerischen Leistungen keine Verbreitung fanden, sondern verborgene Solitäre blieben.

Der Mann, der zweihundert Jahre später die Rolle des Prinzen übernehmen und Vermeer aus dem Dornröschenschlaf wecken sollte, war der französische Kunstkritiker und Journalist Théophile Thoré. Beseelt von liberalen politischen Ideen hatte Thoré an der Revolution von 1848 teilgenommen. Nach deren Scheitern ging Thoré ins Exil und kehrte erst 1859 nach Paris zurück. Da er den Anschluss an die Gegenwartskunst verloren hatte, wandte er sich der Malerei der Vergangenheit zu. Nach extensiven Recherchen veröffentlichte er 1866 unter dem Pseudonym William Bürger eine Monographie über Vermeer und sollte damit als der Mann, der Vermeer wiederentdeckte, in die Kunstgeschichte eingehen. Thoré verabscheute die Historienmalerei, wie sie von der Académie Française propagiert wurde, und bekämpfte die elitäre und rückwärts gerichtete Geisteshaltung, die er darin manifestiert sah. Durch die Beschäftigung mit Vermeer tauchte Thoré in eine Bilderwelt ein, die statt akademischer Konvention und historischer Glorifizierung ein Bad im Leben selbst zu sein schien.

Wie Georg Wilhelm Friedrich Hegel in seinen Vorlesungen über die Ästhetik (1835–1838) bemerkte, hatte der Calvinismus die Malerei in den Niederlanden vom Dogma des Religiösen befreit und den unterhaltsamen Kunstgenuss vorbereitet: »Die sinnige Völkerschaft will sich nun auch in der Malerei erfreuen, sie will in ihren Bildern noch einmal die Reinlichkeit ihrer Städte, Häuser, Hausgeräte, ihren häuslichen Frieden, ihren Reichtum, den ehrbaren Putz ihrer Weiber und Kinder, die Kühnheit ihrer Seemänner genießen«.[66] Frei von der Herrschaft von Priestern und Prinzen entstand eine Kunst, in deren Zentrum das menschliche Leben selbst stand. Anders als die Kunst der italienischen Renaissance war die niederländische Kunst eine Aufzeichnung des Hier und Jetzt, des lebendigen Lebens, »de la vie vivante«, wie Thoré schrieb. Doch zugleich wurde dieser Blick durch die Linse moralischer Sensibilität gefiltert. Denn die niederländische Malerei dieser Epoche ist gesättigt von Andeutungen der Vergänglichkeit – nicht nur der weltlichen Dinge, sondern auch der menschlichen Existenz. Sie illustriert die äußere Welt ebenso, wie sie die innere illuminiert. Dem Betrachter erscheint sie als Vexierbild zwischen Materie und Moral, zwischen Bleibendem und Vergänglichem, Konkretem und Imaginärem. So hielt Thoré den

Begriff *nature morte* für die Früchte, Blumen oder Fische, die zwischen Glas und Silber auf weißem Leinen ausgebreitet sind, für unangemessen. Diese Dinge, schrieb er, leben noch, sie atmen.[67]

In Vermeer glaubte Thoré einen Künstler gefunden zu haben, der seine politischen Ideale von Freiheit und Gleichheit zum Ausdruck brachte. Dass viele von Vermeers häuslichen Szenen wohlhabende Bürger statt einfacher Leute darstellen, hielt Thoré nicht davon ab, Vermeer zu einem Künstler des Volkes zu stilisieren. Damit bezog er in der Realismusdebatte, der *bataille réaliste*, die in Frankreich im vollem Gange war, Position und ging diametral zu dem Motto »l'art pour l'art« in Stellung, das wenige Jahre zuvor von führenden Autoren wie Théophile Gautier zum Leitstern großer Kunst gemacht worden war. Thoré sollte mit seiner Utopie kein einsamer Rufer in der Wüste bleiben. Der Zeitgeist spielte ihm in die Hände. Denn die graduelle Verschiebung hin zu demokratischeren Werten in Europa bot einen fruchtbaren Boden für die Botschaft einer Kunst, die das keinem anderen Zweck als sich selbst dienende »l'art pour l'art« durch die von Thoré proklamierte, am Menschen orientierte »l'art pour l'homme« ersetzte.[68]

Noch eines musste Thoré erbringen – den von jedermann nachvollziehbaren Beweis von Vermeers Größe. Der Königsweg dazu war und ist auch heute noch, den Künstler in die Nähe eines großen Meisters zu rücken. Denn Ruhm und Rang färben ab. So behauptete Thoré entgegen allen Tatsachen, dass Vermeer mit Rembrandt in Amsterdam studiert hatte. Dass Thoré auch als Kunsthändler aktiv war und Vermeers Bilder nicht nur für sich selber erwarb, sondern auch an wohlhabende Sammler verkaufte, war für seine Kritiker ein Stein des Anstoßes und ein willkommener Grund, seine Seriosität in Zweifel zu ziehen. Doch der kunsthistorische Eifer, mit dem Thoré seine Forschung vorantrieb, war nicht zu trennen von seinem kommerziellen Interesse an Vermeer. Hätte Thoré nicht außerdem politische Ziele mit der Wiederentdeckung Vermeers verknüpft, wäre sein Kampf um dessen Aufnahme in den Olymp der Großkünstler wohl nicht so triumphal ausgegangen. 1870 kulminierten Thorés Anstrengungen im Ankauf von Vermeers ›Spitzenklöpplerin‹ durch das Musée du Louvre. Während Schriftsteller wie Marcel Proust die rare und kostbare Malweise Vermeers priesen, führte die Rarität seiner Gemälde dazu, dass sie für Sammler umso kostbarer wurden. Anfang des zwanzigsten Jahrhunderts waren die Bilder des Künstlers, der inzwischen nicht nur zu einem Vorreiter der Moderne geworden war, der den Impressionisten den Weg für die Darstellung von Alltagsthemen gewiesen hatte, sondern zu einem Großkünstler der Kunstgeschichte aufgestiegen war, so teuer geworden, dass sie sich nur noch amerikanische Millionäre leisten konnten.

Landeplatz von Sehnsüchten

DIE FUNKTION DES MYTHOS

Zu allen Zeiten haben Künstler unter unterschiedlichsten materiellen Bedingungen ihre künstlerische Vision entwickelt und im Laboratorium ihrer Kreativität große Kunstwerke geschaffen. Der große Künstler als gesellschaftliche Ikone ist jedoch stets ein Produkt des Zusammenwirkens künstlerischer, sozialer und ökonomischer Faktoren gewesen. Die Anerkennung seiner künstlerischen Bedeutung, an der nicht nur der Künstler beteiligt ist, sondern immer auch Galeristen, Händler, Kuratoren, Kritiker und Sammler, ist ein Akt kollektiver Akzeptanz. So sind Künstler, die mit ihrer Person und ihrem Werk zu einem Bestandteil der offiziellen Kultur geworden sind, immer auch Schöpfungen der Gesellschaft, Spiegel ihrer Werte und Ergebnis von kulturell akzeptierten Ziel- und Interessenverknüpfungen.

In traditionellen Stammeskulturen wird eine Geschichte nicht dem Erzähler als dessen eigene Schöpfung zugeschrieben.[69] Der Erzähler – meist ein Schamane – gilt nicht als Autor, sondern als Vermittler einer höheren Wahrheit. Er wird nicht für seine Schöpferkraft, sondern für seine Erzählkunst bewundert. Wo aber keine Schöpfung existiert, gibt es auch keinen Schöpfer. Die Figur des Autors und Künstlers als autonomer Schöpfer ist eine westliche Erfindung. Sie bezieht ihre Kraft aus der für unsere Kultur zentralen Vorstellung des freien Individuums, das die Bedingungen seines Daseins selbst erschafft, und den Mechanismen der Ökonomie, die auf der Zurechenbarkeit von Leistungen beruhen und die Absicherung von Marktpositionen zwecks Profit erforderlich machen. Viele Künstler waren sich dieser Tatsache bewusst. Max Ernst hatte mit seinen Frottagen vom »Märchen vom Schöpfertum des Künstlers« Abschied genommen. Marcel Duchamp hatte mit seinen Ready-Mades den in der Authentizität begründeten Originalbegriff infrage gestellt. Die Nutzung digitaler Medien löst den Originalbegriff vollends auf.[70] Doch die Geniereligion, die seit Vasari im Künstler den Erben des Schöpfergottes sieht, durchdringt die Kunst wie eh und je. Der Mythos des Künstlers ist in unzähligen Biografien, Romanen und Filmen popularisiert worden. Es hat Hollywood in den sechziger Jahren zu einem Blockbuster wie ›The Agony and the Ecstasy‹ inspiriert, in dem Charlton Heston als Michelangelo zwischen Malfuror und Selbstzweifeln um die Fertigstellung seiner Fresken in der Sixtinischen Kapelle ringt. Der Regisseur Carol Reed zeigt den Künstler als einen Mann, der gequält ist von Selbstkritik und seine Kunst als Akt der Selbsterklärung versteht.[71] Bis heute hat sich dieses Bild des Künstlers auch in anspruchsvollen Autorenfilmen gehalten. Der 2002 produzierte Film ›Pollock‹ von Ed Harris, der den Aufstieg des amerikanischen Künstlers Jackson Pollock bis zu seinem Tod durch einen selbst verschuldeten Autounfall nachzeichnet, zeigt ihn als empfindsamen, introvertierten, von Depressionen und Alkoholismus gequälten Einzelgänger. Seine Randstellung wird zur Voraussetzung für jenen Blick auf die Existenz, die seine Kunst einzigartig macht. Auch in dem 2003 produzierten Film über Dieter Roth von Edith Jud wird der deutschschweizerische Künstler als Prototyp des zerrissenen und deshalb faszinierenden Menschen porträtiert. Der Film wurde mit finanzieller Unterstützung des Schaulagers in Basel produziert[72], das parallel mit dem Museum of Modern Art in New York und dem Museum Ludwig in Köln eine Retrospektive Dieter Roths vorbereitete. Die Nachfrage nach Werken Dieter Roths zog im folgenden Jahr deutlich an und ließ den Auktionspreisindex für den Künstler um 50 Prozent nach oben schießen.[73]

Der Kult um den Künstler beeinflusst bis heute die Art und Weise, wie wir Kunst betrachten. Was unsere Bewunderung hervorruft und unsere Bereitschaft, hohe Preise zu zahlen, ist weniger das Werk als die Aura seines Schöpfers. Der Künstler als Individuum, das sich frei von allen Regeln in seinen Werken Ausdruck verschafft, ist ebenso ein Mythos wie eine historisch begründete Wirklichkeit. Seine Sonderstellung ist es, die ihm jenen anderen, nicht den Konventionen entliehenen Blick auf die Welt ermöglicht. Auch wenn der Künstler als Genie von seinem Sockel gestoßen worden ist, bleibt das Konstrukt der individuellen Zurechenbarkeit der Dreh- und Angelpunkt des Marktes. Als Starkult ist der Künstlermythos in seiner kommerzialisierten Form zum erfolgreichsten Verkaufsargument des Kunstmarkts geworden. Das ökonomische Konstrukt der Marke hat das romantische Konzept des Genies überlagert, und der *divino artista* der Renaissance ist im Zeitalter des globalen Kapitalismus als Popstar wiederauferstanden.

KAPITEL
5

DAS KUNSTWERK

DIE AURA DES ORIGINALS

JEDER gegnschtant (forgank) ist absolute k wenn (& solange) er als solche betrachtet wirt: der apstraktjonsprozes der k ist in saine lezte wirklich lezte fase getretn.
Timm Ulrichs, Totalkünstler

Hier ist Stroh, nun spinne Gold daraus.
Der König zur Müllerstochter in Rumpelstilzchen

Der Geist in der Maschine
DIE AURA DES KUNSTWERKS

Was haben ein Tierkadaver, eine Nasenoperation und ein mit Acrylfarbe gemalter rosa Pudel gemeinsam? Nichts. Es sei denn, es handelt sich um Kunstwerke. Nahezu jede Geste und jeder Gegenstand kann ein Kunstwerk sein. Die Explosion der Definition dessen, was als Kunst gilt, hat ihre Wurzeln in der modernen Vorstellung von Kunst. Kunst ist eine kaum zweihundert Jahre alte europäische Erfindung, an deren Anfang die Trennung dessen lag, was ursprünglich zusammengehörte: Kunst und Handwerk.

Die Kunst wurde zum Himmelreich erklärt, in dem Imagination, Originalität und Freiheit herrschen. Dem Kunsthandwerk wurde das irdische Territorium zugewiesen, in dem Fertigkeit, Nachahmung und Nützlichkeit regieren. Deshalb bohren Kunsthandwerker, die mit Ton oder Glas arbeiten und Künstler sein wollen, Löcher in ihre Gefäße oder treiben Nägel in deren Oberfläche, um sie der unheiligen Nähe profaner Gebrauchsgegenstände zu entrücken. Ist das Kunst? Wenn man das heute fragt, meint man damit nicht, ob es ein Artefakt im Gegensatz zu einem Naturprodukt ist, sondern ob es zur Kategorie Kunst mit großem K gehört.

Kunst – lassen wir das Wort stehen und geben ihm den Raum, der ihm gebührt. Spüren Sie, wie sein Nachhall uns mit einem Anflug jener Aura erfüllt, die uns beim Anblick eines großen Kunstwerks die Schauer der Ergriffenheit über den Rücken jagt? Die Aura der Kunst hat nichts von ihrer Strahlkraft eingebüßt. Die Befürchtung Walter Benjamins, dass ihre Reproduzierbarkeit sie verblassen lassen würde, hat sich nicht bewahrheitet. Im Gegenteil, ebenso wie die zahlreichen Kopien der Mona Lisa deren Ruhm gemehrt haben, tragen Prints, Foto-Editionen, Videos und DVDs die frohe Botschaft der Kunst hinaus in die Welt des Marktes und erzeugen Begehrlichkeiten ohne Ende.

Was ist Kunst? Die Antworten auf diese Frage füllen ganze Bibliotheken. Die spannendsten Definitionen stammen von Künstlern. So unterschiedlich ihre Persönlichkeit und ihr Werk, so unterschiedlich ist ihre Sicht der Kunst. Für Picasso war Kunst »eine Art Aufruhr«, für Paul Klee ein »Schöpfungsgleichnis«. Alexej von Jawlensky begriff sie als »Mathematik«, Georges Braque verstand sie als »Verzauberung«, Max Liebermann als »Handwerk«, Man Ray hielt sie schlicht für »überholt«.[1] Eine der frühen Definitionen von Kunst ist ihre Undefinierbarkeit, das *je ne sais quoi*, mit dem französische Kavaliere im 17. Jahrhundert die nicht in Worte zu fassende Schönheit einer Frau umschrieben.[2] Diese Undefinierbarkeit erkannte lange vor der Avantgarde der deutsche Philosoph Georg Wilhelm Friedrich Hegel, als er schrieb: »Unsere Künstler können nicht mehr in solchen bestimmten Weltanschauungen leben, sie leben in allen Zeiten und Formen und sind nicht mehr an besondere Gestalten gebunden. Die Kunst ist dadurch ein freies Instrument geworden, das der Künstler jedem Inhalt gegenüber anwendet. Jeder Stoff und jede Form steht zu seinen Diensten.«[3] In der Tat: Kunst ist ein schillerndes Wesen. Sie oszilliert zwischen Intuition und Kalkül, zwischen Individuum und Kollektiv, zwischen Fiktion und Realität. Sie ist Seismograph und Mikroskop, Lügendetektor und Molotow-Cocktail. Sie ist Exerzitium und Ekstase, Meditation und Erleuchtung. Sie ist Poem und Politikum. Sie vereinigt kindliches Spiel und existenziellen Ernst. Sie ist Magie, so schrieb Theodor Adorno, befreit von der Lüge, Wahrheit zu sein. Ob als handwerkliche Meisterschaft, als ordnendes Regelwerk, als Erforschung des Unbekannten, als Religion des Schöpferischen, als Gegenwelt zur Realität, oder als Kulturmaximierung vor dem Tod – Kunst nimmt in ihrer Vielgestaltigkeit eine Sonderstellung in unserer Kultur ein.

Wenn alles Kunst sein kann, ist Kunst dann überhaupt definierbar? Eine Antwort darauf stammt von Karl Valentin. Es gibt keine Kunst, sagte er, denn Kunst kommt von Können. Aber wenn man etwas kann, dann ist es keine Kunst. Andy Warhols Antwort auf die Frage, was Kunst ist, lautete, *Art? That's a man's name*. Kunst, so auch der Kern von Warhols Aussage, gibt es nicht. Der Künstler und das Kunstsystem sind es, die ein Objekt zum Kunstwerk machen. So gelten alle von einem Künstler geschaffenen Objekte, die innerhalb des Kunstsystems zirkulieren, als Kunstwerke, sogar dann, wenn sie trotzig behaupten keine zu sein und es allem Anschein nach auch nicht sind. Künstler haben diesen verwirrenden Umstand immer wieder thematisiert. Piero Manzoni hat Alltagsgegenstände auf einen musealen Sockel gelegt, Menschen signiert und seine Exkremente zur Kunst deklariert. Ben Vautier hat einen serienmäßig hergestellten Karton mit der Aufschrift Unikat versehen und damit zum Kunstwerk erklärt. Zugleich werden alle Gegenstände oder Gesten, die außerhalb des Kunstsystems in Erscheinung treten, von ihm nicht als Kunst akzeptiert, mögen sie noch so ästhetisch, inspirierend oder provokativ sein. Ein Stromisolator aus grünem Glas bleibt Funktionsteil des Stromnetzwerks, die Darstellung eines Tigers in einem Schulbuch eine Illustration für Lehrzwecke, die serielle Anordnung von Konservendosen in einem Supermarkt eine Warenauslage. Wer Inspiration, Ästhetik oder Provokation sucht, braucht dafür nicht unbedingt Kunst. Man kann sie überall finden – die Welt ist voll davon. Doch diese Phänomene, mögen sie auch rein äußerlich von so genannten echten Kunstwerken nicht zu unterscheiden sein, können weder künstlerische Bedeutung erlangen noch einen entsprechenden ökonomischen Wert. Im Gegenteil: Ein 77-jähriger Franzose, der im Centre Pompidou mit einem Hammer Stücke aus Marcel Duchamps Pissoir herausgeschlagen hat, wurde wegen Sachbeschädigung zu einer Zahlung von 214 000 Euro verurteilt. Auch wenn er zu seiner Verteidigung vorbrachte, Künstler zu sein und im Geiste Dadas gehandelt zu haben,[4] gilt das, was er getan hat, nicht als Kunst, sondern als Kunstfrevel, nicht als Wertschöpfung, sondern als Wertvernichtung. Die Übermalungen von Radierungen Francisco de Goyas aus dem Zyklus ›Desastres de la Guerra‹ durch Jake und Dino Chapman dagegen gelten als Kunstwerke, für die auf dem Kunstmarkt derzeit mehr bezahlt wird, als die Goya-Radierungen erbracht hätten.[5] Aus der Sicht von Kunstexperten transformierten die Künstlerbrüder die Schrecken des Krieges in die Gegenwart und entwickelten damit eine neue ästhetische Auffassung des Themas. Die moralische Panik, die deren mit Clownsmasken und Tierköpfen übermalten Radierungen beim Kunstpublikum auslösten, mag der Schreckstarre angesichts des vandalisierten

Pissoirs noch so sehr ähneln – nach den Regeln der Kunst führt der eine Zerstörungsakt zu Anerkennung, der andere zu Verurteilung. Die Chapman-Brüder brachen zwar ebenso wie der unbekannte Franzose das Tabu des unverletzlichen Originals. Was im wirklichen Leben ein fataler Gesetzesbruch ist, ist in der Kunst eine geglückte Strategie, spätestens seit Robert Rauschenberg eine Zeichnung Willem de Koonings ausradierte und mit dieser symbolischen Geste einen Gott der Kunst vom Sockel stieß.

Provokationen

MARCEL DUCHAMP

Ist ein Künstler anerkannt, kann er tun, was er will – das Ergebnis wird immer als Kunstwerk gelten. Den Beweis dafür lieferte Marcel Duchamp, der provokante Genius der Avantgarde, schon 1913 mit seinen Ready-Mades. Er nahm einen industriell gefertigten Gegenstand, verwandelte ihn kraft künstlerischer Absicht in ein Kunstwerk, fügte einen der Logik des Objekts widersprechenden Titel hinzu und krönte das Werk mit einer Signatur. Innovation, Originalität, Authentizität – alles, was ein Kunstwerk ausmacht, ist erbracht. Auch Picasso proklamierte, dass nicht zählt, was ein Künstler macht, sondern was er ist. Kraft seiner künstlerischen Absicht kann der Künstler nahezu jedem beliebigen Objekt den Odem der Kunst einhauchen. Duchamps berühmt gewordenes Urinal von 1917 mit dem Titel ›Fontaine‹, Brunnen, hat viele Künstler bis hin zu Damien Hirst zu ähnlich gelagerten Erfindungen inspiriert. Als Prototyp künstlerischer Provokation, als Kunst über Kunst, schlug das Schlüsselwerk bei einer Umfrage unter 500 Insidern der Kunstszene im Vorfeld des Turnerpreises 2004 Picasso, Matisse und Warhol.[6]

Die von Duchamp in seinen Aufzeichnungen notierte Frage: Kann man ein Objekt schaffen, das keine Kunst ist?, hatte er mit seinen Ready-Mades beantwortet. Die Tatsache, dass sie mit derselben Bewunderung betrachtet werden wie Kunstwerke, bemerkte der Künstler später, bedeutet wahrscheinlich, »dass ich mit dem Versuch gescheitert bin, die Kunst gänzlich abzuschaffen.«[7] Ohne die Andachtsregeln der Kunst und der Gläubigen, die sie kennen und befolgen, blieben solche Gegenstände völlig sinn- und bedeutungslos. Sinn und Bedeutung und folglich auch monetären Wert erlangen sie nur im Rahmen der Kunst. Ähnlich der Magie oder der Religion bezieht die Kunst ihre Kraft daraus, dass sie ein in sich schlüssiges System darstellt, das seine Anhänger durch ihre Gefolgschaft am Leben erhalten. Die Hostie, für einen Ungläubigen eine gewöhnliche Oblate, ist für einen Katholiken der Leib Christi. Für einen Kunstkenner ist das Pissoir ein geniales Kunstwerk. Für einen Kunstbanausen dagegen ist es nichts weiter als ein Sanitärgegenstand, dessen Preisschild, und die Tatsache, dass Kunstkenner raunend davor stehen, in ihm die vage Ahnung wachrufen, dass hier Magie im Spiel sein muss. Damit liegt er nicht ganz daneben. Denn Magie ist nichts anderes als »eine kollektive Überzeugung«, so der Anthropologe Marcel Mauss, »in deren Natur es liegt, dass sie jede Kluft, die Phänomene von Schlussfolgerungen trennt, ohne weiteres zu überbrücken vermag.«[8]

Die Qualitätsfrage

ALLES KANN KUNST SEIN

Kunst oder Nichtkunst? Alles kann Kunst sein. Kunst ist jedes von einem Künstler geschaffene Objekt, das im Kunstsystem und Kunstmarkt zirkuliert, mag es auch dem Anschein oder der Absicht nach Nichtkunst sein. Schwieriger zu beantworten ist die Frage nach der Qualität. »Wir Künstler wissen nicht, ob wir Scheiße oder Gold produzieren«, bekennt der amerikanische Künstler

Jason Rhodes.[9] Die Grenze zwischen substanzieller Kunst und hohlem Fake ist oft schwer zu erkennen, der Unterschied zwischen kalkulierter Oberfläche und künstlerischer Tiefe oft schwer auszumachen. Im Zeitalter des Konsums ist die massenhafte Aneignung zitierbarer Motive aus dem Fundus der Kulturgeschichte zur vorherrschenden Strategie in der Kunst geworden. Wo endet die oberflächliche Reflexion eines Themas? Wo beginnt dessen tiefere Durchdringung? Doch nicht nur, dass Kunst sich durch die kontinuierliche Erneuerung auszeichnet und sich aus der Überwindung bestehender Standards definiert – viele Künstler der jungen Generation messen auch dem Unterschied zwischen High and Low, zwischen Trivialem und Kunst keine Bedeutung mehr bei.

Gute Kunst oder schlechte Kunst? Auf diese Frage bleiben selbst erfahrene Insider der Kunstwelt eine überzeugende Antwort schuldig. Für die Sammlerin Ingvild Goetz ist Qualität in der Gegenwartskunst »schwer zu definieren«. Der Galerist Rüdiger Schöttle beurteilt die Frage nach der Qualität als »sehr schwierig«. Und sein Kollege Jörg Schellmann bekennt: »Je länger ich mit Kunst zu tun habe, desto weniger kann ich sagen, was Qualität ist. Vieles gilt als gute Kunst, was ich für schlechte Kunst halte und umgekehrt.« Er liefert auch eine Erklärung für dieses Phänomen: »Wenn ein Künstler an der richtigen Stelle ins Kunstsystem hineinkommt, hat er Aussicht auf Erfolg und man sagt, seine Kunst sei gut. Findet er die richtige Tür nicht, hat er wenig Aussicht auf Erfolg und man sagt, seine Kunst sei schlecht. Und in aller Regel«, fügt er hinzu, »ist man von allgemeinen Einflüsterungen abhängig, ob man das zugibt oder nicht.« Auch Kritikern sind die Maßstäbe abhanden gekommen. Einer von ihnen hisst am Ende seines Artikels über Jeff Koons im amerikanischen Kunstmagazin ›Art News‹ die weiße Flagge. Er bekennt, dass es für ihn »keinen Weg gibt, den Leser davon zu überzeugen, dass meine Sicht wertvoller ist als seine«.[10] So scheint der Kritiker, der als Korrektiv zum Markt sein Gewicht in die Waagschale der Kunstbewertung wirft, eine aussterbende Spezies. Eines ihrer letzten Exemplare war Robert Hughes. Bis vor kurzem offerierte der Australier im ›Time Magazine‹ rare Kostproben dessen, was zum Handwerkszeug des Kritikers gehört: klare Kriterien, unbestechliches Urteil, deutliche Worte. Auch wenn Einzelne in die Fußstapfen dieses letzten Dinosauriers der Kunstkritik treten, sind doch viele zum Kunstberichterstatter geschrumpft. Wie schon vor zweihundert Jahren von Honoré de Balzac in seinem Roman ›Verlorene Illusionen‹ beschrieben, trägt das soziale Gefälle zwischen schwerreichem Sammler, einflussreichem Händler und freiberuflichem Schreiber zu dessen Vereinnahmung bei, nur dass man ihn heute statt zum Luxusbankett in Paris zur Poolparty nach Miami einlädt. Wenn Kritiker zudem Katalogtexte schreiben und Ausstellungen kuratieren, droht ihnen die für jede Kritik unverzichtbare Distanz zum Interessengeflecht des Kunstmarkts verloren zu gehen.

Die Beliebigkeit, die sich in die Kunstproduktion einschleicht, wird in der Kurzgeschichte ›Alltag eines Kunstwerks‹ des Schriftstellers Wladimir Kaminer karikiert.[11] Sie handelt von einem russischen Bildhauer in Berlin, der eine Betonskulptur mit dem Titel ›Mutterherz‹ geschaffen hat, für die er jedoch keinen Käufer findet. Mit der Ausschreibung für das Holocaust-Mahnmal tut sich eine Chance für ihn auf. Das Kunstwerk wird kurzerhand als »in Beton gegossener Schrei« angeboten, doch wegen seines geringen Formats als Mahnmal abgelehnt. Bald ergibt sich eine Möglichkeit, es in Prag unterzubringen, als ›Denkmal zur Erinnerung an die Massenvergewaltigungen tschechischer Frauen durch sowjetische Soldaten bei ihrem Einmarsch in die ČSSR 1968‹. Die Skulptur landet schließlich nicht in Prag, sondern auf der Erotikmesse in Hamburg. Dort verkörpert sie dem Geist des Ortes entsprechend ›Das unerfüllte Verlangen nach Vaginalkontakten‹.

Ein Objekt gilt also dann als Kunstwerk, wenn sich Künstler, Kritiker, Galeristen, Museumsdirektoren, Kuratoren, Experten und Sammler darin einig sind, dass es Kunst ist. Qualität wird ihm dann zugeschrieben, wenn sich Künstler, Kritiker, Galeristen, Museumsdirektoren, Kuratoren, Experten und Sammler auch darin einig sind. Das bedeutet, dass der Wert eines Kunstwerks eine soziale Konstruktion ist. Im Kunstsystem entscheiden Kunstexperten, die über so genanntes kulturelles Kapital verfügen, über den künstlerischen Wert. Im Markt geben jene Akteure den Ausschlag, die über Geld oder so genanntes ökonomisches Kapital verfügen. Da beide Systeme aufgrund der persönlichen Verbindungen von Galeristen und Kritikern, von Museumsdirektoren und Sammlern, von Auktionatoren und Kunsthistorikern eng miteinander verflochten sind und wechselseitig aufeinander einwirken, gleichen sich die Abstimmungen im Laufe der Zeit idealerweise einander an. So geht der amerikanische Wirtschaftswissenschaftler William Grampp davon aus, dass der Marktwert eines Kunstwerks mit seinem künstlerischen Wert übereinstimmt. »Wenn ich sage, dass ökonomischer und ästhetischer Wert konsistent sind, dann meine ich, dass wenn ein Gemälde A außerhalb des Marktes als besser gilt als Gemälde B, dann wird der Marktpreis von A auch höher sein als der von B.«[12] Umgekehrt bedeutet das, wenn A teurer ist als B, muss A auch besser sein als B. Grampps These der Übereinstimmung von ästhetischem und ökonomischem Wert impliziert, dass ein Künstler, der mehr verdient als ein anderer, auch der bessere Künstler sein muss. Doch welche Partei gibt den Ausschlag? Expertise oder Kaufkraft? Wenn die Expertise mit der Auflösung künstlerischer Maßstäbe als Bewertungsinstrument zunehmend an Bedeutung verliert und die Kommerzialisierung in der Kunst ebenso wie in anderen Bereichen der Gesellschaft voranschreitet, wird die Definition dessen, was als Kunst gilt, zunehmend zu einer Frage ökonomischer Macht.

Eulenspiegeleien

JEFF KOONS

In der Tradition Duchamps haben Künstler mit ihren Kunstwerken immer wieder die Glaubensfundamente und Funktionsmechanismen von Kunstsystem und Kunstmarkt in Frage gestellt und dem Publikum einen Spiegel vorgehalten. Doch nicht nur der Künstler, auch das informierte Publikum kann aus den Regeln des Spiels nicht ausbrechen. Die von dem Italiener Piero Manzoni in den sechziger Jahren in Konserven abgefüllte »Künstlerscheiße« sollte ein Anschlag auf die Mechanismen des Kunstsystems werden. Der Sprengsatz zündete. Doch außer, dass er kurzzeitig ein die Gemüter erhitzendes Strohfeuer in den Feuilletons entfachte, befeuerte er vor allem die Kauflust der Sammler. Einmal in Umlauf gebracht, wurde die eingedoste *merda di artista* zu wahrer Kunst und dank des Skandals zu einer umso besser vermarktbaren Ware Kunst. Manzoni hatte das Kunstsystem zwar nicht aus den Angeln gehoben, aber bewiesen, dass man buchstäblich Scheiße, wenn sie nur Kunst ist, zu Geld machen kann. Am 22. November 2005 wurde die Seriennummer 57 der 1961 mit je 30 Gramm befüllten Dosen bei Sotheby's in Mailand für 110 000 € versteigert.[13]

Die Nachfahren Duchamps setzen sein Werk fort. Kaum einer hat die Kunstwelt so polarisiert wie Jeff Koons. 1991 präsentiert der Amerikaner, der Eulenspiegel der Gegenwartskunst, seinen neuesten Werkzyklus in der Galerie Max Hetzler in Köln. Made in Heaven zeigt den Meister persönlich beim Liebesakt mit seiner damaligen Lebensgefährtin Ilona Staller, einer ehemaligen Pornodarstellerin. Auf dem großformatigen Close-up mit dem Titel ›Ilonas Asshole‹ ist jedes Schamhaar zu erkennen. ›Manet‹ zeigt Koons beim Cunnilingus in idyllischer Flusslandschaft. Die Schäferszenen, die das unschuldige Verlangen nach Sexualität zelebrieren sollen, nehmen fast die gesamte Stirnwand der Galerie ein. Die geladenen Gäste dinieren an einer langen Tafel. In ihren Kommentaren ignorieren die meisten den eindeutigen Inhalt der Werke und deuten ihn um in die Metaphern großer Kunst. Das pornographische Foto wird zum grandiosen Kunstwerk, die Sex-Romanze zur Apotheose der Popkultur. Dass die Betrachter selbst Teil einer künstlerischen Gesamtinszenierung sein könnten, kommt ihnen möglicherweise gar nicht in den Sinn. Doch im Kontext von Kunstwerk, Kunstsystem und Kunstmarkt sind sie auch die Darsteller eines Tableau Vivant, das die paradoxe Beziehung zwischen dem, was Kunst abbildet, was sie meint, wie sie verstanden wird und warum sie gekauft wird, bis zur Schmerzgrenze ausreizt. Koons selber lässt es nicht an Deutlichkeit fehlen: »The public is my ready-made«, das Publikum ist das Kunstwerk.[14]

Anarchie pur? Ambivalenz pur, wie sie zum Handwerkszeug eines jeden Verführers gehört. Koons bietet seinem Publikum auch Versöhnliches: fröhlich bunte Keramikblumen, einen liebevoll aus Holz geschnitzten Pudel, eine makellose Marmorbüste des Paars, und den Liebesakt in Lebensgröße mitsamt vergoldeter Schlange. Ist der monumentale Nippes nun Kitsch oder Kunst? Will der ehemalige Börsenmakler die Menschen mit Schönheit beglücken? Oder ist seine Umarmung des Kitschs eine Persiflage auf die Micky-Maus-Gesellschaft? Es gibt, wie eine Kuratorin begeistert schreibt, Myriaden von Möglichkeiten, Koons Werk zu betrachten.[15] Eines indes haben sie gemeinsam: Jede führt zum Ziel – aus Kitsch wird Kunst. So ist keines dieser Mantras wirklich notwendig, um Koons Kunst an den Sammler zu bringen. Der von einem Künstler geschaffene Kitsch ist Kunst und damit auch die Legitimation von Kitsch. Das Galerien-Trio Sonnabend in New York, Gagosian in Los Angeles und London und Hetzler in Berlin sorgt dafür, dass die Werke an die richtige Adresse kommen und ihr Preis dem geschaffenen Status entspricht. Auch aus der ökonomischen Perspektive scheint das Ganze als geniale Eulenspiegelei. Jeder Sammler, der sich nicht ohne Gesichtsverlust einen Wandteller aus dem Souvenirshop aufhängen könnte, darf so guten Gewissens einen goldenen Porzellanaffen oder ein aus rosa Glas geblasenes Liebespaar kaufen und damit den Rang eines ausgewiesenen Connaisseurs erwerben. Das hat seinen Preis. Denn für ein Original von Koons perfekt inszeniertem Kitsch muss man eine sechsstellige Summe hinblättern.

Auch Künstler wie Damien Hirst und Maurizio Cattelan bedienen sich der Erfindungen Duchamps. Innovation? Oder Imitation? Für den Mailänder Duchamps-Kenner Arturo Schwarz zeigen deren Werke alle Symptome des Akademismus: Wiederholung vorgegebener Regeln, Flucht ins Monumentale, Fokus auf den Skandal, Akzent aufs Dekorative, Mangel an Inspiration und Blick aufs Geld.[16] Doch Markt, Medien und Museen honorieren diese Mixtur: Hirsts Tigerhai erwartet den Ritterschlag des New Yorker MoMA, Cattelans Klein-Hitler kniet auf dem kalten Boden des Palazzo Grassi in Venedig.

Als geistiger Vater dieser Kunstformen, die längst zum postmodernen Mainstream avanciert sind, ist Duchamp selber zur Ikone geworden. Sein Urinal wurde 1999 für 1,7 Millionen Dollar von dem griechischen Sammler Dimitri Daskalopoulos ersteigert. Das Kunstwerk stammte aus einer nachträglichen Edition von acht Exemplaren, die Arturo Schwarz 1964 auf den Markt brachte. Das Urinal gehört auch zu den Kronjuwelen der in kurzer Zeit mit viel Geld und dem Sachverstand der Galerie Hauser & Wirth zusammengekauften Sammlung von Friedrich-Christian Flick. Ob den Käufern bewusst ist, dass Marcel Duchamp der Ansicht war, dass »die Leute alles schlucken«?[17]

Experimente

YVES KLEIN

Sicher scheint, dass die Leute, sofern sie es können, alles zahlen. Der visionäre französische Künstler Yves Klein war fasziniert von der Frage, was den Wert eines Kunstwerks ausmacht. 1957 konzipierte er eine Ausstellung in der Mailänder Galerie Apollinaire als Experiment. Sie bestand aus elf blauen Gemälden. Die auf Holz gemalten monochromen Bilder waren identisch in Farbton, Farbwert, Proportion und Dimension, alle achtundsiebzig auf sechsundfünfzig Zentimeter, an den Ecken leicht abgerundet und von leuchtendem Ultramarin, das später als I. K. B., International Klein Blue, in die Geschichte der Avantgardekunst eingehen sollte. Abgesehen davon, dass seine monochromen Vorschläge der blauen Epoche, so der Ausstellungstitel, ihm nach dem absehbaren Skandal Erfolg und Anerkennung einbrachten, verhalfen sie ihm zu einer fundamentalen Einsicht. »Das Sensationellste, was ich beobachtete«, schrieb Klein in seinen Aufzeichnungen, »waren die Käufer. Jeder wählte sein eigenes Werk aus den elf ausgestellten Gemälden und jeder bezahlte den Preis, der verlangt wurde. Die Preise waren natürlich unterschiedlich. Diese Tatsache beweist, dass die Qualität eines jeden Gemäldes durch etwas anderes wahrgenommen wurde als durch seine materielle Erscheinung.«[18]

Eine mögliche Lösung des Rätsels liefert der Turner-Preisträger 2005, Jeffrey Deller. Seine lapidare Antwort auf die Frage, woran er erkennt, ob etwas Kunst ist, lautet: am Preis.[19] Dass nicht allein Form und Inhalt eines Kunstwerks, sondern vor allem sein Preis den Funken des Begehrens überspringen lässt und den Besitzwunsch weckt, erkannte schon Rembrandt. Der Historiker Filippo Baldinucci berichtet, dass Rembrandt die Preise für Gemälde und Zeichnungen bei Auktionen nach oben geboten hat, »um das Ansehen seines Berufsstandes zu erhöhen«.[20] Später hat Francis Haskell herausgefunden, dass die großen Geldsummen, die Künstler wie Bernini erhielten, eine ähnliche Funktion erfüllten: »Diese hohen Preise, abgesehen davon, dass sie das Leben für den Künstler angenehmer machten, hatten eine wichtige symbolische Funktion. Sie erhöhten den Status seiner Kunst in den Augen der Welt.«[21]

Die Preisfrage

TEURES OBJEKT DER BEGIERDE

Dem Kunstwerk kommt eine soziale Funktion zu, die seinen Wert als Ware maßgeblich bestimmt. Ein Kunstwerk macht den Status seines Besitzers sichtbar. Kunstwerke weisen eine hohe Verknüpfung mit Person und Persönlichkeit ihres Besitzers auf. Sie sind ein Gradmesser für seinen Reichtum und seinen Geschmack und weisen ihn als Mitglied einer gesellschaftlichen Elite aus. Wie früher Reliquien im Gottesdienst, Pfeffer in Speisen, Seide in der Kleidung oder Edelsteine im Schmuck haben Kunstwerke die Fähigkeit, komplexe soziale Botschaften zu senden, die den Status ihres Besitzers sichtbar machen. In allen Gesellschaften ist der Erwerb von Statussymbolen auf soziale Eliten beschränkt. Denn ein Statussymbol, das jeder haben kann, ist keines mehr. Bei Kunstwerken ist das nicht anders. Eine Barriere ist die Schwierigkeit des Erwerbs. Sie kann sich aus der Seltenheit des Objektes ergeben oder aus dem nicht jedem zugänglichen Spezialwissen, das für den Erwerb erforderlich ist. Oder – und das ist die nachhaltigste Zugangskontrolle – das Objekt ist für die Mehrheit der Interessenten schlicht unerschwinglich. Was vormoderne Gesellschaften durch Gesetz und Kleiderordnung regelten und das Bürgertum durch Bildung und Kennerschaft, regelt die Marktwirtschaft über den Preis. Seine Funktion als Statussymbol macht das Kunstwerk zu dem teuer bezahlten Objekt der Begierde, das es in unserer Kultur geworden ist. Erst durch seinen hohen Preis wird das Kunstwerk zur Eintrittskarte in die geschlossene Vorstellung der herrschenden Klasse.

Kunst gilt als Paradebeispiel für Prestigekonsum. Der amerikanische Philosoph, Soziologe und Ökonom Thorsten Veblen (1857–1929) prägte in seinem Buch ›Die Theorie der feinen Leute‹ dafür den Begriff *conspicuous consumption.* Er argumentierte, das Konsumverhalten der sozioökonomischen Elite sei von einem am Geld orientierten Geschmackskanon bestimmt, mit der Folge, dass sich die Wertschätzung einer Ware nach ihrem Preis richtet. Diese Waren erlangten ihre Nützlichkeit für den Besitzer »weniger durch ihre intrinsische Schönheit als durch die Ehre, den ihr Besitz oder ihr Konsum ihm verleihen, oder die Schmach, die sie von ihm abwenden«. So ziehen viele Kunstsammler nicht nur aus der Betrachtung und dem Genuss eines Gemäldes Nutzen, sondern auch aus dem hohen Preis, den sie dafür bezahlt haben. Schon der englische Nationalökonom Adam Smith beobachtete Ende des achtzehnten Jahrhunderts in seinem Essay über *Imitative Arts* die Bedeutung von hohen Preisen für die Wertschätzung jener Kunstwerke, »die sich nicht an die Vernünftigen und die Weisen, sondern an die Reichen und die Großen, an die Stolzen und die Eitlen« richten. Ebenso wie »die Vorstellung der Kostspieligkeit zu verschönern scheint«, so seine Schlussfolgerung, »lässt die der Billigkeit selbst den Glanz der begehrenswertesten Objekte stumpf werden«.[22] Er erinnert an die zu Pyramiden und Obelisken geschnittenen Buchsbäume, die eben noch in den weitläufigen Parks der Oberschicht in Mode waren und nun wegen ihrer Unnatürlichkeit verworfen werden. Seiner Ansicht nach war der wirkliche Grund für diesen Sinneswandel, dass »die Reichen und die Großen kein Ornament in ihrem Garten dulden werden, das selbst für die gewöhnlichsten aller Menschen erschwinglich ist«. Auch der französische Philosoph Jean-Jacques Rousseau stellte fest, dass die Preise für Luxuswaren sich anders verhalten als die für Gebrauchsgüter: Ihr Wert wird danach geschätzt, wie teuer es war, sie zu erwerben. Das daraus resultierende Paradox, dass Luxuswaren bei steigenden Preisen eine höhere statt eine sinkende Nachfrage nach sich ziehen, bezeichnet man als Veblen-Effekt. Zu den Gütern, deren hoher Preis erst die Begehrlichkeit weckt, gehören auch Kunstwerke.

Die Reichen werden reicher und die Luxuswaren, einst der Geldelite vorbehalten, haben den Massenmarkt erobert. Die Ursachen dafür sind vielfältig. Neben der Tatsache, dass es immer mehr Millionäre gibt – weltweit 8,3 Millionen Haushalte mit einem Vermögen von mindestens 1 Million Dollar – sind es veränderte Konsummuster.[23] Neben selektiver Extravaganz, dem abwechselnden Einkaufen von Billig- und Luxusmarken auf Kosten von Mittelklasseprodukten, ist es die Zunahme von zeitanteiligem Besitz an Luxusgütern. Wer einen Maserati fährt, kann diesen nur fürs Wochenende gemietet haben, wer einen Hermesgürtel trägt, kann ansonsten Stammkunde bei H&M sein. Die Wirkung dieser veränderten Konsummuster ist eindeutig: Das, mit dem sich viele zeigen, ist kein Luxus mehr. Es hat seine Funktion als Statusausweis eingebüßt. Was kauft ein Milliardär heutzutage, um als solcher erkennbar zu sein? Inzwischen kostet ein standesgemäßes Appartement in New Yorks Fifth Avenue bis zu 20 Millionen Dollar. Superreiche wie der Russe Roman Abramovic kaufen sich für 400 Millionen Dollar einen Fußballklub. Ein Kunstwerk kann also nur dann zu einem echten Statussymbol werden, wenn sein Preis es dazu macht. Aus diesem Grunde ist Kunst, wie der Starauktionator für zeitgenössische Kunst bei Sotheby's, Tobias Meyer, feststellt, immer genauso teuer, wie sie sein muss.[24]

Hinzu kommt besonders bei zeitgenössischen Kunstwerken die Unsicherheit über die Qualität. Je schwieriger die Frage nach der Qualität zu beantworten ist, desto eher wirkt der Preis als Qualitätssignal. Qualität hat ihren Preis. Gutes ist deshalb oft teuer. Wenn es an objektiven Qualitätskriterien mangelt, wie in der Gegenwartskunst, deren Kennzeichen die kontinuierliche

Erneuerung durch Überschreitung bestehender Maßstäbe ist, ziehen Menschen daraus leicht den trügerischen Umkehrschluss, dass Teures auch gut sein muss. Wie so oft, führen kognitive Irrtümer zu Handlungen, die unumstößliche Tatsachen schaffen. Der Preis wirkt auf die Reputation zurück, die Reputation auf den Preis. So kann man in einem von Liquidität gefluteten Kunstmarkt beobachten, dass die Qualität jener Künstler, deren Werke hohe Summen einbringen, von vielen Akteuren des Kunstsystems als gegeben angesehen wird. Während der französische Soziologe Pierre Bourdieu von einer verkehrten ökonomischen Welt der Kunst ausging, in der monetärer Erfolg verdächtig erschien,[25] bedeutet er im heutigen Markt keine Gefährdung der künstlerischen Glaubwürdigkeit mehr. Im Gegenteil. Markterfolg und künstlerische Glaubwürdigkeit bedingen einander. Und nicht zum ersten Mal in der Geschichte des Kunstmarkts verwandeln sich ökonomische Tatsachen in Einschätzungen, die zuweilen die Form eines unanfechtbaren Dictums annehmen. Man glaubt nicht der Kunst, sondern dem Markt. Der Glaube hat seinen Gegenstand gewechselt.[26]

Die Feedbackschleife von Preis zu Preis hat zur Folge, dass anfänglich geringe Preisunterschiede zwischen Künstlern die Tendenz haben, über die Zeit größer zu werden. Die Ökonomen Bruno Frey und Werner Pommerehne weisen in ihrer Analyse des Kunstmarkts nach, dass aktuelle Preisunterschiede zwischen Künstlern zum überwiegenden Teil ein Echo auf vergangene Preise sind. Das Preisgefälle zwischen einer repräsentativen Arbeit eines Tinguely und eines Rauschenberg betrug 1983 37 000 Dollar. Zu 55 Prozent war es auf vorangegangene Preise zurückzuführen. Die Preisdifferenz von 22 000 Dollar zwischen einem Tinguely und einem Pistoletto ließ sich zu 60 Prozent auf die in der Vergangenheit bezahlten Preise zurückführen.[27] Der Schneeballeffekt treibt also nicht nur die Reputation eines Künstlers, sondern auch die Preise für seine Werke.

Mona Lisa Femme fatale

KARRIERE EINES KUNSTWERKS

Der Status eines Kunstwerks kann nicht getrennt werden von dem System, das Status schafft und verbreitet. Dieses Netzwerk ist der eigentliche Generator von Ruhm und Rang eines Kunstwerks. Ob ein Kunstwerk jene Aura besitzt, die es zu einem begehrenswerten Statussymbol macht, entscheidet nicht mehr wie im Mittelalter sein religiöser Inhalt, sondern seine Biographie. Welche Galerie hat das Kunstwerk angeboten, welches Museum hat es ausgestellt, welcher Kritiker hat es besprochen, welcher Sammler hat es gekauft? Dieser stets von Zufällen und kunstfremden Faktoren beeinflusste Weg eines Kunstwerks entscheidet über seine Bedeutung und darüber, welchen Preis ein Käufer dafür zu zahlen bereit ist.

Das Bild aller Bilder, die ultimative Kunstikone, ist die Mona Lisa von Leonardo da Vinci. Kein Frauenbildnis wurde mehr beschrieben, keines mehr besungen und um keines ranken sich die immer gleichen Fragen. Warum lächelt sie geheimnisvoll? Wer war sie wirklich? Ist die Mona Lisa im Louvre die echte? Wer das Bild mit der Nummer 779 zu Gesicht bekommen will, muss Geduld haben. Mehrere hundert Menschen drängen sich in dem Raum, den das kleine, auf Pappelholz gemalte Bild zu seinem fünfhundertsten Geburtstag bekommen hat. Es zeigt eine sitzende junge Frau. Ihr Gesicht ist dem Betrachter zugewandt. Sie blickt nach rechts, die fehlenden Augenbrauen lassen ihre Stirn höher erscheinen. Sie lächelt. Hinter ihr taucht eine in der Ferne liegende Landschaft auf, mit Felsformationen, Hügeln und Tälern. Links schlängelt sich ein Pfad, dahinter liegt ein See, rechts ein Fluss. Eine Brücke ist das einzige Zeichen menschlichen Daseins in dieser ansonsten verlassenen Landschaft.

Die erste Frage, die sich jeder stellt, der das Bild zum ersten Mal sieht: Warum ist gerade die Mona Lisa so berühmt? Viele Kunsthistoriker haben den herausragenden Platz des Gemäldes aus den dem Bild innewohnenden Qualitäten abgeleitet. Etwas in diesem Frauenporträt spräche zu uns allen, etwas, das seine Gültigkeit über die Jahrhunderte hinweg bewahrt hat. Tatsächlich ist ihre Biographie eine Erfolgsgeschichte, die ihresgleichen sucht. Vasari hat die Mona Lisa gerühmt, Raphael hat sich von ihr inspirieren lassen, der französische König Franz I. hat sie gekauft. Zu echtem Ruhm gelangte die Mona Lisa jedoch erst in der zweiten Hälfte des neunzehnten Jahrhunderts. Im Oktober 1750 wurden die 110 besten Stücke der königlichen Sammlung im Palais Luxembourg einer privilegierten Öffentlichkeit zugänglich gemacht – die Mona Lisa war nicht dabei. Auch ein Jahrhundert später galt die Mona Lisa noch als eines der minderen unter den großen Meisterwerken der Renaissance. Im offiziellen Katalog des Louvre wurde der Marktwert der damaligen Inventarnummer 300 mit 90 000 Francs angesetzt. Das war zwar nicht wenig. Ein Mittelklassehaus in guter Pariser Lage kostete damals 50 000 Francs. Doch gemessen an anderen Gemälden Leonardos (›Madonna in der Felsengrotte‹: 150 000 Francs), denen Tizians (›Die Jünger in Emmaus‹: 150 000 Francs) und erst recht jenen Raffaels (›Die schöne Gärtnerin‹: 400 000, ›Die Heilige Familie‹: 600 000 Francs) nahm sich die Summe bescheiden aus. Warum wurde ausgerechnet dieses Frauenbildnis zum Bild aller Bilder? Der amerikanische Autor Donald Sassoon hat ihre Transformation vom Porträt einer Kaufmannsgattin zur globalen Ikone nachgezeichnet.[28]

Der Mann, der die Mona Lisa zur Frau mit dem geheimnisvollen Lächeln machen wird, ist der Schriftsteller und Dichter Théophile Gautier. Er ist der einflussreichste Kunstkritiker in Paris, dem damaligen Zentrum der europäischen Kunst. Sein Urteil entscheidet über Aufstieg oder Fall eines Künstlers. Es gibt keinen Maler, Bildhauer, Schauspieler, Komiker oder Akrobaten, so sein Biograph Maxime Du Camp, der ihm nicht schreibt, um sich seines Wohlwollens zu versichern.[29] Wie für die meisten seiner Kollegen unterscheidet sich Kunstkritik für Gautier nicht wesentlich von Prosa oder Poesie. Er beurteilt ein Kunstwerk vor allem danach, welchen Eindruck es auf ihn macht und inwieweit es ihm erlaubt, auf den Wellen seiner Fantasie zu reiten. Seine obsessive Fixierung auf die Femme fatale materialisiert sich in seinen Romanen und Liebesbeziehungen ebenso wie in seinen Kritiken. Denn die Sexualmoral des aufkommenden Bürgertums verordnet sittenstrengen Puritanismus. Nach der Epoche fröhlicher Ausschweifung im Zeichen des Don Juan ist das Jahrhundert der Femme fatale angebrochen, die mit der Sexualität die Peitsche bringt. Die Populärliteratur, die noch im achtzehnten Jahrhunderts mit Heldinnen wie Fanny Hill und Manon Lescaut amoralische Sinnenfreude gefeiert hatte, ist von Frauen bevölkert, die ahnungslose Männer mit kalter Sinnlichkeit ins Verderben locken. Sie schlägt die Leser in Gestalt einer Delilah in den Bann, die Samson verführt und ruiniert, einer Salomé, die Johannes den Täufer, der ihren Verführungskräften widersteht, köpfen lässt, einer Messalina, die ihren Ehemann Claudius ermordet, einer Lucrezia Borgia, die ihre Liebhaber vergiftet. Auch Gautier transformiert von ihm begehrte Frauen, ob reale Tänzerin oder erfundene Heldin, in schillernde Varianten der *belle dame sans merci* und beflügelt damit die Fantasie seiner Leser.

Für Gautier wird die Mona Lisa zum Archetyp der Femme fatale. Ihr Lächeln, das bis dahin niemandem aufgefallen war, ist für ihn »weise, tief, samtig, voll der Versprechen. Ihr sündhafter, sich schlängelnder Mund … verhöhnt den Betrachter mit solcher Süße, Grazie und Überlegenheit, dass wir uns schüchtern fühlen, wie Schuljungen in der Gegenwart einer Fürstin. … Unterdrücktes Verlangen und verzweifeltes Hoffen ringen miteinander in leuchtendem Schatten. Und du entdeckst, dass deine Melancholie der Tatsache entspringt, dass die Gioconda vor drei Jahrhunderten das Bekenntnis deiner Liebe mit demselben verächtlichen Lächeln empfing, das sie noch heute trägt.«[30]

Warum die Mona Lisa und keine andere? Es gab ein anderes Frauenporträt von Leonardo, das den Platz der Mona Lisa hätte einnehmen können. Es ist die ›Dame mit dem Hermelin‹, das Porträt der Cecilia Gallerani, der Geliebten von Ludovico il Moro, Leonardos Patron. Auch das Bildnis der durchscheinenden Schönheit mit dem klaren Blick liefert genügend Rätsel, um Kunsthistoriker beschäftigt und Schriftsteller inspiriert zu halten.[31] Handelt es sich bei der Dargestellten tatsächlich um Cecilia? Bis 1933 bezweifelte das die Encyclopedia Italiana. War sie wirklich Ludovicos Geliebte? Was hat es mit dem Hermelin auf sich, den sie im Arm hält? Was geschah mit dem Bild zwischen seiner Entstehung und dem achtzehnten Jahrhundert, als es in den Besitz des polnischen Prinzen Adam Czartoryski gelangt war?

Der Mangel liegt nicht vorrangig im Werk, sondern in der von Zufällen geschriebenen Biographie des Werks. Das Porträt von Cecilia Gallerani wurde nicht vom französischen König gekauft, es gelangte nicht in den Louvre, und die Autorenschaft Leonardos wurde erst im zwanzigsten Jahrhundert bestätigt. Das Bild befand sich in jenen Jahren, als der Mythos der Mona Lisa begründet wurde, zwar in Paris. Doch es hing in den Privaträumen der polnischen Adelsfamilie Czartoryski. Von dort gelangte das Porträt nach Krakau in das von Wladimir Czartoryski gegründete Museum, wo es bis heute zu sehen ist. Auch wenn nicht dokumentiert ist, wer die Dame mit dem Hermelin zu Gesicht bekommen hat, so ist sie allem Anschein nach von keinem Autor je erwähnt worden.[32]

Der Status eines Kunstwerks ist immer das Ergebnis vielfältiger Interventionen, von denen die des Künstlers nur die erste in einer langen Reihe ist. Gautiers Konstruktion der Mona Lisa erlangte deshalb ihre überragende Bedeutung, weil Gautier die richtige Person, Paris der richtige Ort und das neunzehnte Jahrhundert die richtige Zeit war. Im achtzehnten Jahrhundert, das als »lärmend, brillant und ironisch« beschrieben wird, fehlte nicht nur der kontemplative Geist, der nötig war, um sich in so ein scheinbar unspektakuläres Bild zu vertiefen. Es fehlte auch das Frauenbild, zu dessen Verkörperung die Mona Lisa werden sollte. Nur in einem Land mit globalen kulturellen Ambitionen und in einer Stadt mit bedeutendem intellektuellem Leben konnte sich ein europaweiter Mythos entwickeln. Außerdem bedurfte Gautiers Poesie einer Ikone, die seiner Obsession von der Femme fatale Gestalt verlieh. Das war Leonardos Lisa Gheradini, deren Ruhm sich seither weltweit verbreitet und sie zu einer globalen Ikone gemacht hat, die unbezahlbar ist.

Der Fixstern des Kunstmarkts

DAS ORIGINAL

Das Kunstwerk nimmt in der Klassengesellschaft käuflicher Statussymbole eine Spitzenposition ein. Der bislang teuerste Diamant wurde 1995 bei Sotheby's für 16,5 Millionen Dollar versteigert und erreichte damit gerade ein Fünftel des Preises für das damals teuerste Kunstwerk, das ›Porträt des Dr. Gachet‹ von van Gogh. Heute wird darüber spekuliert, wann das erste Gegenwartskunstwerk die Schallgrenze von 100 Millionen Dollar durchbricht. Welche Eigenschaft macht das Kunstwerk so wertvoll? Der amerikanische Kunstsammler J. P. Morgan brachte es auf die Formel: Die drei teuersten Worte lauten *unique au monde*, einzig auf der Welt. Wahre Kunst ist einzigartig und unwiederholbar. Das macht den Preisvorsprung der Ware Kunst gegenüber anderen Objekten der Begierde aus. Wer Kunst kauft, meint das Original. Eine Kopie wäre peinlich, eine Fälschung eine Katastrophe. Und wenn es ein paar rote Eierbecher sind, die bei der Versteigerung des Inventars von Damien Hirsts Restaurant »Pharmacy« im Oktober 2004 den glücklichen Bieter um 720 Pfund (1045

Euro) erleichterten. Denn allein das Original bedient das Verlangen des Sammlers nach Einzigartigkeit, mag es auch als faktische Wiederholung, bewusste Nachahmung, abgeleitetes Derivat, Anleihe oder Kopie nur ein blasser Abglanz davon sein. Kunstwerke gelten auch dann als Originale, wenn sie mit der Vorstellung als einzigartige Manifestation eines kreativen Schöpfungsakts nicht viel mehr gemeinsam haben als den Namen.

Ist Damien Hirsts Skulptur ›Hymn‹, ein sechs Meter hohes Modell der menschlichen Anatomie mit rosa Lungenflügeln, dunkelroten Muskelfasern und senfgelbem Darm, ein Original oder eine Kopie? Hirst war vom Spielzeughersteller Humbrol verklagt worden, nachdem er das handliche Anatomiemodell, das die Firma nach einem Entwurf des Designers Norman Emms für 14,99 Pfund auf den Markt gebracht hatte, kopiert hatte. Statt im Kleinformat aus Plastik ließ er es zwar im Monumentalmaßstab aus Bronze gießen. Doch reicht das für eine Originalkreation? Der Rechtsstreit zwischen dem Künstler und dem Spielzeughersteller endete mit einem Vergleich, der den Künstler zu Zahlungen an Children Nationwide und Toy Trust verpflichtete. Auch wenn Hirst ein Original kopiert hat, so hat er doch aus einem Spielzeug ein Kunstwerk gemacht. Während das Originalmodell seinem Schöpfer bescheidene 2000 Pfund einbrachte, war dessen Monumentalkopie ihrem Käufer Charles Saatchi immerhin 1 Million Pfund wert.

Das Original ist der Fixstern des Kunstmarkts. Ein Original ist heute das Hundertfache einer Kopie wert, eine Fälschung nahezu wertlos. Als Original, vom lateinischen *origo* für Ursprung, gilt ein von einem Künstler erfundenes, einmalig geschaffenes Objekt, dessen Authentizität durch eine Signatur beglaubigt ist. Innovation, Einzigartigkeit und Authentizität sind die drei Dimensionen des Originals, die ihm seinen herausragenden Marktwert verleihen. Sie sind alles andere als selbstverständliche Eigenschaften eines Kunstwerks. Sie sind das Ergebnis eines historischen Wandels, der den Aufstieg des Künstlers vom nachahmenden Handwerker zum kreativen Schöpfer zur Folge hatte und die ökonomische Verwertung seiner Erfindungen im Kunstmarkt.

Mussons Lektion

DER PREIS DER INNOVATION

Der Kult um das Original ist keine Universalie. In China gilt traditionell die perfekte Kopie des Meisterwerks als Inbegriff von Kunst. In Japan erzielen Kopien von Nô-Masken höhere Preise als deren Vorbilder. Auch in Europa kopierten Künstler ihre eigenen Werke und die ihrer Kollegen. Kopieren bedeutete, aus dem Vorrat vergangener Kunstproduktion – Vorrat heißt lateinisch *copia* – die passende Vorlage herauszusuchen und nachzuahmen. So ergab sich der Preis mittelalterlicher Bilder aus den Materialien, aus denen sie gefertigt wurden. Im Italien des vierzehnten Jahrhunderts drehten sich die Vereinbarungen zwischen Künstler und Auftraggeber vor allem um die Verwendung teurer Pigmente. Der Einsatz von Blau und Rot wurde ebenso akribisch festgelegt wie deren Bezahlung nach Unze. Kostbare Farben hoben wichtige Bildelemente hervor und schlugen sich wie die aufwendigen Rahmen im Preis nieder. Dabei definierte der ökonomische Wert der Materialien auch die spirituelle Bedeutung des Dargestellten. Während die Heilige Jungfrau Maria großzügig mit Blattgold und dem teuersten, aus Lapislazuli gewonnenen Blau bedacht wurde, mussten sich die minderen Heiligen mit billigeren Farbpigmenten begnügen. Es dauerte lange, bis die Vorstellung eines Wertes aufkam, der außerhalb der Materialität des Bildes lag. Selbst ein Gemälde des berühmten Porträtisten van Dyck war billig gemessen daran, wie viel der von ihm porträtierte Aristokrat für Kleider und Juwelen ausgab. Ein Teppich kostete mehr als das Bild, nach dem er geknüpft wurde, besonders wenn er mit Goldfäden durchwirkt war, sogar dann, wenn das Bild von einem Künstler wie Raffael oder Rubens stammte.

Auch wenn Talent seit jeher belohnt und außergewöhnliche Künstler hoch bezahlt wurden, kümmerte man sich noch im fünfzehnten und sechzehnten Jahrhundert wenig um die Frage, ob ein Kunstwerk ein Original war oder eine Kopie. 1532 war Tizian von Karl V. beauftragt worden, zwei Porträts seines Kaisers zu malen. Eines war die Kopie eines Porträts des heute nur noch Spezialisten bekannten deutschen Hofmalers Seisenegger. Der große Tizian als Kopist? Es gibt keinen Hinweis darauf, dass Tizian diese Aufgabe als ehrenrührig empfand. Auch Karl V. sah hierin offenbar kein minderes Werk, denn er entlohnte Tizian mit einer Auszeichnung, wie sie bis dahin keinem anderen Künstler zuteilgeworden war – er schlug ihn zum Pfalzgrafen und zum Ritter vom Goldenen Sporn.[33]

Die Kunst war geprägt von dem, was der britische Kunsthistoriker Michael Baxandall ein Vorherrschen der Wiederholung nannte. Über Länder hinweg waren die Sujets, die Künstler malten und zeichneten, bis hin zur Formatvorgabe standardisiert. Kunstwerke, auch wenn sie von anerkannten Meistern stammten, waren meist Bearbeitungen übernommener Kompositionen. In Italien diktierten Verträge dem Künstler, ob das Auftragswerk ganz oder teilweise die Kopie eines anderen sein sollte. Nicht nur die Selbstverständlichkeit, mit der Originale für Kopien zur Verfügung gestellt wurden, auch die Behandlung von Entwurfszeichnungen als rein legale Dokumente deuten darauf hin, dass dem Entwurf als künstlerischer Erfindung noch kein eigener Wert zugeschrieben wurde.[34] Der Preis für ein Gemälde errechnete sich aus seinem Format, dem Material, der Arbeitszeit und der Fertigkeit des Malers. Auch die Zirkulation teurer Kopien berühmter Gemälde zeigt, dass das Original noch keinen überragenden Stellenwert hatte. Im auslaufenden sechzehnten Jahrhundert kam zwar vereinzelt die extravagante Tendenz auf, dem Schöpfer eines Kunstwerks besondere Bedeutung beizumessen. Doch bis sich das Augenmerk von der Ausführung des Kunstwerks auf seine Erfindung verschob und diese als eigenständiger ökonomischer Faktor den Marktwert des Originals gegenüber der Kopie erhöhte, musste noch ein knappes Jahrhundert vergehen.

1664 widerfuhr dem Antwerpener Kunsthändler Matthijs Musson etwas höchst Unangenehmes. Im Jahr zuvor hatte er dem Sohn des Brügger Bürgermeisters, Ignatius de Meulebare, eine Gruppe von sechs Arbeiten verkauft, darunter zwei Skizzen von Rubens und eine Wolfsjagd von Frans Snyders. Da flatterte ihm ein Brief seines Kunden ins Haus, in dem er den Kunsthändler des Betrugs bezichtigte. Musson las die Zeilen, mit denen der Käufer seine Anschuldigung begründete: Er hatte die Arbeiten einem befreundeten Kunstkenner gezeigt. Dieser hatte die Rubens-Skizzen als Kopien identifiziert und ihn darüber aufgeklärt, dass die vereidigten Schätzer der Malerzunft Originale teurer schätzten als Kopien. Die Bilder waren aus Mussons Sicht hervorragende Arbeiten. Welchen Unterschied also machte es, ob sie nun Originale oder Kopien waren, solange sie von Rubens selbst gezeichnet waren?[35]

Im frühen siebzehnten Jahrhundert interessierte sich in den Niederlanden nur eine Minderheit der Sammler für die Urheber der in ihrem Besitz befindlichen Gemälde. Die Inventarlisten von Antwerpener Haushalten zeigen, dass die meisten Sammler ihren Kunstbesitz nach Sujets definierten: Seestück oder Bibelszene? Stillleben oder Porträt? Auch trugen die meisten Kunstwerke noch keine Signatur. Erst als sich der Fokus auf die künstlerische Innovation verschob, wurde die Zuordnung der Bilderfindung zum Künstler und damit auch die Unterscheidung von Kopie und Original zu einem ökonomischen Faktor, der sich im Preis eines Kunstwerks niederschlug. Der zunehmende Wettbewerb in dem boomenden Kunstmarkt der damaligen Zeit war eine Ursache für die Bemühungen einer wachsenden Zahl von Künstlern, ihre Produkte von denen anderer Künstler zu differenzieren. Dass ihre künstlerischen Innovationen zunehmend auf Anerkennung und Nachfrage stießen, zeigte sich in den Anstrengungen der Meister, sich das Verwertungsrecht auf ihre Bilderfindungen durch offizielle Anerkennung zusichern zu lassen, in dem Aufkommen der rechtlichen Unterscheidung zwischen Original und Kopie und schlussendlich in der preislichen Unterscheidung, die der Markt zwischen der bloßen Handschrift und der Erfindung eines Künstlers machte. Die Folge war, dass der Preis für ein Original auf das Zwei- bis Dreifache einer Kopie anstieg und der Kopie sogar dann ein geringerer Wert beigemessen wurde, wenn sie aus der Hand desselben Künstlers stammte und in der Ausführung von höherer Qualität war als das Original.

Kunsthändler nutzten den Wandel auf ihre Weise. Sie gingen dazu über, Originale wie Kapital zur Generierung zusätzlicher Einnahmen einzusetzen. Da sie aus dem einmaligen Verkauf eines Originals nur selten hohen Profit schlagen konnten, nutzten sie es als Milchkuh. Die Produktion von Kopien erlaubte ihnen, das Original bis zur Sättigung der Nachfrage zu melken und dadurch den Umsatz zu steigern. Zugleich mehrten die in Umlauf gebrachten Kopien den Ruhm des Künstlers und stimulierten die Nachfrage nach seinen Werken. Dieser ökonomische Blick auf das Kunstwerk wird deutlich in dem niederländischen Begriff *principal*, der unter Händlern und Sammlern als Bezeichnung für ein Original üblich wurde und wie das englische Wort *principal* jene Kapitalsumme meint, die Zinsen abwirft. Die Überschneidung von künstlerischen und ökonomischen Maßstäben kommt auch in der Doppeldeutigkeit des Wortes *Authentizität* zum Vorschein. *Authentizität* bezeichnet sowohl den wahrhaftigen Selbstausdruck des Künstlers im Werk als auch dessen wahrheitsgemäße Zuschreibung zum Künstler. Hatte zuvor teures Material dem Kunstwerk seinen Wert verliehen, so tat dies nun die einzigartige Handschrift des Meisters, die ein Experte am Pinselstrich identifizieren konnte. Die Handschrift des Künstlers wurde zum Schnittpunkt von künstlerischer Schöpfung und deren kommerzieller Verwertung. Als symbolisches Konstrukt aus Innovation, Einzigartigkeit und Authentizität wurde das Original zum Mehrwertproduzent im Kunstmarkt.

Auch der Kunsthändler Matthjis Musson erkannte die Zeichen der Zeit. In den Geschäftsbüchern seiner Firma Musson-Fourmenois wurden Kunstwerke zunehmend nach Künstlern aufgelistet. Sein Kunde De Meulenare, der die Rubens-Skizzen als Originale weiterverkaufen will, bittet den Kunsthändler im Jahre 1671 um ein Zertifikat, das bestätigt, dass es sich bei den hervorragenden Arbeiten tatsächlich um Originale aus der Hand von Rubens van Rjin handelt, die den höheren Preis rechtfertigten.

Patentiertes Wunder

DER STELLENWERT DER AUTHENTIZITÄT

Die Fixierung auf das Original ist kein Phänomen unserer Zeit. Schon im Reliquienkult des Mittelalters stehen Echtheit und Herkunft im Zentrum eines hochprofitablen Marktes.[36] Dabei sind die Parallelen zum heutigen Kunstmarkt unübersehbar. So wie heute Bedeutung und Preis eines Kunstwerks aus seiner Zuschreibung zu einem bestimmten Künstler resultieren, entsprangen damals Wunderkraft und Marktwert einer Reliquie aus ihrer Zuordnung zu einem bestimmten Heiligen. Wie im Kunstmarkt war die Furcht vor der Fälschung der Ausdruck eines Systems, das der Monopolisierung von magischen Wirkungen und deren ökonomischer Verwertung diente. Das Fort Knox des Reliquienkults waren die Katakomben des Vatikan. Als Oberhaupt der Kirche verfügte der Papst über die dort gelagerten Reserven, den sterblichen Überresten frühchristlicher Märtyrer.

Wie heute die Akteure des Kunstsystems darüber entscheiden, welches Kunstwerk als authentisch anzusehen ist, entschied damals die Kirche darüber, welche Reliquie als echt und damit als wundertätig galt. Gewährsmann der Authentizität konnte nur eine Person von hohem Rang sein, die Respekt und Autorität genoss. Hatte ein Mensch niederen Standes eine Vision zur Identität einer Reliquie, so erlangte diese erst durch die Anerkennung eines sozial höher Gestellten das Siegel der Glaubwürdigkeit. Der schlussendliche Beweis der Authentizität war jedoch die Wundertätigkeit der Reliquie selbst. Der durch kirchliche Rituale vorbereitete Placebo-Effekt ließ selten auf sich warten.

Wirksamkeit und Wert einer Reliquie waren untrennbar mit der Identität des Heiligen verbunden. Man musste also garantieren, dass es sich nicht um die Knochen eines gewöhnlichen Menschen handelte. Zur formalen Anerkennung als Reliquie gehörte ein »authenticae« genanntes Echtheitszertifikat, das im Grab des Heiligen oder in Kirchentexten zu seinem Begräbnis zu finden war. Die Anerkennung wurde von einem Bischof im Beisein kirchlicher Würdenträger vollzogen. Auf sie folgte die Freigabe der Reliquie zur Anbetung, mit der sie den Anhängern des Kultes zugänglich gemacht wurde.

Der Marktwert einer Reliquie stieg in dem Maße, wie der Klerus bei den Gläubigen für den jeweiligen Kult durch publikumswirksame Prozessionen, Errichtung neuer Reliquienschreine und Zelebrierung von Feiertagen warb. Auch Reliquien waren Moden unterworfen. Ihre Anziehungskraft ließ im Laufe der Zeit nach und damit auch die Bereitschaft ihrer Anhänger, Heilungen und andere unerklärliche Wundertaten dem betreffenden Heiligen zuzuschreiben. Ebbte die Begeisterung ab, so wurden die öffentlichen Rituale, mit denen die Kirche ihre Anerkennung auf die Reliquie übertrug, wiederholt. Ihren Marktwert als Publikumsmagnet behielt eine Reliquie nur, solange sie als wundertätig galt. Und nur so lange konnte sie von ihren Eigentümern dazu benutzt werden, um Status zu erwerben, Abhängigkeiten zu schaffen und Wohlstand zu produzieren.

Als Quelle von Status, Sicherheit und Einkommen konkurrierten Reliquien mit anderen Formen von irdischer und überirdischer Macht. Ab dem zwölften Jahrhundert nahm ihre Bedeutung ab. Kirchen, die angegriffen wurden, baten den König um Hilfe, statt um den Beistand eines Heiligen zu beten, Klöster steigerten ihre Einnahmen durch ökonomische Bewirtschaftung, statt ihre Klingelbeutel mit den Münzen der Pilger zu füllen. Im vierzehnten Jahrhundert zeichnete sich in Byzanz der Aufstieg des machtvollsten Konkurrenten der Reliquie ab: des Heiligenbildes. Die Präsenz des Heiligen und seiner wundertätigen Kraft, die aus seiner Nähe zu Gott abgeleitet wurde, manifestierte sich von nun an in Bildern, die als golden schimmernde Membran zwischen Diesseits und Jenseits die Gläubigen bald in Scharen anziehen sollten.

Die Wahrheit der Fälschung
DIE KEHRSEITE DES ORIGINALS

Die Wahrscheinlichkeit, dass ein weltweit verkauftes Markenprodukt gefälscht ist, liegt bei eins zu zehn.[37] Wie in anderen Märkten die Raubkopie, so stellt im Kunstmarkt die Fälschung eine Bedrohung für die Einnahmequellen der Marktteilnehmer dar. Zugleich macht die Fälschung jene Fiktion offenbar, die ein fundamentaler Teil des Kunstmarktes ist: die Aura des Originals. Ursprünglich kam Kunst von Können. Nachdem das handwerkliche Können immer mehr an Bedeutung verlor, wurde der Künstler als Schöpfer, Erfinder und Urheber des Kunstwerks zum Dreh- und Angelpunkt der Preisspiralen des Kunstmarktes. Bezahlt wird für Namen, nicht für Werke. Deren Wert bemisst sich nicht in erster Linie an ihrer künstlerischen Qualität, sondern an der

Reputation des Meisters, der sie geschaffen hat. So kommt es, dass ein und dasselbe Gemälde ohne die Spur einer Qualitätsminderung einen Preissturz erleidet, wenn sich herausstellt, dass es von einem weniger bekannten Künstler stammt. So geschehen mit dem berühmten Gemälde ›Der Mann mit dem Goldhelm‹, das vom Rembrandt-Research-Project zur Werkstattarbeit heruntergestuft wurde. Einen ähnlichen Sturz aus dem Olymp der Meisterwerke in die relative Bedeutungslosigkeit erlitt Rembrandts ›Saskia als Minerva‹. Das Gemälde wurde 1931 für 6700 Pfund verkauft, 1965 erzielte es den damals exorbitanten Preis von 125300 Pfund. Dann äußerten niederländische Experten Zweifel hinsichtlich seiner Zuschreibung, und dasselbe Bild erbrachte zehn Jahre später nur noch bescheidene 2500 Pfund.[38]

Die Fälschung von Kunstwerken ist mehr als ein geschickter und lukrativer Betrug, auf den selbst Kunstexperten hereinfallen. Die erfolgreiche Fälschung ist eine Eulenspiegelei, die uns die Fragwürdigkeit der Aura des Originals vor Augen führt. Von einer guten Fälschung, so belegen die zahlreichen Fälle, in denen perfekte Kopien originaler Kunstwerke unerkannt durch die Hände von Kunsthändlern, Schätzern, Auktionatoren und Versicherungsspezialisten bis zu den Käufern gelangten, geht eine vergleichbare Wirkung auf den Betrachter aus wie vom Original. Behauptungen wie, man erkenne die Hand des Meisters (Authentizität), identifiziere den genialen Pinselstrich (Handschrift) oder spüre die Magie des Originals (Reliquie), werden damit als Projektionen entlarvt. Diesen Irrtümern unterliegen offenbar nicht nur Laien, sondern auch all jene Kunstexperten, durch deren Hände die Fälschungen zu den Käufern gelangen. Denn: Man sieht nur, was man weiß – oder zu wissen glaubt. Oft sind es auch nicht die Hinweise von Experten, sondern kleine Unstimmigkeiten, die jene kunstvollen Schwindeleien auffliegen lassen. So geriet auch ein New Yorker Kunsthändler nur durch Zufall in das Fadenkreuz des FBI.

Kaufe ein Kunstwerk, kopiere es und verkaufe es zweimal – nach diesem Prinzip verdoppelte Ely Sakhai seine Gewinne. Und so drehte sich das Fälschungskarussell: 1990 ersteigerte Sakhai auf einer Auktion für 112 000 Dollar ein Blumenstillleben von Marc Chagall. Drei Jahre später verkaufte er eine perfekte Kopie des Gemäldes über seine New Yorker Galerie für 514 000 Dollar an einen japanischen Kunsthändler in Tokio. Das Original versteigerte er 1998 auf einer Auktion bei Christie's für 340 000 Dollar. Reingewinn: 742 000 Dollar. Der Trick mit dem Verkauf von Kopie und Original im Abstand von mehreren Jahren an unterschiedlichen Orten funktionierte mindestens zwölf Mal. Kunstwerke von Paul Gauguin, Claude Monet, Gustave Moreau, Auguste Renoir, Maurice Utrillo und Maurice de Vlaminck hielten für die wundersame Geldvermehrung her.[39] Probleme gab es dabei nie. Sakhai arbeitete nie mit Bildern der Spitzenklasse, so dass er seine illegalen Manöver stets unterhalb des Radars der Kunstwelt flog. Dass die Millionen-Dollar-Masche, die schon zum Selbstläufer geworden war, schließlich doch aufflog, war purer Zufall.

Im Dezember 1985 hatte der Händler bei Sotheby's in London ein Blumenstillleben von Paul Gauguin ersteigert. Eine Kopie verkaufte er über einen Galeristen in Tokio an einen japanischen Privatsammler. Als Sakhai wie immer in gebührendem Zeitabstand das Original versilbern wollte, bot zufällig auch der japanische Sammler seinen vermeintlichen Gauguin zur Versteigerung an. So tauchte dasselbe Gemälde nicht nur im Katalog zur New Yorker Frühjahrs-Auktion von Sotheby's auf, sondern auch in jenem des Erzrivalen Christie's. Nach eingehender Untersuchung durch eine Gauguin-Expertin des Pariser Wildenstein Instituts musste Christie's seine Fassung unmittelbar vor der Auktion zurückziehen. Dass das angebotene Bild eine Fälschung war, wurde allerdings nie bekannt gegeben. Das FBI hat die Vorgehensweisen des Kunsthändlers gründlich unter die Lupe genommen. Die Bundesstaatsanwaltschaft hat ihn dafür des Betruges in mehr als einem Dutzend Fällen angeklagt. Wie es dazu kommen konnte, dass ein renommiertes Auktionshaus wie Christie's seinen Kunden eine der Fälschungen als Original angeboten hat, steht indes auf einem anderen Blatt.

Auch Russland, einer der kommenden Kunstmärkte, hatte seinen Fälschungsskandal. Die Spitze des Eisbergs wurde im Mai 2004 sichtbar, als bei Sotheby's in London ein Gemälde des berühmten russischen Landschaftsmalers Shishkin für 700 000 Pfund angeboten wurde. Dummerweise stammte das Gemälde weder von Shishkin noch von irgendeinem anderen russischen Maler. Ein Jahr zuvor war es in Stockholm für 56 000 Dollar versteigert worden. Laut Auktionskatalog handelte es sich um ein Werk des niederländischen Malers Marinus Koekkoek. Das Bild war kurzerhand nach Moskau verfrachtet und dort einigen restaurativen Optimierungen unterzogen worden. Dabei wurden einige kleine Figuren und ein Lamm entfernt und Shishkins Signatur hinzugefügt. Derart russifiziert wurde das Bild von der Expertenabteilung des Moskauer Tretjakov-Museums als rares Beispiel von Shishkins Frühwerk identifiziert. Es wurde weiterverkauft, nach London geschmuggelt und dem Auktionshaus Sotheby's zur Versteigerung angeboten. Im Katalog wurde es mit dem stolzen Schätzpreis von umgerechnet 1,28 Millionen Dollar versehen und als »rares Beispiel eines bedeutenden Werks, das Shishkin während seines Aufenthalts in der Schweiz vollendete«, angepriesen. Der satte Profit von fast einer Million Dollar konnte nicht realisiert werden, weil das Gemälde einen Tag vor seiner Versteigerung von Sotheby's zurückgezogen wurde. Doch nach Aussage des Moskauer Kunsthistorikers Vladimir Petrov wurden auf derselben Auktion etliche andere, nach demselben Muster gefälschte Werke an ahnungslose Sammler versteigert.[40]

Ein solcher ahnungsloser Sammler, der seine vermeintlichen Originale in einem Auktionskatalog für nordeuropäische Kunst entdeckt hatte, war es auch, der den Stein ins Rollen brachte. Ausschlaggebend für die Aufdeckung des Falles war laut Marat Guelman, Händler für russische Gegenwartskunst in Moskau und früherer Kremlberater, die Tatsache, dass eines der gefälschten Bilder ausgerechnet Vladimir Putin als Geschenk überreicht worden war. Ein Gast in seinem Hause hatte das Gemälde, das er unter einem anderen Namen auf einer Versteigerung in Westeuropa gesehen hatte, wiedererkannt.[41]

Die Fiktion des Originals
DIE DEMATERIALISIERUNG DER KUNST

Im Kunstmarkt sind zwei gegenläufige Bewegungen zu beobachten. Die eine ist die fortwährende Entgrenzung der Kunst, die zu einer Expansion der als Kunst zirkulierenden Gegenstände geführt hat. Die andere ist die kontinuierliche Neudefinition des Originalbegriffs, die der Stabilisierung der Preise und Absicherung der Verwertungsrechte dient. Was in Wahrheit eine Kopie ist, wird als Original gehandelt, was als Nicht-Kunstwerk gemeint ist, wird zum Kunstwerk erklärt. Der Markt findet Mittel und Wege, den Status des Kunstwerks als unbezahlbares Original aufrechtzuerhalten.

Ökonomen, die es mit der Definition von Märkten genau nehmen, fragen danach, wofür in einem Markt bezahlt wird. Sind es die Objekte selber oder deren Eigenschaften? Jenes Etwas, für das im Kunstmarkt gezahlt wird, ist jedenfalls nicht das materielle Objekt. Was mit dem Kunstwerk verkauft wird, ist ein Anteilsschein am Künstlermythos oder, wie es der Kunstjournalist Marc Spiegler formuliert, das Anrecht auf eine Parzelle im Königreich der Kunstgeschichte. Diesen Transfer, der aus einem Anwalt, Banker und Manager einen modernen Medici macht, kann nur ein Original erbringen.

Dass der Preis nicht für das materielle Objekt gezahlt wird, zeigen die späten Skulpturen Alberto Giacomettis. Nach der Fertigstellung des Gipsmodells durch Alberto überwachte sein Bruder Diego den Bronzeguss der Skulpturen. Dennoch haben die unter seiner Aufsicht entstandenen Objekte unterschiedliche Marktpreise. Skulpturen, die vor Albertos Tod gegossen wurden, kosten bis zu 17 Millionen Dollar, die nach seinem Tod angefertigten deutlich weniger. Obwohl sie nach demselben Modell desselben Künstlers hergestellt wurden und in Form und Inhalt identisch sind. Derselben Logik folgt die Preisstaffelung von Fotografien. Je zeitnaher der Abzug eines Fotos zum Negativ erfolgt ist, umso größer ist sein Marktwert. Vintage Prints sind Abzüge, welche in den ersten fünf Jahren nach Entstehung des Negativs entstanden sind, in der Regel vom Künstler selbst abgezogen. Aufgrund der zeitlichen Nähe von Aufnahme und Abzug wird bei Vintage Prints davon ausgegangen, dass die subjektiven Eindrücke des Fotografen in das eigenhändige Abziehen der Fotografie einfließen und diese ein höheres Maß an Authentizität aufweisen als nachfolgende Abzüge. Auch handschriftliche Notizen imprägnieren den Vintage Print mit der Aura des Originals.[37] Period Prints werden erst nach dieser Phase und mit kommerzieller Absicht abgezogen. Sind seit dem Fotografieren und dem Abzug mehr als 10 Jahre vergangen, werden die Abzüge als Modern Prints bezeichnet. Bilder, die nach dem Tod des Künstlers reproduziert werden, gelten als Estate Prints, wenn sie vom Nachlassverwalter in Auftrag gegeben wurden, sonst als Later Printed Prints. Was zählt und sich in barer Münze bezahlt macht, ist die auf der Zeitachse messbare Nähe zum schöpferischen Urknall: bei der Fotografie das Klicken des Auslösers. In Wahrheit sind beide, Abguss und Abzug, weder Kopie noch Original, sondern Kopien ohne Original.

Die Einzigartigkeit des Kunstwerks wird im Kunstmarkt zunehmend zur Fiktion. Bei Sotheby's wurde eine Fotografie von

Damien Hirst von 1991 für 74 000 Dollar versteigert. Es war ein Exemplar aus einer Edition von fünfzehn und zeigt den Künstler in einem Leichenschauhaus neben dem Kopf eines Toten. Wenige Monate später wurde dasselbe Foto in einer Edition von eintausend auf der Website von Eyestorm angeboten – für 1000 Dollar. Wenn auch nur halb so groß, kostete es immerhin 73 000 Dollar weniger.[42]

Der Erste, der die Prinzipien der Massenproduktion auf die Kunst anwendete und Originale in Serie produzierte, war Andy Warhol. Während Yves Klein noch davon überzeugt war, dass es seine künstlerische Absicht war, die dem Kunstwerk seinen Wert verlieh, ging Andy Warhol einen Schritt weiter. Für ihn erhielt das Kunstwerk seinen Wert erst durch die Geldsumme, die jemand dafür zu zahlen bereit war. Von ihm stammt auch der Satz: *good business is the best art,* ein gutes Geschäft ist die beste Kunst. Anfang der sechziger Jahre begann Warhol, von der Siebdrucktechnik Gebrauch zu machen, um Dollarscheine und andere populäre Motive in Serie zu drucken. Die Ausführung überließ er seinen Assistenten. Doch auch bei solchen seriell produzierten Kunstwerken werden subtile Unterscheidungen getroffen, um die Fiktion einer Wertehierarchie aufrechtzuerhalten. Die teuersten Warhol-Arbeiten stammen aus den frühen sechziger Jahren und zeigen das Leinwandidol Marilyn Monroe, die Warhol nach deren Tod am 5. August 1962 mehrfach als Motiv verarbeitet hat. Den Preisrekord erbrachte eine ›Orange Marilyn‹ im Mai 1998 bei Sotheby's in New York mit 15,75 Millionen Dollar. Dass der Warhol Trust bis heute kein vollständiges Werkverzeichnis herausgegeben hat, mag an der Vielzahl noch undokumentierter Werke liegen, die von Warhols Factory auf den Markt gebracht wurden. Doch die bleibende Ungewissheit über die im Umlauf befindlichen Kunstwerke hat auch zur Folge, dass sich deren Preise freier gestalten lassen.[43]

Mit der Entwertung des kreativen Akts betonte Warhol die

Bedeutung der Idee gegenüber ihrer Verwirklichung und wurde damit zu einem der Wegbereiter der Konzeptkunst. Die Dematerialisierung der Kunst ist weiter vorangeschritten, auch wenn die Sammlerschar zyklisch Erholung sucht in den fassbaren Gefilden der Malerei. Hier gäbe es, so meinen manche, einen über 800 Jahre am Prüfstein der Zeit entwickelten Kanon, der klare Qualitätsurteile ermögliche. Ist Baselitz ein guter Maler? In den sechziger Jahren, so heißt es, wurden diejenigen, die mit den Werken des jungen Malers hausieren gingen, von Kunstkennern wie Klinkenputzer abgewiesen. Abgesehen von den Pendelausschlägen ins Bewährte hat der Markt Wege gefunden, die Fiktion der Aura des Originals unabhängig vom Medium aufrechtzuerhalten. Denn auch wenn Walter Benjamin die Fixierung auf das Original als bürgerliche Form des Fetischismus brandmarkte, ist das Verlangen der Sammler nach dem Fetisch Kunstwerk so lebendig wie eh und je.

Auch andere Ausdrucksformen der Gegenwartskunst stellen die Besonderheit des Kunstwerks als Original in Frage. Fotografie als Kunst, im Gegensatz zur Fotografie als Fotografie, nähert sich durch den Gebrauch großer Formate und limitierter Editionen der Malerei und der von ihr zu Recht in Anspruch genommenen Einzigartigkeit an. Drei bis sechs Exemplare einer Fotografie sind genug, um den Besitzwunsch derjenigen zu wecken, die das Kunstwerk schon gesehen haben, aber noch nicht besitzen, und die Preise nach oben zu treiben. Was die Nachfrage hervorruft, meint die französische Kunstmarktexpertin Judith Benhamou-Huet, ist nicht die Vorstellung, etwas zu besitzen, das niemand anders haben kann, sondern das Verlangen, mit den Konkurrenten mitzuhalten.[44] Viele der neuen Kunstkäufer suchen nicht das einzigartige Werk, sondern eines, das die von ihnen beneidete Person oder Institution bereits besitzt. Das ist die Triebkraft hinter den Preisspiralen limitierter Editionen. Kaum eine Kunstform eignet sich für diese Art des sozialen Wettbewerbs so sehr wie die Fotografie. Die limitierte Edition ist eine Strategie, das unbegrenzt reproduzierbare Medium Fotografie der Malerei und ihrer Einzigartigkeit anzunähern und zugleich schneller jene kritische Menge an Kunstwerken in Umlauf zu bringen, die nötig ist, um eine relevante Nachfrage zu schaffen und das Preisniveau nach oben zu ziehen.

Das Format spielt dabei eine zentrale Rolle. Die neuen Superformate verleihen Fotografien eine repräsentative Wirkung, die sie zu ebenbürtigen Konkurrenten von Gemälden machen. »Sobald sie wie Gemälde aussehen«, erklärt der New Yorker Galerist Matthew Marks, »fängt man an, dafür auch Preise wie für Gemälde zu verlangen.«[45] Vielleicht heißen Fotografen auch deshalb nicht mehr Fotografen sondern Fotokünstler. Andreas Gursky, Sohn eines Werbefotografen und Schüler von Ernst und Hilla Becher, ist einer ihrer erfolgreichsten Vertreter. Dass seine digital bearbeiteten Fotografien zu Prestigeobjekten im globalen Kunstmarkt geworden sind und rund um den Erdball zu Höchstpreisen gehandelt werden, liegt nicht allein an ihrer überwältigenden Ästhetik. Sie fokussieren genau jene Brennpunkte, die das Aktionsfeld der Sieger der Globalisierung ausmachen: die Aktienbörsen, die Designer-Stores, das Topmanagement, die Luxushotels, die Business-Distrikte. Seine Fotografien vom *May Day*, dem Tag der Arbeit, zeigen fröhliche Love-Paraden, in denen der Einzelne wie ein bunter Konfetti in der Masse verschwindet. Apolitisch? Affirmativ? Möglicherweise ist es gerade diese Schönheitschirurgie der Gegenwart, die Gurskys Fotografien zu begehrten Statussymbolen der globalen Oberschicht machen. Seine messerscharfen Ausschnitte der kapitalistischen Globalkultur feiern ihren Triumph ohne deren unästhetische Nebenwirkungen. Was ließe sich in die Interieurs des neuen Reichtums nahtloser einfügen als diese hyperästhetischen Großformate der schönen neuen Welt?

Mit der Herauslösung des Handwerklichen aus der Kunst hat der Aspekt von Material und Bearbeitung seit dem Mittelalter sukzessive an Bedeutung verloren. Zur treibenden Kraft in Kunst und Markt wurde die Innovation. Im zwanzigsten Jahrhundert zeigte sie sich mit der Dematerialisierung des Kunstwerks als nackter Kern der Kunst. 1969 formulierte Sol Lewitt in seinen ›Sätzen über konzeptionelle Kunst‹ programmatisch die Leitgedanken einer Kunst, die sich vollständig von den Fesseln des Materiellen befreit. Danach müssen Ideen keine materielle Gestalt mehr annehmen, um Kunstwerke zu sein. Die Handschrift des Künstlers, einst noch am Farbauftrag erkennbar, ist evaporiert zu einem Kondensstreifen am Himmel der Ideen. Es geht darum, eine künstlerische Absicht zu formulieren und eine Idee zu verkaufen.

Im Kunstmarkt führt das zu paradoxen Erscheinungen. Denn das elementarste seiner Gesetze ist die Forderung nach einer handelbaren Ware. Manchen Künstlern gelang die Quadratur des Kreises – das Nichts zu materialisieren. Im Mai 1999 wurde ein Gemälde des amerikanischen Künstlers Robert Ryman mit dem Titel ›Signet 20‹ versteigert. Es bestand aus Streifen weißer Farbe auf weißem Grund. Dem Katalog war Folgendes zu entnehmen: »Rymans Leinwände sind keine Bilder, sie repräsentieren nichts, nicht einmal eine Abstraktion. Sie sind weder Zeichen noch Ausdruck, sie sind Erfahrungen.« Der Schätzpreis, mit dem die Experten von Christie's diese Erfahrung versehen hatten, belief sich auf 1,5 Millionen Dollar. Auch wenn das Nicht-Bild nicht verkauft wurde, so erzielte ein anderes Objekt aus Rymans gestaltloser Welt zwischen Konzeptkunst und Minimal Art 1,6 Millionen Dollar.[46]

Chronos frisst seine Kinder
DAS UNVERKÄUFLICHE ORIGINAL

Als Konsequenz hat es immer wieder Bewegungen in der Kunst gegeben, die ganz ohne Werk auskommen. Fluxus und Performancekunst sind Beispiele dafür. Vermarktet werden die Souvenirs von Aktionen, die Dokumente von Happenings, die Aufnahmen von Performances. Das eigentliche Kunstwerk bleibt aufgrund seiner Flüchtigkeit der ökonomischen Verwertung entzogen. Der Amerikaner James Lee Byars (1932–1997) war einer der Künstler, der sein Werk zwischen den Polen von Materialität und Immaterialität, von Vergänglichkeit und Dauer aufspannte. Ähnlich wie Yves Klein war er vom Zen-Buddhismus und seiner Rückführung aller Erscheinungen auf die Leere beeinflusst. 1975 präsentierte Byars im Musée du Louvre *The Perfect Kiss*. Keinem Fotografen gelang es, die Essenz seiner Performance, die flüchtige Bewegung der Lippen zum Kuss, festzuhalten. Der Kuss, das eigentliche Kunstwerk, blieb auf diese Weise einzigartig, unwiederholbar und unbezahlbar. Künstler wie James Lee Byars erinnern uns an den immateriellen Kern der Kunst. Mit der Performance evozieren sie die Flüchtigkeit unseres Daseins als *condition humaine*, und führen unser Verlangen nach Einzigartigkeit, das der Kunstmarkt durch Originale befriedigt, unmittelbar auf seinen existenziellen Ursprung zurück: auf die Erfahrung des Augenblicks. Denn unwiederholbar und einzigartig ist allein der Augenblick, das sich unablässig wandelnde Jetzt, in dem wir gegenwärtig sind und in dem sich unser Leben entfaltet. Kunst, verstanden als Auslotung der existenziellen Dimension des menschlichen Daseins, bedarf nicht der Materialisierung.

Doch nicht nur der Markt verlangt nach dauerhaften Objekten. Mit dem Bewusstsein seiner eigenen Vergänglichkeit taucht auch das Verlangen des Menschen auf, dem Angriff der Zeit die Dauer von materiellen Objekten entgegenzusetzen. Jede Heldentat gerät in Vergessenheit, jede Macht verblasst, jeder Reichtum zerrinnt, jedes Imperium geht unter. Das war ein Grund, warum der Künstler zu einer privilegierten Persönlichkeit wurde. Denn er allein, schreibt der Historiker Krisztof Pomian, war imstande, mit seinen Werken die Zeit zu besiegen.[47] Der Künstler wurde damit zum idealen Instrument der Herrschenden, die sich nicht nur im Jenseits, sondern auch im Diesseits ihrer Unsterblichkeit versichern wollten. Der englische Künstler Damien Hirst arbeitet derweil mit einem Londoner Juwelier an dem teuersten Kunstwerk der Welt, einem mit rund 8500 Diamanten besetzten lebensgroßen Totenkopf. Ob er mit seiner Neuauflage des am Zarenhof beliebten Fabergé-Eis den Tod zur Hölle schicken wird, wie er beabsichtigt,[48] ist fraglich. Doch ein Objekt der Begierde wird der Diamantenschädel allemal – allein wegen seines Preises.

VOM WERT DER KUNST

The true artist helps the world by revealing mystic truths.
Bruce Naumann (1967)

Kehren wir zum Ausgangspunkt unserer Überlegungen zurück, der Geschichte vom Habenichts Mirliflore und dem Milliardär Socratos. Als Socratos unter dem tosenden Beifall des Publikums das Bildnis der Mona Lisa in den Händen hielt, hatte er sich einen Moment lang der Illusion der eigenen Unsterblichkeit hingegeben. Auf dem Höhepunkt der Party, mit der er schließlich das Verschwinden des hoch versicherten Gemäldes feiert, zerstören die Gäste in anarchischer Fröhlichkeit alle übrigen Kunstwerke. Socratos schwankt zwischen Lachen und Weinen, zwischen der Freude über das beste Geschäft seines Lebens und dem Zweifel, ob er nicht etwas Unbezahlbares verloren haben könnte. Was aber ist jenes Unbezahlbare, das in der kapitalistischen Gesellschaft erst dann einen Stellenwert bekommt, wenn es einen Preis hat?

Die Frage, vor der Socratos steht, durchzieht die Kunst, seit es einen Markt für sie gibt. Denn im Innern all der Kunstwerke, die vom Markt hochgejubelt werden, glitzert das Geld. Ist das Kunstwerk mehr als eine ästhetische Aktie, die man bei drohendem Kursverfall abstößt? Was ist das für ein Wert, der einen Preissturz überstehen soll? Gibt es überhaupt einen solchen Wert? Oder ist er lediglich eine Illusion des Menschen, der sich nicht damit abfinden kann, dass er Werte, an die er glaubt, immer nur selbst erschafft? In der Ökonomie taucht die Vorstellung eines wirklichen Wertes unter Begriffen wie *fair value, fundamental value* und *true investment value* auf. Sie implizieren, dass es einen Wert gibt, der unabhängig von jeder relativen Bewertung existiert. Dieser Wert liegt in der Sache selbst und nicht darin, welcher Wert ihr der Markt oder ein anderes System zuschreibt. Er beruht weder auf kultureller Anerkennung noch auf ökonomischem Tausch. Er existiert unabhängig von *praise, prize* oder *price*. Er ist *priceless*.

Die traditionelle japanische Holzschnittkunst wird Ukiyo-e genannt, Bilder der treibenden Welt. Dahinter steht die Vorstellung, dass alle Erscheinungen flüchtig sind und nur im Bewusstsein des Betrachters einen Augenblick der Dauer erfahren. Kunstwerke, das wusste auch Marcel Duchamp, werden erst lebendig, wenn jemand sie betrachtet und verinnerlicht. Bis dahin sind sie tote Artefakte, die kein Markenname, kein Verkaufsargument, kein Expertenurteil und keine Preisentwicklungskurve zu beleben vermag. Die Vergegenwärtigung des Daseins, die ein Kunstwerk im Betrachter erzeugt, ist sein eigentlicher Wert. Erst in dem Augenblick, in dem ein Funke überspringt und das Werk im Betrachter zum Leben erwacht, wird Künstliches zur Kunst. Nur dann entfaltet sich jene Magie, die unsere Wahrnehmung zu bereichern vermag. Der Wegbereiter dieser Erfahrung ist der Künstler. Bruce Naumann brachte mit seiner Neonspirale ›The real artist helps the world by revealing mystic truths‹ 1967 die Aufgabe des Künstlers auf den Punkt. Der Anspruch auf tiefe Wahrheit und existenzielle Erkenntnis, den der amerikanische Künstler damit nicht als Erster in der Geschichte der Kunst formulierte, hat als fundamentale Forderung an die Kunst auch im Zeitalter des allgegenwärtigen Konsums, der medialen Bilderflut, der schnelllebigen Trends und der spekulativen Verwertung von Kunst seine Gültigkeit bewahrt.

Doch der heutige Kunstmarkt hält noch eine andere Botschaft bereit. Denn das Phänomen von Spekulation und Hype vollzieht sich im größeren Zusammenhang globaler gesellschaftlicher Verwerfungen. Das Auseinanderdriften der Preise, die Erosion der Mitte und die Konzentration des Markts auf wenige Sieger machen wie durch ein Vergrößerungsglas eine Entwicklung sichtbar, die in den kommenden Jahren zu einem Brennpunkt werden kann: die wachsende Ungleichheit in unserer Gesellschaft. Zudem liefert vieles, was im schillernden Milieu zwischen Kunst und Geld geschieht, Stoff für Kriminalromane. In den Grauzonen des Kunstgeschehens geht es so traulich zu wie in einem Haifischbecken. Hier tummeln sich neben Sammlern, Händlern und Experten auch Steuerbetrüger, Geldwäscher, Fälscher, Diebe und Hehler. Interpol schätzt den weltweiten Umsatz mit gestohlenen Kunstobjekten auf 2 bis 4,5 Milliarden Dollar pro Jahr. Im Zollfreilager in Genf, das die Größe von zwanzig Fußballfeldern hat und in dem auch die zwei weltgrößten Auktionshäuser Christie's und Sotheby's ihre Depots haben, sind auch illegal erworbene oder von Schwarzgeldern bezahlte Kunstwerke eingelagert, deren Besitzer auf den Pragmatismus der Schweizer und die Verschwiegenheit ihrer Banken vertrauen. In Deutschland, so die Schätzungen von Experten, werden zwischen 50 und 70 Prozent der Transaktionen im Kunsthandel von Schwarzgeldern finanziert. Die Grenzlinie zwischen erlaubten und verbotenen Manipulationen ist fließend und ihre Übertretung nur schwer nachzuweisen. Denn die Kehrseite der gerühmten Diskretion des Kunsthandels ist seine berüchtigte Obskuranz. Im Kunsthandel wird nicht nur ausgestellt, es wird auch verborgen, verheimlicht und verschwiegen. Die Aura der Kunst spielt im Kunstmarkt auch immer eine andere Rolle: die eines grandiosen Vorwands, das Unmögliche zu vollbringen und das eigentlich Unbezahlbare doch in klingende Münze zu verwandeln. Schließlich ist der Kunstmarkt kein Echolot für die Tiefendimension von Kunst, sondern ein Barometer für deren Verkäuflichkeit. Seine Mitspieler sind es, die durch ihre Zustimmung oder Ablehnung bestimmen, wie sich sein Schwerpunkt auf der fließenden Skala zwischen Kunst und Geld bewegt. Geht es um Kunst oder Geld? Um Sein oder Haben? Diese Frage muss jeder für sich beantworten und mit dieser Entscheidung sein eigenes Gewicht in die Waagschale des Kunstmarkts werfen. Auch wenn immer wieder beteuert wird, man solle nur kaufen, was man liebt, kann sich im Markt eine Wertsteigerung nur dann ergeben, wenn man kauft, was auch alle anderen kaufen. Kunst als Kunst wahrzunehmen bedeutet indes, jene Kunst zu wählen, die man liebt. Diese Freiheit ist der wahre Luxus der Kunst.

ANHANG

ANMERKUNGEN

EINLEITUNG

1 Un monsieur de compagnie, Frankreich/Italien 1964, Regie: Philippe de Broca, mit Jean-Pierre Cassel, Jean-Claude Brialy, Irina Demick, Catherine Deneuve, Annie Giradot, Sandra Milo u. a.

KAPITEL I

1 Auerbach, Arnold M.: The day Rembrandt went public, in: Judith Merrill (Ed.): 8th Edition of The Year's Best Science Fiction. New York 1963, S. 196

2 Frank, Robert: As Their Riches Grow. Hedge-Fund Experts Put Art in the Deal. Wall Street Journal, 18.5.2005

3 Kaube, Jürgen: Vielleicht doch Bilder ins Portfolio? Kunst ist der einzige Hedge-Fonds. FAZ, 17.6.2005

4 Frank, Robert: a. a. O.; Auction results, Artist's index and statistics, Kippenberger, Prince, Ruscha. Artprice.com, November 2006

5 Neumeister, Michaela: Gesundes Wachstum oder absturzgefährdeter Hype? Vortrag Symposium Kunst und Investition. Art Cologne, 26.10.2005

6 Prices continue to rise in June. Art Market Insight, Artprice.com, Juni 2005

7 A peak in the art market in 2005? Art Market Insight, Artprice.com, Januar 2006

8 Frohne, Ursula: Maler und Millionäre. Erfolg als Inszenierung: Der amerikanische Künstler seit dem ausgehenden 19. Jahrhundert. Dresden 2000, S. 380
9 Gorki, Maxim: The City of Mammon. My Impressions of America, in: Appleton's Booklovers Magazine. VIII, 2.8.1906, S. 178
10 Muensterberger, Werner: Sammeln. Eine unbändige Leidenschaft. Frankfurt/Main 1999, S. 109
11 Taylor, F. H.: The Taste of Angels. Boston 1948, S. 528
12 Leiser, D., Sevon, G., Roland-Levy, Ch.: Children's economic socialization: Summarizing the cross-cultural comparison of ten countries. Journal of Economic Psychology 11 (4), 1990
13 Roper-Starch Worldwide, zit. in: Robert Shiller: Irrational Exuberance. Princeton 2005, S. 36
14 Korten, David C.: When Corporations rule the World. West Hartford, San Francisco 1995, S. 83
15 Le Goff, Jacques: Wucherzins und Höllenqualen. Stuttgart 1988, S. 8
16 Matthäus 6:24; Lukas 16:13, Lutherbibel. Stuttgart 1999
17 Luther, Martin: Tischreden, Bd. 1, Nr. 391: Gellt est verbum Diaboli, per quod omnia in mundo creat, sicut Deus per verbum creat
18 Hörisch, Jochen: Kopf oder Zahl. Die Poesie des Geldes. Frankfurt/Main 1996, S. 26
19 Simmel, Georg: Philosophie des Geldes. Köln 2001, S. 297 ff.
20 zit. in: Günther, Horst: Voltaire wird wieder jünger. Freibeuter 62, S. 8, Dezember 1994
21 Random House Unabridged Dictionary 2006; Encyclopedia Britannica Online; Online Etymology Dictionary
22 Klossowksi, Pierre: Die lebende Münze. Berlin 1998, S. 14
23 Thurow, Lester: Die Zukunft der Weltwirtschaft. Frankfurt/Main 2003, S. 56
24 Kindleberger, Charles P.: Manien – Paniken – Crashes. Die Geschichte der Finanzkräche dieser Welt. Kulmbach 2001, Anhang B
25 Schama, Simon: The Embarassment of Riches. An Interpretation of Dutch Culture in the Golden Age. New York 1997, S. 358
26 Art Market Trends 2005, Artprice 2006
27 zit. in: Spiegler, Marc: Art Central, Art and Auction, Juli 2003
28 Art Market Insight, Speculation in New York. Artprice.com, Mai 2006

29 zit. in: Krugman, Paul: The Death of Horatio Alger. The Nation, 5.1.2004

30 Piketty, Thomas, Saez, Emmanuel: The Evolution of Top Incomes: A Historical and International Perspective. NBER Working Paper 11955, Januar 2006; The rich, the poor, and the growing gap between them. Economist, 17.6.2006

31 Bureau of Labor Statistics, zit. in: Correspondents of The New York Times: Class Matters, New York 2005

32 Prantl, Heribert: Merkel, Kamel und Nadelöhr. SZ 27.4.2006, S. 11

33 Havens, John J., Schervish, Paul G.: Millionaires and the Millenium: New Estimates of the forthcoming Wealth and the Prospects for a Golden Age of Philanthropy. Boston College Social Welfare Institute, 19.10.1999

34 Prantl, Heribert: a. a. O.

35 Gonzalez, Thomas, Weis, Robert (Hrsg.): Kunst-Investment. Die Kunst, mit Kunst Geld zu verdienen. 2000, S. 26 f.

36 In the eye of the investor. Economist, 22.2.2005

37 Hoffmann, Wolfgang: Das Kapital hängt an der Wand. Die Zeit, 13/2002

38 In the eye of the investor, Economist 22.2.2005; Sullivan, Aline: Investing in Art: You know what you like, but what is it worth? International Herald Tribune, 21.8.2004; Herchenröder, Christian: Kunstmärkte im Wandel. Vom Jahrzehnt des Umbruchs in die Gegenwart. Düsseldorf 2000, S. 28

39 Hughes, Robert: The great massacre of 1990. Time Magazine, 3.12.1990

40 Art Market Insight: Speculation in New York. Artprice.com, Mai 2006

41 Year-End Review of Markets and Finance 2005. Wall Street Journal, 3.1.2006

42 Shiller, Robert: Irrational Exuberance. Princeton 2005, S. 75 f.

43 Mei, Jianping, Moses, Michael: Fine Art Index

44 Gonzalez, Thomas, Weis, Robert (Hrsg.): Kunst-Investment. Die Kunst, mit Kunst Geld zu verdienen. 2000, S. 29

45 Sotheby's Art Market Bulletin 1989, zit. in: von Campenhausen, Claus Freiherr: Kunst als Investition am Beispiel des British Railway Pension Fund. 1991, S. 60

46 Shaw, Stefan: Einführungsvortrag Kunst und Investition – Wo liegt der Gewinn?, Symposium Art Cologne, 26.10.2005
47 Gonzalez, Thomas: Kunstinvestment-Guide. München 2002, S. 51
48 North, Michael: Das Goldene Zeitalter. Kunst und Kommerz in der niederländischen Malerei des 17. Jahrhunderts. Köln Weimar Wien 2001, S. 135 f.
49 zit. in: Baumer, Dorothea: Der Triumph der jungen Kunst. SZ, 18./19.6.2005
50 Thon, Ute: Der Alptraum-Fabrikant, ART Nr. 5, Mai 2002; Spiegler, Marc: Money for old soap. Independent (UK), 21.7.2002
51 Hobsbawm, Eric: Age of Capital. New York 1996, S. 280
52 Hughes, Robert: On Art and Money. New York Review of Books, Vol. 31, No. 19, 6.12.1984
53 Rewald, John: Theo van Gogh as Art Dealer. Studies in Post-Impressionism. New York 1986, S. 12, 20
54 Malinkowski, Bronislaw: Die Argonauten des Westlichen Pazifik
55 Appadurai, Arjun: Commoditites and the politics of value, in: Appadurai, Arjun (Ed.): The social life of things, Commodities in cultural perspective. Cambridge 2003, S. 21

KAPITEL 2

1 Pommerehne, Werner, Frey, Bruno: Musen und Märkte. München 1993, S. 94 f.
2 zit. in: Ullrich, Wolfgang: Die neuen Helden. Die Zeit, 27.10.2005
3 Benjamin, Walter: Ich packe meine Bücher aus. Eine Rede über das Sammeln, in: Benjamin, Walter: Angelus Novus, Ausgewählte Schriften. Frankfurt 1966, S. 70
4 Sloterdijk, Peter: Die Kunst faltet sich ein. Munitionsfabrik 15, Karlsruhe 2005
5 Breidenbach, Joana, Zukrigl, Ina: Tanz der Kulturen. Kulturelle Identität in einer globalisierten Welt. München 1998, S. 170
6 Rauterberg, Hanno: Die Einsammlerin. Die Zeit, 13.11.2003
7 zit. in: Rauterberg, Hanno: a. a. O.
8 Spiegler, Marc: Money for old Soap. Independent (UK), 21.7.2002

9 Schwarz, Arturo: Rede im Tel-Aviv-Museum zur Ausstellung seiner Sammlung, 28.12.2000
10 Diderot, Denis: Regrets sur ma vieille robe de chambre. Edition de Pierre Chartier, Paris 2004
11 Spiegler, Marc: The illusion of youth. Art & Auction, Juni 2004
12 The Real Saatchis, Master of Illusions. Channel 4 (UK), 10.7.1999
13 Benhamou-Huet, Judith: The Worth of Art. Pricing the Priceless. New York 2001, S. 34f.
14 Menden, Alexander: Ich, Charles Saatchi. SZ, 26.1.2005
15 Thomas, Kelly Devine: The Most Wanted Works of Art. Art News, November 2003
16 Muensterberger, Werner: Sammeln. Eine unbändige Leidenschaft. Frankfurt/Main, 1999, S. 366f.
17 Geary, Patrick: Sacred Commodities. The circulation of medieval relics, in: Appadurai, Arjun (Ed.): a.a.O., S. 183
18 Beerlage, Andreas: Die Macht der Bilder. brand eins 1/2003; Monnet, Vincent: Passion oder Pathologie? Der Kunstdieb und sein Polizist. Passagen No. 35, Winter 2003, S. 12f.
19 Assouline, Pierre: L'Arsène Lupin des musées parle, un entretien exclusif avec Stéphane Breitwieser. Nouvel Observateur, 22.2.2006
20 Benhamou-Huet, Judith: a.a.O., S. 14
21 Herchenröder, Christian: a.a.O., S. 317
22 Brockhaus 1955
23 Wikipedia 2006
24 Parks, Tim: Medici Money, Banking, Metaphysics and Art in Fifteenth Century Florence. New York, London 2005, S. 46
25 Parks, Tim: a.a.O., S. 133
26 Parks, Tim: a.a.O., S. 133f.
27 Grasskamp, Walter: Kunst und Geld. München 1998, S. 18
28 Hughes, Robert: Sold!, Time Magazine 27.11.1989
29 Vogel, Carol: The Art Market. Auction Houses await the Upturn. The New York Times, 30.4.1992
30 Pietsch, Hans: Die Falle des falschen Mäzens. Art 1/2003
31 Kopytoff, Igor: The cultural biography of things: commoditization as process, in: Appadurai, Arjun (Ed.): a.a.O., S. 64f.
32 Wu, Chin Tao: Privatising Culture, Corporate Art Intervention since the 1980s. London, New York 2003, S. 85

33 Glueck, Grace: Power and Esthetics: The Trustee, Art in America. Vol. 59, No. 4, Juli/August 1971, S. 80 ff.
34 Glueck, Grace: a. a. O., S. 81 f.
35 Oldenburg, Richard: Abschied vom Kunsttempel. Wie können Museen im nächsten Jahrhundert überleben?, Lettre International Nr. 34 III. Vj. 96, S. 43
36 Saltz, Jerry: Downward Spiral: The Guggenheim touches the Bottom. The Village Voice, 13.2.2002
37 Vogel, Carol: Armani Gift to the Guggenheim revives Issue of Art and Commerce. The New York Times, 15.12.1999; When Merchants enter the temple. Economist, 19.4.2001
38 Kimmelman, Michael: Farewell Fashion, Hello Art. The New York Times, 25.3.1994
39 Krens, Thomas: Museum Finances, in: Feldstein, Martin (Ed.): The Economics of Art Museums. Chicago 1991, S. 64
40 Szanto, Andras: The Business of Art. The American Prospect 11/8, 28.2.2005
41 zit. in: Thomas, Landon: New York Magazine, 19.8.2002
42 The charges so far. A little list but getting longer. Economist 28.11.2002
43 Payback time. The fine art of sales-tax evasion. Economist 13.6.2002
44 Hoher Ölpreis drückt den DOW. SZ 4.8.2004
45 Reuters, SZ Nr. 217, 20.9.2005, S. 25
46 Hartocollis, Anemona: Ex Tyco Chief to Settle Tax Evasion Charges. The New York Times, 13.5.2006
47 O'Brien, Timothy: A New Legal Chapter for a 90's Flameout. The New York Times, 15.8.2004; Der Dollar-Jongleur. Spiegel Online, 19.6.2002
48 Dunham, Richard S: Global Crossing Tossed More Cash Around Town Than Enron. Business Week, 11.2.2002; Der Dollar-Jongleur. Spiegel Online, 19.6.2002
49 Lenzner, Robert: A Wealth of Names. Forbes, 1.10.2000
50 Robinson, Walter: New MoMA finds art-lovers ready. artnet.com, 16.11.2004
51 Barstow, David: Brooklyn Museum recruited donors who stood to gain. The New York Times 31.10.1999; Barstow, David: Artistic Differences: A special report; Art, Money and Control: Elements of an Exhibition. The New York Times 6.12.1999

52 zit. in: Spiegler, Marc: The art trade is the last major unregulated market. The Art Newspaper, Juni 2005
53 Rosen, Nick: Artopoly: A Giant Game for Dealers, Museum Curators and Artists. The Guardian, 19.12.1983; Wu, Chin-Tao: a. a. O., S. 118
54 Wu, Chin-Tao: a.a.O., S. 118; Bois, Yve-Alain, Crimp, Douglas, Krauss, Rosalind: A Conversation with Hans Haacke. MIT Press Vol. 30, Oktober 1984, S. 27
55 Graw, Isabelle: Der neue Glaube. Welche Bedeutung der Markt für die Kunst hat. Frankfurter Rundschau, 19.1.2006
56 United Nations System Standing Committee on Nutrition, zit. in: Food for Thought. Economist 31.7.2004
57 Weisman, George: Philip Morris und die Kunst. München 1982, zit. in: Butin, Hubertus: When Attitude becomes Form Philip Morris becomes Sponsor, 2000
58 Wu, Chin Tao: a. a. O., S. 149
59 Wu, Chin Tao: a. a. O., S. 149
60 Website Whitney Museum of American Art at Altria
61 Website UBS Art Collection, Advisory Board; Mack, Gerhard: Kunst adelt, Geld öffnet Türen. NZZ, 8.1.2006, Website UBS Art Collection, Press Archive 2006
62 Privatisation of Stedelijk Museum completed, Website Stedelijk Museum 20.12.2005; Weidemann, Siggi: Gekauft und verraten? Sponsoren übernehmen das Amsterdamer Stedelijk-Museum. SZ 18.7.2006
63 Velthuis, Olav: Talking Prices. The Symbolic Meanings of Prices in the Market for Contemporary Art. Princeton Oxford 2005, S. 87; Hoffmann, Wolfgang: Das Kapital hängt an der Wand. Die Zeit, 13/2002; Spiegler, Marc: Von Anlegern, Abzockern und Abstürzen. NZZ 29.12.2002
64 Polke, Sigmar: The History of Everything. Paintings and Drawings 1998–2003. New Haven and London 2003, S. 136f.; Website Tate Modern, Past Exhibitions, Sigmar Polke: History of Everything
65 Wir sind eine Marke. Interview mit Chris Dercon, SZ 10.5.2006
66 Website Musée du Louvre
67 Heinick, Angelika: Das Museum und der Galerist. FAZ 30.9.2006; Website Musée de l'art contemporain Lyon
68 Butin, Hubertus: Die verflüssigte Kunst. Immer mehr Museen trennen sich von Teilen ihrer Bestände. SZ 9.10.2006

KAPITEL 3

1 North, Michael: a. a. O., S. 1
2 de Marchi, Neil: The role of Dutch auctions and lotteries in shaping the art market of 17th century Holland, in: Journal of Economic Behavior and Organisation, Vol. 28, 1995, S. 213
3 Pomian, Krisztof: Collectors and Curiosities. Paris and Venice 1500–1800, London 1990, S. 154
4 Leo Castelli, dealer in American art, died on August 21at, aged 91, Economist, 2.9.1999
5 Herstatt, Claudia, in: Die Zeit, 26.7.1999
6 Gonzalez, Thomas, Weis, Robert (Hrsg.): Kunst-Investment. Die Kunst, mit Kunst Geld zu verdienen. 2000, S. 61
7 Flaubert, Gustave: Lehrjahre des Herzens. München 1996; Bourdieu, Pierre: Die Regeln der Kunst. Genese und Struktur des literarischen Feldes. Frankfurt/Main 1999, S. 27
8 Abbing, Hans: Why are artists poor? The Exceptional Economy of the Arts. Amsterdam 2002, S. 50
9 Brewer, John: The Art of the Deal. The New York Review of Book, 7.10.2004, S. 24
10 Presler, Gerd: Ein genialer Verführer. Art 1/2003, S. 39
11 Secrest, Meryle: Duveen: A Life in Art. New York 2004
12 Secrest, Meryle: a. a. O. S. 99
13 Fitzgerald, Michael C.: Making Modernism. Picasso and the Creation of the Market for Twentieth-Century Art. Berkeley Los Angeles London 1996, S. 82
14 Thurn, Hans Peter: Aus Passion zur Profession: Kunsthändler und Galeristen, in: Pues, Lothar, Quadt, Edgar, Rissa: ArtInvestor. Handbuch für Kunst und Investment. München 2002, S. 329
15 Blomberg, Katja: Wie Kunstwerte entstehen. Hamburg 2005, S. 68
16 Velthuis, Olav: a. a. O., S. 70
17 Spiegler, Marc: Murakami to Gagosian. Art Newspaper, 14.6.2006, Art Basel Highlights: Takashi Murakami, Your Gallery, Online Editorial Saatchi Gallery, 19.6.2006
18 Power List 2004, Art and Auction, Dezember 2004
19 Interview mit Leo Castelli, geführt von Paul Cummings, 14.5.1969, Smithsonian Archives of Art

20 Becker, Howard Saul.: Art Worlds. Berkeley 1982, S. 34 ff.
21 Fitzgerald, Michael C.: a. a. O., S. 43
22 Kronthaler Helmut: Netzwerk Kunst. Artinvestor 3/2005, S. 68
23 Blomberg, Katja: a. a. O., S. 15
24 Fesel, Bernd: Der Kunstmarkt in Europa. Ein internationaler Boom und viele nationale Krisen. Büro für Kulturpolitik und Kulturwirtschaft Bonn. Köln 2006
25 Studie von Kusin & Company, zit. in: Fesel, Bernd: a. a. O.
26 Fesel, Bernd: a. a. O.
27 Velthius, Olav: a. a. O., S. 14 f.
28 Kraft, Steffen: Aktion Überversorgung. Kunstdrucke im Supermarkt. SZ 29.11.2005
29 Velthius, Olav: a. a. O., S. 77; Gefter, Philip: Photos as new status objects, with high prices to match, in: The New York Times, 4.4.2005
30 Velthius, Olav: a. a. O., S. 79
31 Year End Review of Markets & Finance 2005, Wall Street Journal 3.1.2006
32 Lacey, Robert: Sotheby's – Bidding for Class. Boston, New York, Toronto, London 1998, S. 154
33 Lacey, Robert: a. a. O., S. 250 f.
34 »Selling art has much in common with selling root beer. People don't need root beer and they don't need to buy a painting, either. We provide them with a sense that will give them a happier experience.« Zit. in: Watson, Peter: From Manet to Manhattan: The Rise of the Modern Art Market. New York 1992, S. 385
35 Hollein, Max: Boom, Crash: Schauplatz Kunstmarkt, in: Pues. Quadt, Rissa: a. a. O., München 2002, S. 129
36 Glueck, Grace: One Art Dealer who is still a High Roller. The New York Times, 24.6.1991
37 Spiegler, Marc: Money for old soap. Independent on Sunday Review (UK), 21.7.2002
38 Herchenröder, Christian: a. a. O., S. 23 f.
39 More trials and tribulations. No end to Christie's and Sotheby's woes, Economist 25.4.2002; Christie's and Sotheby's, What an Art, Economist, 5.8.2004
40 Thomas, Kelly Devine: Christie's and Sotheby's: On the Champagne Trail. Artnews, September 2005

41 Plagens, Peter: Cents and Sensibility. Collecting in the 80's Contemporary Art Market, Art Forum, 4/2003; Velthius, Olav: a. a. O., S. 221
42 Dostojewskji, Fjodor: Der Spieler. München 1981, S. 124
43 Graw, Isabelle: Wer bietet mit? Interview mit Gérard Goodrow, Texte zur Kunst Nr. 44, Kunstmarkt, 5.12.2001
44 vgl. Herchenröder, Christian: a. a. O., S. 332
45 Velthius, Olav: a. a. O., S. 220
46 zit in: Verna, Sacha: Monet, Monet, Money, in: Weltwoche Nr. 19, 2006
47 zit. in: Verna, Sacha: a. a. O.
48 Vogel, Carol; Blumenthal, Ralph: Memos point to Ties between Auction Houses. The New York Times, 25.5.2001 (»With a sliding scale based on value, there should be no legal problems because you cannot price-fix a unique object.«); Velthuis, Olav: a. a. O., S. 220
49 Benhamou-Huet, Judith: a. a. O., S. 62

KAPITEL 4

1 Hagen, Rainer und Rose-Marie: Meisterwerke im Detail. Band 1. Köln 2003, S. 452
2 artcyclopedia.com: Top 50 Posters, based on cumulative sales. Januar 2007
3 Benhamou-Huet, Judith: The Worth of Art, Pricing The Priceless. New York 2001, S. 63
4 Benhamou-Huet, Judith: a. a. O., S. 95
5 zit. in: Koldehoff, Stefan: Van Gogh, Mythos und Wirklichkeit. Köln 2003, S. 207
6 zit. in: Benhamou-Huet, Judith: a. a. O., S. 94
7 Koldehoff, Stefan: Van Gogh, Mythos und Wirklichkeit. Köln 2003, S. 200
8 Koldehoff, Stefan: a. a. O., S. 14
9 Koldehoff, Stefan: a. a. O., S. 47
10 Zemel, Carol: The Formation of a Legend. Ann Arbour 1980, S. 127
11 Koldehoff, Stefan: a. a. O., S. 85, 125
12 Baer-Bogenschütz, Dorothee: Quotenbringer Picasso, in: Kunstzeitung Nr. 111, November 2005

13 Kahnweiler, Daniel-Henry: My Galleries and Painters. Boston 2003, S. 91

14 Kreutz, Bernd: The Art of Branding. Hatje Cantz, 2003, S. 14

15 Fitzgerald, Michael C.: a. a. O., S. 29

16 Gilot, Françoise: Leben mit Picasso. München 1980, S. 240 f.

17 Kreutz, Bernd: a. a. O., S. 27

18 Art Market Insight, The Top Ten Artists by Turnover, Artprice.com Juli 2005

19 Castle, Frederick: Arts Magazine Nr. 63, Februar 1989, S. 60 f.

20 Outlaw Culture, Resisting Representations, London, 1994, S. 25–37

21 Lucie-Smith, Edward: Art Review Nr. 48, März 1996, S. 20 ff.

22 Plattner, Stuart: High Art down Home. Chicago, London, 1996, S. 41

23 Hughes, Robert: American Visions. The Epic History of Art in America. New York 1997, S. 601 f.

24 The top ten artists by turnover, Artprice.com Juli 2005

25 Le Goff, Jacques: Die Geburt Europas im Mittelalter. München 2003, S. 23

26 Warnke, Martin: Hofkünstler. Zur Vorgeschichte des modernen Künstlers. Köln 1985, S. 316

27 Wittkower, Margot und Rudolf: Künstler – Außenseiter der Gesellschaft. Stuttgart 1989, S. 55

28 Stechow, Wolfgang: Northern Renaissance Art 1400–1600. Sources and Documents. Evanston, Ill. 1989, S. 116

29 Wood, Paul: Genius and melancholy: the art of Albrecht Dürer, in: Barker, Emma, Webb, Nick, Woods, Kim: The changing status of the artist. Yale 1999, S. 164

30 zit. in: Shiner, Larry: The Invention of Art. A Cultural History. Chicago London 2001, S. 111

31 Shiner, Larry: a. a. O., S. 112

32 Hobsbawm, Eric: The Age of Revolution. New York 1996, S. 21

33 Sloterdijk, Peter: Die Kunst faltet sich ein. Munitionsfabrik, Staatliche Hochschule für Gestaltung, Karlsruhe 2005, S. 2

34 zit. in: Shiner, Larry: a. a. O., S. 75

35 Shiner, Larry: a. a. O., S. 135

36 Shiner, Larry: a. a. O., S. 127

37 Bätschmann, Oskar: Der Ausstellungskünstler. Kult und Karriere im modernen Kunstsystem. Köln 1997, S. 10

38 Frohne, Ursula: Maler und Millionäre. Erfolg als Inszenierung: Der amerikanische Künstler seit dem ausgehenden 19. Jahrhundert. Dresden 2000

39 Frohne, Ursula: a. a. O., S. 350

40 Parry, Albert: Garrets and Pretenders. A History of Bohemianism in America. New York 1933

41 Frohne, Ursula: a. a. O., S. 364

42 Gorki, Maxim: The City of Mammon. My Impressions of America, in: Appleton's Booklovers Magazine. VIII, 2.8.1906, S. 181

43 Frohne: a. a. O., S. 351

44 Warhol, Andy: The Philosophy of Andy Warhol. From A to B and Back Again. New York 1975, S. 92

45 zit. in: Blomberg, Katja: Wie Kunstwerte entstehen, S. 159

46 Filer, R.: The starving artist – Myth or Reality? Earnings of Artists in the United States. Journal of Political Economics, 8: II – 28

47 Throsby, David, Hollister, Virginia: Don't give up your day job: an economic study of professional artists in Australia. Macquarie University, Sidney 2003

48 Stellungnahme des Deutschen Kulturrats vom 19.6.2006

49 Towse, Ruth: Market Value and Artist's Earnings, in: Klamer, Arjo (Ed.): The Value of Culture. On the relationship between economics and arts. Amsterdam 1996, S. 98

50 Hans Abbing: Why are artists poor. The exceptional economy of the arts. Amsterdam 2002, S. 112

51 Frey, Bruno: Not Just for the Money. An Economic Theory of Personal Motivation. Cheltenham, U. K., Brookfield, USA, 1997, S. 14

52 Polke, Sigmar: Höhere Wesen befahlen: rechte obere Ecke schwarz malen! 1969, Abb. in: Ausstellungskatalog Bonn 1997

53 Künstlersozialkasse 2004

54 Liebs, Holger, Häntzschel, Jörg: Wir sind eine Marke. Interview mit Chris Dercon, SZ 10.5.2006

55 Pommerehne, Werner, Frey, Bruno: a. a. O., S. 180

56 Frank, Robert, Cook, Philip: The Winner-Take-All Society. New York 1995, S. 24

57 Rosen, Sherwin: The Economics of Superstars, in: American Economic Review 71, 1981, S. 845–858

58 Adler, Moshe: Stardom and Talent, in: American Economic Review 75, 1985, S. 208–212
59 Ginsburgh, Victor, van Ours, Jan: Expert Opinion and Compensation: Evidence from a Musical Competition. American Economic Review 93, 2003, S. 289–298
60 Bonus, Holger, Ronte, Dieter: Credibility and Economic Value in the Visual Arts. Journal of Cultural Economics 21, 1997, S. 112 ff.
61 Ohmlin, Sybille: Werte schöpfen. Indices, Ratings, geschlossene Systeme, in: Passagen No. 35 Winter 2003. Kunstmarkt Schweiz: Zwischen Kreativität und Kalkül, S. 18
62 zit. in: Warnke, Martin: a. a. O., S. 131
63 Sassoon, Donald: Becoming Mona Lisa. The Making of a Global Icon. San Diego, New York, London 2002, S. 42
64 Bilanz Art Guide, Zeitgenössische Kunst. Galerien, Künstler. Adressen. Zürich 1993–2003
65 Houbraken, Arnold: Groote Schouburgh der Nederlandtsche Kontschilders en Schilderessen
66 Hegel, Georg Wilhelm Friedrich: Ästhetik. Berlin 1955, S. 803 f.
67 Schama, Simon: The embarrassment of riches. An Interpretation of Dutch Culture in the Golden Age. New York 1987, S. 10
68 Barker, Emma: The making of a canonical artist: Vermeer, in: Barker, Emma, Webb, Nick, Woods, Kim (Ed.): The Changing Status of the artist. Yale, New Haven, London 1999, S. 208
69 Barthes, Roland: The Death of the Author, in: Newton, K. M.: Twentieth Century Literary Theory, 1988, S. 155
70 Kuni, Verena: Künstler als neue Medien. Der Künstler als Medium der Gesellschaft, in: Kunst und Gesellschaft, Beiträge zu einem komplexen Verhältnis. Heidelberg 2000, S. 136
71 Walker, J.: Arts and Artists on Screen. Manchester 1979, S. 50
72 International movie data base
73 Roth, Dieter: Artist's index and statistics, Price index in US$, Artprice.com, Januar 2007

1 zit. in: Mäckler, Andreas (Hrsg.): 1460 Antworten auf die Frage: Was ist Kunst? Köln 2003
2 Ullrich, Wolfgang: Prinzessin ohne Reich. du 747, Nr. 5, Juni 2004, S. 20
3 zit. in: Mäckler, Andreas (Hrsg.): a. a. O., S. 211
4 SZ 25.1.2006 Nachrichtendienst
5 Liebs, Holger: Interview mit Jake Chapman, SZ 5./6.4.2003; Website Kunsthaus Bregenz, Jake + Dinos Chapman, Explaining Christians to Dinosaurs, 29.1.2005–28.3.2005
6 The Scotsman, 2.12.2004
7 Duchamp, Marcel: I propose to Strain the Laws of Physics. Art News, Dezember 1968, S. 62; Cabanne, Pierre: Dialogues with Marcel Duchamp. New York 1971, S. 71
8 Mauss, Marcel: Allgemeine Theorie der Magie. München 1974, S. 130
9 Fernsehinterview 14.1.2005
10 zit. in: Plattner, Warren: High Art Down Home, S. 32
11 Kaminer, Wladimir: Russendisko. München 2000, S. 46 ff.
12 Grampp, William: Pricing the priceless. Art, Artists and Economics. New York 1989, S. 37
13 Risultati di Vendita, Sale MI0248, Arte Moderna e Contemporanea, Sotheby's Milano, 22.11.2006
14 zit. in: Bolz, Norbert: Kunst als Placebo, S. 10
15 Salvioni, Daniela: Jeff Koons's Poetics of Class in: Jeff Koons, San Francisco Museum of Modern Art, 1992, S. 25
16 Schwarz, Arturo: Marcel Duchamp. Father of Contemporary Art, in: Work Art in Progress, Spring 2005, S. 10
17 zit. in Benhamou-Huet: a. a. O., S. 50
18 zit. in Benhamou-Huet: a. a. O., S. 105
19 Hoch, Jenny: Erinnerungen im Eimer. Interview Jeffrey Deller, SZ Nr. 237, 14.10.2005
20 Haskell, Francis: Patrons and Painters, London 1963, S. 17 (Übers. d. Autorin)
21 Haskell, Francis: a. a. O., S. 17 (Übers. d. Autorin)
22 Smith, Adam: Of the Nature of that Imitation which takes Place in

what are called the Imitative Arts, Part I in: The Glasgow Edition of the Works and Correspondence of Adam Smith (1981–1987), Vol. III, Essays on Philosophical Subjects, Part III

23 Inconspicuous consumption. Economist 20.12.2005

24 Let's make it a million. Interview Tobias Meyer, Spiegel 2/2006, S. 128

25 Bourdieu, Pierre: Nach den Regeln der Kunst. Genese und Struktur des literarischen Feldes. Frankfurt/Main 2001, S. 134

26 Graw, Isabelle: Der neue Glaube. Welche Bedeutung der Markt für die Kunst hat. Frankfurter Rundschau, 19.1.2006

27 Pommerehne, Werner, Frey, Bruno: a. a. O., S. 99

28 Sassoon, Donald: Becoming Mona Lisa. The Making of a Global Icon. San Diego, New York, London 2002

29 Du Camp, Maxime: Théophile Gautier. Hachette Paris 1890, S. 80

30 Gautier, Théophile: Les dieux et les demi-dieux de la peinture. Paris 1864, S. 24 f. (Übers. d. Autorin)

31 Sassoon, Donald: a. a. O., S. 121

32 Sassoon, Donald: a. a. O., S. 119

33 Warnke, Martin: a. a. O., S. 222, 276; Humfrey, P.: Painting in Renaissance. Venice, New Haven 1995, S. 164

34 Thomas, A.: The Painters Practice in Renaissance Tuscany. Cambridge, 1995, S. 182, S. 221 ff.

35 de Marchi, Neil, van Miegrot, Hans J.: zit. in: de Marchi, Neil; van Miegrot, Hans J.: Pricing Invention: »Originals«, »Copies« and their relative Value in Seventeenth Century Netherlandish Art Markets, in: Studies in the Economics of the Arts, V. A. Ginsburgh and P. M. Menger (Ed.), Amsterdam 1996, S. 27

36 Geary, Patrick: Sacred Commodities. The Circulation of medieval relics, in Appadurai: a. a. O., S. 169 ff., 177

37 Ammann, René: Die Welt in Zahlen, in: brand eins, Heft 6, 2004, S. 14

38 Pommerehne, Werner, Frey, Bruno: a. a. O., S. 114

39 Department of Justice, United States Attorney, Southern District of New York: US Charges NYC gallery owner in multimillion-Dollar global scheme to sell real masterworks and forged copies, 10.3.2004; Koldehoff, Stefan: Fälschungen, Inc. Ein New Yorker Kunsthändler im Fadenkreuz des FBI, SZ Nr. 61, 2004

40 Akinsha, Konstantin: The Scandal Sweeping Russia's Art Market. Artnews, Januar 2006; Finn, Peter: Who is faking Russia's great paintings? The St. Petersburg Times 31.1.2006

41 Kicken, Annette und Rudolf: Das Sammeln von Fotografie – Entwicklung und aktuelle Trends, in: Pues, Quadt, Rissa: a. a. O., S. 163

42 Benhamou-Huet, Judith: a. a. O., S. 113

43 Benhamou-Huet, Judith: a. a. O., S. 108

44 Benhamou-Huet, Judith: a. a. O., S. 112

45 zit. in: Gefter, Philip: Photos as New Status Objects, with High Prices to Match. The New York Times, 4.4.2005

46 Benhamou-Huet, Judith: a. a. O., S. 109

47 Pomian, Krzysztof: Der Ursprung des Museums. Vom Sammeln. Berlin 2001, S. 58 f.

48 O'Hagan, Sean: Hirst's diamond creation is art's costliest work ever. The Observer, 21.5.2006

PERSONENREGISTER